Celebrating the Eucharist

Holy Week
Bilingual Edition

Semana Santa
Edición Bilingüe

LITURGICAL PRESS

Collegeville, Minnesota

www.litpress.org

A publication of LITURGICAL PRESS, Collegeville, Minnesota 56321

Cover design by Ann Blattner. *Christ Washing the Feet of the Apostles* by Bernhard Strigel (ca. 1520). Courtesy of Wikimedia Commons.

Sunday and Solemnity art by Julie Lonneman.

Dibujos de la apertura de cada misa: P. Antonio Serrano Pérez, S.J.

Imprimatur: ✝ Jonás Guerrero Corona, Obispo Auxiliar de la Arquidiócesis de México, Presidente de la Comisión Episcopal de Pastoral Litúrgica, México.

Derechos © reservados de los textos en español: Obra Nacional de la Buena Prensa, A.C., www.buenaprensa.com, Ciudad de México, México.

Índice General / Contents

Ordinario de la Misa

RITOS INICIALES

CANTO DE ENTRADA

Reunido el pueblo, el sacerdote con los ministros va al altar, mientras se entona el canto de entrada.

Cuando llega al altar, el sacerdote con los ministros hace la debida reverencia, besa el altar y, si se juzga oportuno, lo inciensa. Después se dirige con los ministros a la sede.

SALUDO

Terminado el canto de entrada, el sacerdote y los fieles, de pie, se santiguan, mientras el sacerdote dice:

En el nombre del Padre, y del Hijo, y del Espíritu Santo.

El pueblo responde:

Amén.

El sacerdote, extendiendo las manos, saluda al pueblo con una de las fórmulas siguientes:

A.

La gracia de nuestro Señor Jesucristo, el amor del Padre y la comunión del Espíritu Santo estén con todos ustedes.

El pueblo responde:

Y con tu espíritu.

B.

O el sacerdote dice:

La gracia y la paz de parte de Dios, nuestro Padre, y de Jesucristo, el Señor, estén con todos ustedes.

El pueblo responde:

Bendito sea Dios, Padre de nuestro Señor Jesucristo.

o:

Y con tu espíritu.

C.

O el sacerdote dice:

El Señor esté con ustedes.

El pueblo responde:

Y con tu espíritu.

The Order of Mass

THE INTRODUCTORY RITES

ENTRANCE CHANT

SIGN OF THE CROSS

Priest:
In the name of the Father, and of the Son, and of the Holy Spirit.

People:
Amen.

GREETING

A.

Priest:
The grace of our Lord Jesus Christ,
and the love of God,
and the communion of the Holy Spirit
be with you all.

People:
And with your spirit.

B.

Priest:
Grace to you and peace from God our Father
and the Lord Jesus Christ.

People:
And with your spirit.

C.

Priest:
The Lord be with you.

People:
And with your spirit.

PENITENTIAL ACT

A.

Priest:
Brethren (brothers and sisters), let us acknowledge our sins,
and so prepare ourselves to celebrate the sacred mysteries.
(Pause)

All:
I confess to almighty God
and to you, my brothers and sisters,
that I have greatly sinned,

RITO PENITENCIAL

A.

Hermanos: para celebrar dignamente
estos sagrados misterios,
reconozcamos nuestros pecados.

Se hace una breve pausa en silencio.

Después, se elige una de las siguientes tres formas:

A.

Todos dicen:

Yo confieso ante Dios todopoderoso
y ante ustedes, hermanos,
que he pecado mucho
de pensamiento, palabra, obra y omisión.

Golpeándose el pecho, dicen:

Por mi culpa, por mi culpa, por mi gran culpa.
Por eso ruego a santa María,
siempre Virgen, a los ángeles, a los santos
y a ustedes, hermanos,
que intercedan por mí ante Dios,
nuestro Señor.

**in my thoughts and in my words,
in what I have done and in what I have failed to do,**

And, striking their breast, they say:

**through my fault, through my fault,
through my most grievous fault;**

Then they continue:

**therefore I ask blessed Mary ever-Virgin,
all the Angels and Saints,
and you, my brothers and sisters,
to pray for me to the Lord our God.**

Priest:

May almighty God have mercy on us,
forgive us our sins,
and bring us to everlasting life.

People:

Amen.

B.

Priest:

Brethren (brothers and sisters), let us acknowledge our sins,
and so prepare ourselves to celebrate the sacred mysteries.

(Pause)

Priest:

Have mercy on us, O Lord.

People:

For we have sinned against you.

Priest:

Show us, O Lord, your mercy.

People:

And grant us your salvation.

Priest:

May almighty God have mercy on us,
forgive us our sins,
and bring us to everlasting life.

People:

Amen.

C.

Priest:

Brethren (brothers and sisters), let us acknowledge our sins,
and so prepare ourselves to celebrate the sacred mysteries.

(Pause)

Priest (Deacon or another minister):

You were sent to heal the contrite of heart:
Lord, have mercy.   Or: Kyrie, eleison.

People:

Lord, have mercy.   Or: Kyrie, eleison.

El sacerdote concluye con la siguiente plegaria:

**Dios todopoderoso
tenga misericordia de nosotros,
perdone nuestros pecados
y nos lleve a la vida eterna.**

El pueblo responde:

Amén.

B.

El sacerdote dice:

Señor, ten misericordia de nosotros.

El pueblo responde:

Porque hemos pecado contra ti.

El sacerdote prosigue:

Muéstranos, Señor, tu misericordia.

El pueblo responde:

Y danos tu salvación.

El sacerdote concluye con la siguiente plegaria:

**Dios todopoderoso
tenga misericordia de nosotros,
perdone nuestros pecados y nos lleve a la vida eterna.**

El pueblo responde:

Amén.

KYRIE

Siguen las invocaciones del *Señor, ten piedad* o *Kyrie, eleison,* a no ser que ya se hayan utilizado en alguna de las fórmulas del acto penitencial:

℣ Señor, ten piedad.
℞ **Señor, ten piedad.**
℣ Cristo, ten piedad.
℞ **Cristo, ten piedad.**
℣ Señor, ten piedad.
℞ **Señor, ten piedad.**

GLORIA

**Gloria a Dios en el cielo,
y en la tierra paz a los hombres
que ama el Señor.
Por tu inmensa gloria
te alabamos, te bendecimos,
te adoramos, te glorificamos,
te damos gracias,
Señor Dios, Rey celestial,
Dios Padre todopoderoso.**

Priest:
You came to call sinners:
Christ, have mercy.   Or: Christe, eleison.

People:
Christ, have mercy.   Or: Christe, eleison.

Priest:
You are seated at the right hand of the Father to intercede for us:
Lord, have mercy.   Or: Kyrie, eleison.

People:
Lord, have mercy.   Or: Kyrie, eleison.

Priest:
May almighty God have mercy on us,
forgive us our sins,
and bring us to everlasting life.

People:
Amen.

KYRIE

The Kyrie eleison (Lord, have mercy) invocations follow, unless they have just occurred in a formula of the Penitential Act.

℣ Lord, have mercy.   ℟ Lord, have mercy.
℣ Christ, have mercy.   ℟ Christ, have mercy.
℣ Lord, have mercy.   ℟ Lord, have mercy.

Or:
℣ Kyrie, eleison.   ℟ Kyrie, eleison.
℣ Christe, eleison.   ℟ Christe, eleison.
℣ Kyrie, eleison.   ℟ Kyrie, eleison.

GLORIA

All:
**Glory to God in the highest,
and on earth peace to people of good will.**

**We praise you,
we bless you,
we adore you,
we glorify you,
we give you thanks for your great glory,
Lord God, heavenly King,
O God, almighty Father.**

Señor, Hijo único, Jesucristo.
Señor Dios, Cordero de Dios,
Hijo del Padre;
tú que quitas el pecado del mundo,
ten piedad de nosotros;
tú que quitas el pecado del mundo,
atiende nuestra súplica;
tú que estás sentado a la derecha del Padre,
ten piedad de nosotros;
porque sólo tú eres Santo,
sólo tú Señor,
sólo tú Altísimo, Jesucristo,
con el Espíritu Santo
en la gloria de Dios Padre.
Amén.

ORACIÓN COLECTA

Acabado el himno el sacerdote, con las manos juntas, dice:
Oremos.

Y todos, junto con el sacerdote, oran en silencio unos momentos.

Después el sacerdote con las manos extendidas, dice la oración colecta:

Al final de la oración el pueblo aclama:
Amén.

LITURGIA DE LA PALABRA

PRIMERA LECTURA

El lector va al ambón y lee la primera lectura, que todos escuchan sentados.
Para indicar el fin de la lectura, el lector dice:
Palabra de Dios.

Todos aclaman:
Te alabamos, Señor.

SALMO RESPONSORIAL

El salmista o el cantor proclama el salmo y el pueblo intercala la respuesta.
Se puede cantar un salmo responsorial propio del tiempo.

SEGUNDA LECTURA

Si hay segunda lectura se lee en el ambón, como la primera.
Para indicar el fin de la lectura, el lector dice:
Palabra de Dios.

Todos aclaman:
Te alabamos, Señor.

Lord Jesus Christ, Only Begotten Son,
Lord God, Lamb of God, Son of the Father,
you take away the sins of the world,
> **have mercy on us;**

you take away the sins of the world,
> **receive our prayer;**

you are seated at the right hand of the Father,
> **have mercy on us.**

For you alone are the Holy One,
you alone are the Lord,
you alone are the Most High,
Jesus Christ,
with the Holy Spirit,
in the glory of God the Father.
Amen.

COLLECT (OPENING PRAYER)

Priest:

Let us pray.

All pray in silence with the Priest for a while.

Then the Priest, with hands extended, says the Collect prayer, at the end of which the people acclaim:

Amen.

THE LITURGY OF THE WORD

FIRST READING

Then the reader goes to the ambo and reads the First Reading, while all sit and listen.

To indicate the end of the reading, the reader acclaims:

The word of the Lord.

All:

Thanks be to God.

RESPONSORIAL PSALM

The psalmist or cantor sings or says the Psalm, with the people making the response.

SECOND READING

After this, if there is to be a Second Reading, a reader reads it from the ambo, as above.

To indicate the end of the reading, the reader acclaims:

The word of the Lord.

All:

Thanks be to God.

ALELUYA O ACLAMACIÓN ANTES DEL EVANGELIO

Sigue el canto antes del Evangelio. Debe omitirse si no se canta (Instrucción General del Misal Romano [en adelante IGMR], núm. 39; Ordenación de las Lecturas de la Misa, tomo I del Leccionario, núm. 23).

EVANGELIO

Después el diácono (o el sacerdote) va al ambón, acompañado eventualmente por los ministros que llevan el incienso y los cirios; ya en el ambón dice:

El Señor esté con ustedes.

El pueblo responde:

Y con tu espíritu.

El diácono (o el sacerdote) dice o canta:

Lectura del santo Evangelio según san N.

Y mientras tanto hace la señal de la cruz sobre el libro y sobre su frente, labios y pecho. El pueblo aclama:

Gloria a ti, Señor.

El diácono (o el sacerdote) si se usa incienso, inciensa el libro.

Luego proclama el evangelio.

Acabado el evangelio el diácono (o el sacerdote) dice:

Palabra del Señor.

Todos aclaman:

Gloria a ti, Señor Jesús.

HOMILÍA

Luego tiene lugar la homilía; ésta es obligatoria todos los domingos y fiestas de precepto y se recomienda en los restantes días.

PROFESIÓN DE FE

Luego de la homilía, se hace la profesión de fe los domingos y solemnidades, también puede hacerse en celebraciones solemnes locales (Véase IGMR, núm. 44).

Creo en un solo Dios,
   Padre todopoderoso,
   Creador del cielo y de la tierra,
   de todo lo visible y lo invisible.

Creo en un solo Señor, Jesucristo,
   Hijo único de Dios,
   nacido del Padre antes de todos los siglos:
   Dios de Dios, Luz de Luz,
   Dios verdadero de Dios verdadero,
   engendrado, no creado,
   de la misma naturaleza del Padre,
   por quien todo fue hecho;
   que por nosotros, los hombres,
   y por nuestra salvación bajó del cielo,

En las palabras que siguen, hasta **se hizo hombre**, todos se inclinan.

   y por obra del Espíritu Santo
   se encarnó de María, la Virgen, y se hizo hombre;

GOSPEL ACCLAMATION

There follows the **Alleluia** or another chant laid down by the rubrics, as the liturgical time requires.

GOSPEL

Deacon or Priest:

The Lord be with you.

People:

And with your spirit.

Deacon or Priest:

A reading from the holy Gospel according to N.

People:

Glory to you, O Lord.

At the end of the Gospel, the Deacon, or the Priest, acclaims:

The Gospel of the Lord.

All:

Praise to you, Lord Jesus Christ.

HOMILY

PROFESSION OF FAITH

All:

I believe in one God,
the Father almighty,
maker of heaven and earth,
of all things visible and invisible.

I believe in one Lord Jesus Christ,
the Only Begotten Son of God,
born of the Father before all ages.
God from God, Light from Light,
true God from true God,
begotten, not made, consubstantial with the Father;
through him all things were made.
For us men and for our salvation
he came down from heaven,

At the words that follow, up to and including **and became man**, all bow.

and by the Holy Spirit was incarnate of the Virgin Mary,
and became man.

For our sake he was crucified under Pontius Pilate,
he suffered death and was buried,
and rose again on the third day
in accordance with the Scriptures.
He ascended into heaven
and is seated at the right hand of the Father.
He will come again in glory

y por nuestra causa fue crucificado
en tiempos de Poncio Pilato,
padeció y fue sepultado,
y resucitó al tercer día,
según las Escrituras,
y subió al cielo,
y está sentado a la derecha del Padre;
y de nuevo vendrá con gloria
para juzgar a vivos y muertos,
y su reino no tendrá fin.

Creo en el Espíritu Santo, Señor y dador de vida,
que procede del Padre y del Hijo,
que con el Padre y el Hijo
recibe una misma adoración y gloria,
y que habló por los profetas.
Creo en la Iglesia,
que es una, santa, católica y apostólica.
Confieso que hay un solo bautismo
para el perdón de los pecados.
Espero la resurrección de los muertos
y la vida del mundo futuro.
Amén.

En las Misas de niños, puede decirse el Credo de los Apóstoles después de
la homilía.

Creo en Dios, Padre todopoderoso,
Creador del cielo y de la tierra.

Creo en Jesucristo, su único Hijo, nuestro Señor,
que fue concebido por obra y gracia del Espíritu Santo,
nació de santa María Virgen,
padeció bajo el poder de Poncio Pilato,
fue crucificado, muerto y sepultado,
descendió a los infiernos,
al tercer día resucitó de entre los muertos,
subió a los cielos
y está sentado a la derecha de Dios,
Padre todopoderoso.
Desde allí ha de venir a juzgar a vivos y muertos.

Creo en el Espíritu Santo,
la santa Iglesia católica,
la comunión de los santos,
el perdón de los pecados,
la resurrección de la carne
y la vida eterna.
Amén.

to judge the living and the dead
and his kingdom will have no end.

I believe in the Holy Spirit, the Lord, the giver of life,
who proceeds from the Father and the Son,
who with the Father and the Son is adored and glorified,
who has spoken through the prophets.

I believe in one, holy, catholic and apostolic Church.
I confess one Baptism for the forgiveness of sins
and I look forward to the resurrection of the dead
and the life of the world to come. Amen.

Instead of the Niceno-Constantinopolitan Creed, especially during Lent
and Easter Time, the baptismal Symbol of the Roman Church, known as
the Apostles' Creed, may be used.

All:
I believe in God,
the Father almighty,
Creator of heaven and earth,
and in Jesus Christ, his only Son, our Lord,

At the words that follow, up to and including the Virgin Mary, all bow.

who was conceived by the Holy Spirit,
born of the Virgin Mary,
suffered under Pontius Pilate,
was crucified, died and was buried;
he descended into hell;
on the third day he rose again from the dead;
he ascended into heaven,
and is seated at the right hand of God the Father
    almighty;
from there he will come to judge the living and the dead.

I believe in the Holy Spirit,
the holy catholic Church,
the communion of saints,
the forgiveness of sins,
the resurrection of the body,
and life everlasting. Amen.

PLEGARIA UNIVERSAL

El sacerdote celebrante invita a los fieles a orar.

El cantor o el lector continúa con una serie de peticiones que deberán ofrecerse: por las necesidades de la Iglesia; las autoridades del gobierno y la salvación del mundo; por los oprimidos por alguna aflicción; por la comunidad local; por celebraciones particulares a las que el pueblo responde:

Escúchanos, Padre o **Te rogamos, Señor**
o **Te rogamos, óyenos.**

LITURGIA EUCARÍSTICA

PREPARACIÓN DEL ALTAR Y DE LOS DONES

El sacerdote se acerca al altar, toma la patena con el pan y, manteniéndola un poco elevada sobre el altar, dice en secreto:

Bendito seas, Señor, Dios del universo,
por este pan, fruto de la tierra y del trabajo del hombre,
que recibimos de tu generosidad y ahora te presentamos;
él será para nosotros pan de vida.

Después deja la patena con el pan sobre el corporal.

Si no se canta durante la presentación de las ofrendas, el sacerdote puede decir en voz alta las palabras precedentes; al final el pueblo puede aclamar:

Bendito seas por siempre, Señor.

El diácono, o el sacerdote, echa vino y un poco de agua en el cáliz, diciendo en secreto:

El agua unida al vino
sea signo de nuestra participación en la vida divina
de quien ha querido compartir nuestra condición humana.

Después el sacerdote toma el cáliz y, manteniéndolo un poco elevado sobre el altar, dice en secreto:

Bendito seas, Señor, Dios del universo,
por este vino,
fruto de la vid y del trabajo del hombre,
que recibimos de tu generosidad y ahora te presentamos;
él será para nosotros bebida de salvación.

Después deja el cáliz sobre el corporal.

Si no se canta durante la presentación de las ofrendas, el sacerdote puede decir en voz alta las palabras precedentes; al final el pueblo puede aclamar:

Bendito seas por siempre, Señor.

A continuación, el sacerdote, inclinado, dice en secreto:

Acepta, Señor, nuestro corazón contrito
y nuestro espíritu humilde;
que éste sea hoy nuestro sacrificio
y que sea agradable en tu presencia,
Señor, Dios nuestro.

Y, si se juzga oportuno, inciensa las ofrendas y el altar. A continuación el diácono o un ministro inciensa al sacerdote y al pueblo.

PRAYER OF THE FAITHFUL

The priest celebrant invites the congregation to pray.

The cantor or reader continues with a number of petitions which should be offered: for the needs of the Church; for public authorities and the salvation of the world; for those oppressed by any need; for the local community; for particular celebrations to which the people respond:

Lord, hear our prayer or
Lord, have mercy.

THE LITURGY OF THE EUCHARIST

PREPARATION OF THE OFFERINGS

The Priest, standing at the altar, takes the paten with the bread and holds it slightly raised above the altar with both hands, saying in a low voice:

Blessed are you, Lord God of all creation,
for through your goodness we have received
the bread we offer you:
fruit of the earth and work of human hands,
it will become for us the bread of life.

If, however, the Offertory Chant is not sung, the Priest may speak these words aloud; at the end, the people may acclaim:

Blessed be God for ever.

The Deacon, or the Priest, pours wine and a little water into the chalice, saying quietly:

By the mystery of this water and wine
may we come to share in the divinity of Christ
who humbled himself to share in our humanity.

The Priest then takes the chalice and holds it slightly raised above the altar with both hands, saying in a low voice:

Blessed are you, Lord God of all creation,
for through your goodness we have received
the wine we offer you:
fruit of the vine and work of human hands,
it will become our spiritual drink.

If, however, the Offertory Chant is not sung, the Priest may speak these words aloud; at the end, the people may acclaim:

Blessed be God for ever.

After this, the Priest, bowing profoundly, says quietly:

With humble spirit and contrite heart
may we be accepted by you, O Lord,
and may our sacrifice in your sight this day
be pleasing to you, Lord God.

He may now incense the offerings and the altar. Afterwards the deacon or a minister incenses the priest and people.

Luego el sacerdote, de pie a un lado del altar, se lava las manos, diciendo en secreto:

Lava del todo mi delito, Señor,
limpia mi pecado.

Después, de pie en el centro del altar y de cara al pueblo, extendiendo y juntando las manos, dice:

Orad, hermanos,
para que este sacrificio, mío y de ustedes,
sea agradable a Dios, Padre todopoderoso.

El pueblo responde:

**El Señor reciba de tus manos este sacrificio,
para alabanza y gloria de su nombre,
para nuestro bien
y el de toda su santa Iglesia.**

ORACIÓN SOBRE LAS OFRENDAS

Luego el sacerdote, con las manos extendidas, dice la oración sobre las ofrendas. El pueblo aclama:

Amén.

PLEGARIA EUCARÍSTICA

El sacerdote comienza la plegaria eucarística con el prefacio. Con las manos extendidas dice:

El Señor esté con ustedes.

El pueblo responde:

Y con tu espíritu.

El sacerdote, elevando las manos, prosigue:

Levantemos el corazón.

El pueblo responde:

Lo tenemos levantado hacia el Señor.

El sacerdote, con las manos extendidas, añade:

Demos gracias al Señor, nuestro Dios.

El pueblo responde:

Es justo y necesario.

El sacerdote prosigue el prefacio con las manos extendidas.

ACLAMACIÓN (SANTO, SANTO, SANTO)

Al final del prefacio junta las manos y, en unión del pueblo, concluye el prefacio, cantando o diciendo en voz alta:

**Santo, Santo, Santo es el Señor,
Dios del universo.
Llenos están el cielo y la tierra de tu gloria.
Hosanna en el cielo.
Bendito el que viene en nombre del Señor.
Hosanna en el cielo.**

Then the Priest, standing at the side of the altar, washes his hands, saying quietly:

Wash me, O Lord, from my iniquity
and cleanse me from my sin.

Standing at the middle of the altar, facing the people, extending and then joining his hands, he says:

Pray, brethren (brothers and sisters),
that my sacrifice and yours
may be acceptable to God,
the almighty Father.

The people rise and reply:

May the Lord accept the sacrifice at your hands
for the praise and glory of his name,
for our good
and the good of all his holy Church.

PRAYER OVER THE OFFERINGS

Then the Priest, with hands extended, says the Prayer over the Offerings, at the end of which the people acclaim:

Amen.

THE EUCHARISTIC PRAYER

Priest:
The Lord be with you.

People:
And with your spirit.

Priest:
Lift up your hearts.

People:
We lift them up to the Lord.

Priest:
Let us give thanks to the Lord our God.

People:
It is right and just.

PREFACE

SANCTUS

At the end of the Preface he joins his hands and concludes the Preface with the people, singing or saying aloud:

Holy, Holy, Holy Lord God of hosts.
Heaven and earth are full of your glory.
Hosanna in the highest.
Blessed is he who comes in the name of the Lord.
Hosanna in the highest.

PLEGARIA EUCARÍSTICA I
o Canon romano

En la primera plegaria eucarística pueden omitirse las palabras entre corchetes.

Padre misericordioso,
te pedimos humildemente
por Jesucristo, tu Hijo, nuestro Señor,
que aceptes y bendigas
estos ✚ dones,
este sacrificio santo y puro que te ofrecemos,
ante todo, por tu Iglesia santa y católica,
para que le concedas la paz, la protejas,
la congregues en la unidad
y la gobiernes en el mundo entero,
con tu servidor el Papa N., con nuestro Obispo N.,
y todos los demás Obispos que, fieles a la verdad,
promueven la fe católica y apostólica.

CONMEMORACIÓN DE LOS VIVOS
Acuérdate, Señor,
de tus hijos N. y N.
y de todos los aquí reunidos, cuya fe y entrega bien conoces;
por ellos y todos los suyos,
por el perdón de sus pecados
y la salvación que esperan,
te ofrecemos, y ellos mismos te ofrecen,
este sacrificio de alabanza,
a ti, eterno Dios, vivo y verdadero.

Reunidos en comunión con toda la Iglesia,
veneramos la memoria
ante todo, de la gloriosa siempre Virgen María,
Madre de Jesucristo, nuestro Dios y Señor;
la de su esposo, san José;
la de los santos apóstoles y mártires
Pedro y Pablo, Andrés,

EUCHARISTIC PRAYER I
(The Roman Canon)

Priest:

To you, therefore, most merciful Father,
we make humble prayer and petition
through Jesus Christ, your Son, our Lord:
that you accept
and bless ✠ these gifts, these offerings,
these holy and unblemished sacrifices,
which we offer you firstly
for your holy catholic Church.
Be pleased to grant her peace,
to guard, unite and govern her
throughout the whole world,
together with your servant N. our Pope
and N. our Bishop,
and all those who, holding to the truth,
hand on the catholic and apostolic faith.

COMMEMORATION OF THE LIVING

Remember, Lord, your servants N. and N.
and all gathered here,
whose faith and devotion are known to you.
For them, we offer you this sacrifice of praise
or they offer it for themselves
and all who are dear to them:
for the redemption of their souls,
in hope of health and well-being,
and paying their homage to you,
the eternal God, living and true.

In communion with those whose memory we venerate,
especially the glorious ever-Virgin Mary,
Mother of our God and Lord, Jesus Christ,
† and blessed Joseph, her Spouse,
your blessed Apostles and Martyrs,
Peter and Paul, Andrew,

[Santiago y Juan, Tomás, Santiago, Felipe, Bartolomé, Mateo,
Simón y Tadeo; Lino, Cleto, Clemente, Sixto, Cornelio, Cipriano,
Lorenzo, Crisógono, Juan y Pablo, Cosme y Damián,]
y la de todos los santos;
por sus méritos y oraciones
concédenos en todo tu protección.
[Por Cristo, nuestro Señor. Amén.]

En el Jueves Santo:
Reunidos en comunión con toda la Iglesia
para celebrar el día santo
en que nuestro Señor Jesucristo fue entregado por nosotros,
veneramos la memoria,
ante todo, de esta gloriosa siempre Virgen María,
Madre de Jesucristo, nuestro Dios y Señor;

Desde la misa de la Vigilia Pascual
hasta el segundo Domingo de Pascua:
Reunidos en comunión con toda la Iglesia
para celebrar (la noche santa) el día santo
de la resurrección de nuestro Señor según la carne,
veneramos la memoria,
ante todo, de la gloriosa siempre Virgen María,
Madre de Jesucristo, nuestro Dios y Señor;

Acepta, Señor, en tu bondad, esta ofrenda
de tus siervos y de toda tu familia santa;
ordena en tu paz nuestros días,
líbranos de la condenación eterna
y cuéntanos entre tus elegidos.
[Por Cristo, nuestro Señor. Amén].

En la misa Jueves Santo:
Acepta, Señor, en tu bondad, esta ofrenda
de tus siervos y de toda tu familia santa;
que te presentamos en el día mismo
en que nuestro Señor Jesucristo encomendó a sus discípulos
la celebración del sacramento de su Cuerpo y de su Sangre;
ordena en tu paz nuestros días, líbranos de la condenación
eterna y cuéntanos entre tus elegidos.
[Por Cristo, nuestro Señor. Amén].

(James, John,
Thomas, James, Philip,
Bartholomew, Matthew,
Simon and Jude;
Linus, Cletus, Clement, Sixtus,
Cornelius, Cyprian,
Lawrence, Chrysogonus,
John and Paul,
Cosmas and Damian)
and all your Saints;
we ask that through their merits and prayers,
in all things we may be defended
by your protecting help.
(Through Christ our Lord. Amen.)

**From the Mass of the Easter Vigil
until the Second Sunday of Easter**
Celebrating the most sacred night (day)
of the Resurrection of our Lord Jesus Christ in the flesh,
and in communion with those whose memory we venerate,
especially the glorious ever-Virgin Mary,
Mother of our God and Lord, Jesus Christ, †

Therefore, Lord, we pray:
graciously accept this oblation of our service,
that of your whole family;
order our days in your peace,
and command that we be delivered from eternal damnation
and counted among the flock of those you have chosen.
(Through Christ our Lord. Amen.)

**From the Mass of the Easter Vigil
until the Second Sunday of Easter**
Therefore, Lord, we pray:
graciously accept this oblation of our service,
that of your whole family,
which we make to you
also for those to whom you have been pleased to give
the new birth of water and the Holy Spirit,
granting them forgiveness of all their sins;
order our days in your peace,
and command that we be delivered from eternal damnation
and counted among the flock of those you have chosen.
(Through Christ our Lord. Amen.)

Bendice y santifica, oh Padre, esta ofrenda,
haciéndola perfecta,
espiritual y digna de ti,
de manera que sea para nosotros
Cuerpo y Sangre de tu Hijo amado,
Jesucristo, nuestro Señor.

El cual, la víspera de su Pasión,
tomó pan en sus santas y venerables manos,
y, elevando los ojos al cielo,
hacia ti, Dios, Padre suyo todopoderoso,
dando gracias te bendijo,
lo partió,
y lo dio a sus discípulos, diciendo:

**"Tomad y comed todos de él,
porque esto es mi Cuerpo,
que será entregado por vosotros".**

Del mismo modo, acabada la cena,
tomó este cáliz glorioso
en sus santas y venerables manos, dando gracias te bendijo,
y lo dio a sus discípulos, diciendo:

**"Tomad y bebed todos de él,
porque éste es el cáliz de mi Sangre,
Sangre de la alianza nueva y eterna,
que será derramada por vosotros
y por todos los hombres
para el perdón de los pecados.**

Haced esto en conmemoración mía".

Éste es el Sacramento de nuestra fe.

A.

**Anunciamos tu muerte,
proclamamos tu resurrección,
¡Ven, Señor Jesús!**

B.

**Cada vez que comemos de este pan
y bebemos de este cáliz,
anunciamos tu muerte, Señor, hasta que vuelvas.**

C.

**Por tu cruz y resurrección
nos has salvado, Señor.**

Be pleased, O God, we pray,
to bless, acknowledge,
and approve this offering in every respect;
make it spiritual and acceptable,
so that it may become for us
the Body and Blood of your most beloved Son,
our Lord Jesus Christ.

On the day before he was to suffer,
he took bread in his holy and venerable hands,
and with eyes raised to heaven
to you, O God, his almighty Father,
giving you thanks, he said the blessing,
broke the bread
and gave it to his disciples, saying:

**Take this, all of you, and eat of it,
for this is my Body,
which will be given up for you.**

In a similar way, when supper was ended,
he took this precious chalice
in his holy and venerable hands,
and once more giving you thanks, he said the blessing
and gave the chalice to his disciples, saying:

**Take this, all of you, and drink from it,
for this is the chalice of my Blood,
the Blood of the new and eternal covenant,
which will be poured out for you and for many
for the forgiveness of sins.**

Do this in memory of me.

The mystery of faith.

And the people continue, acclaiming

A.

**We proclaim your Death, O Lord,
and profess your Resurrection
until you come again.**

B.

**When we eat this Bread and drink this Cup,
we proclaim your Death, O Lord,
until you come again.**

C.

**Save us, Savior of the world,
for by your Cross and Resurrection
you have set us free.**

Por eso, Padre,
nosotros, tus siervos, y todo tu pueblo santo,
al celebrar este memorial de la muerte gloriosa
de Jesucristo, tu Hijo, nuestro Señor;
de su santa resurrección del lugar de los muertos
y de su admirable ascensión a los cielos,
te ofrecemos, Dios de gloria y majestad
de los mismos bienes que nos has dado,
el sacrificio puro, inmaculado y santo:
pan de vida eterna y cáliz de eterna salvación.

Mira con ojos de bondad esta ofrenda y acéptala,
como aceptaste los dones del justo Abel,
el sacrificio de Abraham, nuestro padre en la fe,
y la oblación pura
de tu sumo sacerdote Melquisedec.

Te pedimos humildemente, Dios todopoderoso,
que esta ofrenda sea llevada a tu presencia,
hasta el altar del cielo,
por manos de tu ángel, para que cuantos recibimos
el Cuerpo y la Sangre de tu Hijo al participar aquí de este altar,
seamos colmados de gracia y bendición.
[Por Cristo, nuestro Señor. Amén].

CONMEMORACIÓN DE LOS DIFUNTOS

Acuérdate también, Señor, de tus hijos N. y N.,
que nos han precedido con el signo de la fe
y duermen ya el sueño de la paz.

A ellos, Señor,
y a cuantos descansan en Cristo,
concédeles el lugar del consuelo, de la luz y de la paz.
[Por Cristo, nuestro Señor. Amén].

Y a nosotros, pecadores, siervos tuyos, que confiamos en tu infinita misericordia, admítenos en la asamblea de los santos apóstoles y mártires Juan el Bautista, Esteban, Matías y Bernabé,

Priest:

Therefore, O Lord,
as we celebrate the memorial of the blessed Passion,
the Resurrection from the dead,
and the glorious Ascension into heaven
of Christ, your Son, our Lord,
we, your servants and your holy people,
offer to your glorious majesty
from the gifts that you have given us,
this pure victim,
this holy victim,
this spotless victim,
the holy Bread of eternal life
and the Chalice of everlasting salvation.

Be pleased to look upon these offerings
with a serene and kindly countenance,
and to accept them,
as once you were pleased to accept
the gifts of your servant Abel the just,
the sacrifice of Abraham, our father in faith,
and the offering of your high priest Melchizedek,
a holy sacrifice, a spotless victim.

In humble prayer we ask you, almighty God:
command that these gifts be borne
by the hands of your holy Angel
to your altar on high
in the sight of your divine majesty,
so that all of us, who through this participation at the altar
    receive
the most holy Body and Blood of your Son,
may be filled with every grace and heavenly blessing.
(Through Christ our Lord. Amen.)

Remember also, Lord, your servants N. and N.,
who have gone before us with the sign of faith
and rest in the sleep of peace.

Grant them, O Lord, we pray,
and all who sleep in Christ,
a place of refreshment, light and peace.
(Through Christ our Lord. Amen.)

To us, also, your servants, who, though sinners,
hope in your abundant mercies,
graciously grant some share
and fellowship with your holy Apostles and Martyrs:
with John the Baptist, Stephen,
Matthias, Barnabas,

[Ignacio, Alejandro, Marcelino y Pedro, Felicidad
y Perpetua, Águeda, Lucía, Inés, Cecilia, Anastasia,]
y de todos los santos;
y acéptanos en su compañía,
no por nuestros méritos,
sino conforme a tu bondad.

Por Cristo, Señor nuestro,
por quien sigues creando todos los bienes,
los santificas, los llenas de vida,
los bendices y los repartes entre nosotros.

Por Cristo,
con él y en él,
a ti,
Dios Padre omnipotente,
en la unidad del Espíritu Santo,
todo honor y toda gloria
por los siglos de los siglos.
Amén.

PLEGARIA EUCARÍSTICA II

En verdad es justo y necesario,
es nuestro deber y salvación
darte gracias, Padre santo, siempre y en todo lugar,
por Jesucristo, tu Hijo amado.

Por él, que es tu Palabra, hiciste todas las cosas;
tú nos lo enviaste para que, hecho hombre
por obra del Espíritu Santo y nacido de María,
la Virgen, fuera nuestro Salvador y Redentor.
Él, en cumplimiento de tu voluntad,
para destruir la muerte
y manifestar la resurrección,
extendió sus brazos en la cruz,
y así adquirió para ti un pueblo santo.
Por eso,
con los ángeles y los santos,
proclamamos tu gloria, diciendo:
Santo, Santo, Santo . . .

(Ignatius, Alexander,
Marcellinus, Peter,
Felicity, Perpetua,
Agatha, Lucy,
Agnes, Cecilia, Anastasia)
and all your Saints;
admit us, we beseech you,
into their company,
not weighing our merits,
but granting us your pardon,
through Christ our Lord.

Through whom
you continue to make all these good things, O Lord;
you sanctify them, fill them with life,
bless them, and bestow them upon us.

Through him, and with him, and in him,
O God, almighty Father,
in the unity of the Holy Spirit,
all glory and honor is yours,
for ever and ever.

People:
Amen.

Then follows the Communion Rite.

EUCHARISTIC PRAYER II

Preface
It is truly right and just, our duty and our salvation,
always and everywhere to give you thanks, Father most holy,
through your beloved Son, Jesus Christ,
your Word through whom you made all things,
whom you sent as our Savior and Redeemer,
incarnate by the Holy Spirit and born of the Virgin.

Fulfilling your will and gaining for you a holy people,
he stretched out his hands as he endured his Passion,
so as to break the bonds of death and manifest the resurrection.

And so, with the Angels and all the Saints
we declare your glory,
as with one voice we acclaim:

Holy, Holy, Holy Lord God of hosts.
Heaven and earth are full of your glory.
Hosanna in the highest.
Blessed is he who comes in the name of the Lord.
Hosanna in the highest.

Santo eres en verdad, Señor,
fuente de toda santidad;
por eso te pedimos que santifiques estos dones
con la efusión de tu Espíritu,
de manera que sean para nosotros
Cuerpo y ✝ Sangre de Jesucristo, nuestro Señor.

El cual,
cuando iba a ser entregado a su Pasión,
voluntariamente aceptada,
tomó pan, dándote gracias, lo partió
y lo dio a sus discípulos, diciendo:

**"Tomad y comed todos de él,
porque esto es mi Cuerpo,
que será entregado por vosotros".**

Del mismo modo, acabada la cena,
tomó el cáliz, y, dándote gracias de nuevo,
lo pasó a sus discípulos, diciendo:

**"Tomad y bebed todos de él,
porque éste es el cáliz de mi Sangre,
Sangre de la alianza nueva y eterna,
que será derramada por vosotros
y por todos los hombres para el perdón de los pecados.**

Haced esto en conmemoración mía".

Éste es el Sacramento de nuestra fe.

A.
**Anunciamos tu muerte,
proclamamos tu resurrección.
¡Ven, Señor Jesús!**

B.
**Cada vez que comemos de este pan
y bebemos de este cáliz,
anunciamos tu muerte, Señor, hasta que vuelvas.**

C.
**Por tu cruz y resurrección
nos has salvado, Señor.**

Priest:
You are indeed Holy, O Lord,
the fount of all holiness.
Make holy, therefore, these gifts, we pray,
by sending down your Spirit upon them like the dewfall,
so that they may become for us
the Body and ✝ Blood of our Lord, Jesus Christ.

At the time he was betrayed
and entered willingly into his Passion,
he took bread and, giving thanks, broke it,
and gave it to his disciples, saying:

**Take this, all of you, and eat of it,
for this is my Body,
which will be given up for you.**

In a similar way, when supper was ended,
he took the chalice
and, once more giving thanks,
he gave it to his disciples, saying:

**Take this, all of you, and drink from it,
for this is the chalice of my Blood,
the Blood of the new and eternal covenant,
which will be poured out for you and for many
for the forgiveness of sins.**

Do this in memory of me.

The mystery of faith.

People:
A.
**We proclaim your Death, O Lord,
and profess your Resurrection
until you come again.**

B.
**When we eat this Bread and drink this Cup,
we proclaim your Death, O Lord,
until you come again.**

C.
**Save us, Savior of the world,
for by your Cross and Resurrection
you have set us free.**

Así, pues, Padre, al celebrar ahora el memorial
de la muerte y resurrección de tu Hijo,
te ofrecemos el pan de vida y el cáliz de salvación,
y te damos gracias porque nos haces dignos
de servirte en tu presencia.
Te pedimos humildemente
que el Espíritu Santo congregue en la unidad
a cuantos participamos del Cuerpo y Sangre de Cristo.

Acuérdate, Señor, de tu Iglesia extendida por toda la tierra;
y con el Papa N., con nuestro Obispo N.,
y todos los pastores que cuidan de tu pueblo,
llévala a su perfección por la caridad.

En misas de difuntos puede añadirse lo siguiente:
Recuerda a tu hijo (hija) N., a quien llamaste (hoy)
de este mundo a tu presencia; concédele que,
así como ha compartido ya la muerte de Jesucristo,
comparta también con él la gloria de la resurrección.

Acuérdate también de nuestros hermanos
que se durmieron en la esperanza
de la resurrección,
y de todos los que han muerto en tu misericordia;
admítelos a contemplar la luz de tu rostro.

Ten misericordia de todos nosotros,
y así, con María,
la Virgen Madre de Dios,
los apóstoles
y cuantos vivieron en tu amistad
a través de los tiempos,
merezcamos, por tu Hijo Jesucristo,
compartir la vida eterna
y cantar tus alabanzas.

Por Cristo,
con él y en él,
a ti,
Dios Padre omnipotente,
en la unidad del Espíritu Santo,
todo honor y toda gloria
por los siglos de los siglos.
Amén.

Priest:

Therefore, as we celebrate
the memorial of his Death and Resurrection,
we offer you, Lord,
the Bread of life and the Chalice of salvation,
giving thanks that you have held us worthy
to be in your presence and minister to you.

Humbly we pray
that, partaking of the Body and Blood of Christ,
we may be gathered into one by the Holy Spirit.

Remember, Lord, your Church,
spread throughout the world,
and bring her to the fullness of charity,
together with N. our Pope and N. our Bishop
and all the clergy.

In Masses for the Dead, the following may be added:

Remember your servant N.,
whom you have called (today)
from this world to yourself.
Grant that he (she) who was united with your Son in a death
 like his,
may also be one with him in his Resurrection.

Remember also our brothers and sisters
who have fallen asleep in the hope of the resurrection,
and all who have died in your mercy:
welcome them into the light of your face.
Have mercy on us all, we pray,
that with the Blessed Virgin Mary, Mother of God,
with the blessed Apostles,
and with all the Saints who have pleased you throughout the
 ages,
we may merit to be coheirs to eternal life,
and may praise and glorify you
through your Son, Jesus Christ.

Through him, and with him, and in him,
O God, almighty Father,
in the unity of the Holy Spirit,
all glory and honor is yours,
for ever and ever.

People:

Amen.

Then follows the Communion Rite.

PLEGARIA EUCARÍSTICA III

Santo eres en verdad, Padre,
y con razón te alaban todas tus criaturas,
ya que por Jesucristo, tu Hijo, Señor nuestro,
con la fuerza del Espíritu Santo,
das vida y santificas todo,
y congregas a tu pueblo sin cesar,
para que ofrezca en tu honor
un sacrificio sin mancha
desde donde sale el sol hasta el ocaso.

Por eso, Padre, te suplicamos que santifiques
por el mismo Espíritu estos dones que hemos separado para ti,
de manera que sean Cuerpo y ✝ Sangre de Jesucristo,
Hijo tuyo y Señor nuestro,
que nos mandó celebrar estos misterios.

Porque él mismo, la noche en que iba a ser entregado,
tomó pan, y dando gracias te bendijo,
lo partió y lo dio a sus discípulos, diciendo:

**"Tomad y comed todos de él,
porque esto es mi Cuerpo,
que será entregado por vosotros".**

Del mismo modo, acabada la cena, tomó el cáliz,
dando gracias te bendijo,
y lo pasó a sus discípulos, diciendo:

**"Tomad y bebed todos de él,
porque éste es el cáliz de mi Sangre,
Sangre de la alianza nueva y eterna,
que será derramada por vosotros
y por todos los hombres para el perdón de los pecados.**

Haced esto en conmemoración mía".

Éste es el Sacramento de nuestra fe.

A.
**Anunciamos tu muerte,
proclamamos tu resurrección.
¡Ven, Señor Jesús!**

EUCHARISTIC PRAYER III

Priest:

You are indeed Holy, O Lord,
and all you have created
rightly gives you praise,
for through your Son our Lord Jesus Christ,
by the power and working of the Holy Spirit,
you give life to all things and make them holy,
and you never cease to gather a people to yourself,
so that from the rising of the sun to its setting
a pure sacrifice may be offered to your name.

Therefore, O Lord, we humbly implore you:
by the same Spirit graciously make holy
these gifts we have brought to you for consecration,
that they may become the Body and ✠ Blood
of your Son our Lord Jesus Christ,
at whose command we celebrate these mysteries.

For on the night he was betrayed
he himself took bread,
and, giving you thanks, he said the blessing,
broke the bread and gave it to his disciples, saying:

Take this, all of you, and eat of it,
for this is my Body,
which will be given up for you.

In a similar way, when supper was ended,
he took the chalice,
and, giving you thanks, he said the blessing,
and gave the chalice to his disciples, saying:

Take this, all of you, and drink from it,
for this is the chalice of my Blood,
the Blood of the new and eternal covenant,
which will be poured out for you and for many
for the forgiveness of sins.

Do this in memory of me.

The mystery of faith.

People:

A.

We proclaim your Death, O Lord,
and profess your Resurrection
until you come again.

B.

**Cada vez que comemos de este pan
y bebemos de este cáliz, anunciamos tu muerte, Señor,
hasta que vuelvas.**

C.

**Por tu cruz y resurrección
nos has salvado, Señor.**

Así, pues, Padre, al celebrar ahora el memorial
de la pasión salvadora de tu Hijo,
de su admirable resurrección y ascensión al cielo,
mientras esperamos su venida gloriosa,
te ofrecemos, en esta acción de gracias, el sacrificio vivo y santo.
Dirige tu mirada sobre la ofrenda de tu Iglesia,
y reconoce en ella la Víctima por cuya inmolación
quisiste devolvernos tu amistad, para que, fortalecidos
con el Cuerpo y la Sangre de tu Hijo
y llenos de su Espíritu Santo,
formemos en Cristo un solo cuerpo
y un solo espíritu.
Que él nos transforme en ofrenda permanente,
para que gocemos de tu heredad
junto con tus elegidos: con María, la Virgen Madre de Dios,
los apóstoles y los mártires, (san N. – santo del día o patrono)
y todos los santos, por cuya intercesión
confiamos obtener siempre tu ayuda.

Te pedimos, Padre,
que esta Víctima de reconciliación
traiga la paz y la salvación al mundo entero.
Confirma en la fe y en la caridad
a tu Iglesia, peregrina en la tierra:
a tu servidor, el Papa N., a nuestro Obispo N.,
al orden episcopal, a los presbíteros y diáconos,
y a todo el pueblo redimido por ti.

Atiende los deseos y súplicas de esta familia
que has congregado en tu presencia.
Reúne en torno a ti, Padre misericordioso,
a todos tus hijos dispersos por el mundo.

B.

When we eat this Bread and drink this Cup,
we proclaim your Death, O Lord,
until you come again.

C.

Save us, Savior of the world,
for by your Cross and Resurrection
you have set us free.

Priest:

Therefore, O Lord, as we celebrate the memorial
of the saving Passion of your Son,
his wondrous Resurrection
and Ascension into heaven,
and as we look forward to his second coming,
we offer you in thanksgiving
this holy and living sacrifice.

Look, we pray, upon the oblation of your Church
and, recognizing the sacrificial Victim by whose death
you willed to reconcile us to yourself,
grant that we, who are nourished
by the Body and Blood of your Son
and filled with his Holy Spirit,
may become one body, one spirit in Christ.

May he make of us
an eternal offering to you,
so that we may obtain an inheritance with your elect,
especially with the most Blessed Virgin Mary, Mother of God,
with your blessed Apostles and glorious Martyrs
(with Saint N.: the Saint of the day or Patron Saint)
and with all the Saints,
on whose constant intercession in your presence
we rely for unfailing help.

May this Sacrifice of our reconciliation,
we pray, O Lord,
advance the peace and salvation of all the world.
Be pleased to confirm in faith and charity
your pilgrim Church on earth,
with your servant N. our Pope and N. our Bishop,
the Order of Bishops, all the clergy,
and the entire people you have gained for your own.

Listen graciously to the prayers of this family,
whom you have summoned before you:
in your compassion, O merciful Father,
gather to yourself all your children
scattered throughout the world.

*A nuestros hermanos difuntos
y a cuantos murieron en tu amistad recíbelos en tu reino,
donde esperamos gozar todos juntos
de la plenitud eterna de tu gloria,
por Cristo, Señor nuestro,
por quien concedes al mundo todos los bienes.

Por Cristo,
con él y en él,
a ti, Dios Padre omnipotente,
en la unidad del Espíritu Santo,
todo honor y toda gloria
por los siglos de los siglos.
Amén.

*Cuando esta plegaria se utiliza en las misas de difuntos puede decirse:
+ Recuerda a tu hijo (hija) N., a quien llamaste (hoy)
de este mundo a tu presencia: concédele que,
así como ha compartido ya la muerte de Jesucristo,
comparta también con él la gloria de la resurrección,
cuando Cristo haga resurgir de la tierra a los muertos,
y transforme nuestro cuerpo frágil en cuerpo glorioso como el suyo.

Y a todos nuestros hermanos difuntos
y a cuantos murieron en tu amistad
recíbelos en tu reino, donde esperamos gozar todos juntos
de la plenitud eterna de tu gloria;
allí enjugarás las lágrimas de nuestros ojos,
porque, al contemplarte como tú eres, Dios nuestro,
seremos para siempre semejantes a ti
y cantaremos eternamente tus alabanzas.
Por Cristo, Señor nuestro,
por quien concedes al mundo todos los bienes.

Por Cristo,
con él y en él,
a ti,
Dios Padre omnipotente,
en la unidad del Espíritu Santo,
todo honor y toda gloria
por los siglos de los siglos.
Amén.

† To our departed brothers and sisters
and to all who were pleasing to you
at their passing from this life,
give kind admittance to your kingdom.
There we hope to enjoy for ever the fullness of your glory
through Christ our Lord,
through whom you bestow on the world all that is good. †

Through him, and with him, and in him,
O God, almighty Father,
in the unity of the Holy Spirit,
all glory and honor is yours,
for ever and ever.

People:

Amen.

When this Eucharistic Prayer is used in Masses for the Dead, the following
may be said:

† Remember your servant N.
whom you have called (today)
from this world to yourself.
Grant that he (she) who was united with your Son
in a death like his,
may also be one with him in his Resurrection,
when from the earth
he will raise up in the flesh those who have died,
and transform our lowly body
after the pattern of his own glorious body.
To our departed brothers and sisters, too,
and to all who were pleasing to you
at their passing from this life,
give kind admittance to your kingdom.
There we hope to enjoy for ever the fullness of your glory,
when you will wipe away every tear from our eyes.
For seeing you, our God, as you are,
we shall be like you for all the ages
and praise you without end,
through Christ our Lord,
through whom you bestow on the world all that is good. †

PLEGARIA EUCARÍSTICA IV

En verdad es justo darte gracias,
y deber nuestro glorificarte, Padre santo,
porque tú eres el único Dios vivo y verdadero
que existes desde siempre y vives para siempre; luz sobre toda luz.
Porque tú sólo eres bueno y la fuente de la vida,
hiciste todas las cosas para colmarlas de tus bendiciones
y alegrar su multitud con la claridad de tu gloria.
Por eso, innumerables ángeles en tu presencia,
contemplando la gloria de tu rostro,
te sirven siempre y te glorifican sin cesar.
Y con ellos también nosotros, llenos de alegría,
y por nuestra voz las demás criaturas,
aclamamos tu nombre cantando:

Santo, Santo, Santo . . .

Te alabamos, Padre santo, porque eres grande
y porque hiciste todas las cosas con sabiduría y amor.

A imagen tuya creaste al hombre
y le encomendaste el universo entero, para que,
sirviéndote sólo a ti, su Creador, dominara todo lo creado.
Y cuando por desobediencia perdió tu amistad,
no lo abandonaste al poder de la muerte,
sino que, compadecido, tendiste la mano a todos,
para que te encuentre el que te busca.
Reiteraste, además, tu alianza a los hombres; por los profetas
los fuiste llevando con la esperanza de salvación.
Y tanto amaste al mundo, Padre santo,
que al cumplirse la plenitud de los tiempos,
nos enviaste como salvador a tu único Hijo.
El cual se encarnó por obra del Espíritu Santo,
nació de María, la Virgen,
y así compartió en todo nuestra condición humana
menos en el pecado;

EUCHARISTIC PRAYER IV

Preface

It is truly right to give you thanks,
truly just to give you glory, Father most holy,
for you are the one God living and true,
existing before all ages and abiding for all eternity,
dwelling in unapproachable light;
yet you, who alone are good, the source of life,
have made all that is,
so that you might fill your creatures with blessings
and bring joy to many of them by the glory of your light.
And so, in your presence are countless hosts of Angels,
who serve you day and night
and, gazing upon the glory of your face,
glorify you without ceasing.

With them we, too, confess your name in exultation,
giving voice to every creature under heaven,
as we acclaim:

Holy, Holy, Holy Lord God of hosts.
Heaven and earth are full of your glory.
Hosanna in the highest.
Blessed is he who comes in the name of the Lord.
Hosanna in the highest.

Priest:

We give you praise, Father most holy,
for you are great,
and you have fashioned all your works
in wisdom and in love.
You formed man in your own image
and entrusted the whole world to his care,
so that in serving you alone, the Creator,
he might have dominion over all creatures.
And when through disobedience he had lost your friendship,
you did not abandon him to the domain of death.
For you came in mercy to the aid of all,
so that those who seek might find you.
Time and again you offered them covenants
and through the prophets
taught them to look forward to salvation.

And you so loved the world, Father most holy,
that in the fullness of time
you sent your Only Begotten Son to be our Savior.
Made incarnate by the Holy Spirit
and born of the Virgin Mary,
he shared our human nature
in all things but sin.

anunció la salvación a los pobres,
la liberación a los oprimidos
y a los afligidos el consuelo.
Para cumplir tus designios, él mismo se entregó a la muerte,
y, resucitando, destruyó la muerte y nos dio nueva vida.
Y porque no vivamos ya para nosotros mismos,
sino para él, que por nosotros murió y resucitó,
envió, Padre, al Espíritu Santo
como primicia para los creyentes,
a fin de santificar todas las cosas,
llevando a plenitud su obra en el mundo.

Por eso, Padre, te rogamos que este mismo Espíritu
santifique estas ofrendas,
para que sean Cuerpo y ✠ Sangre de Jesucristo, nuestro Señor,
y así celebremos el gran misterio
que nos dejó como alianza eterna.

Porque él mismo,
llegada la hora en que había de ser glorificado por ti,
Padre santo, habiendo amado a los suyos
que estaban en el mundo, los amó hasta el extremo.
Y, mientras cenaba con sus discípulos,
tomó pan, te bendijo,
lo partió y se lo dio, diciendo:

**"Tomad y comed todos de él,
porque esto es mi Cuerpo,
que será entregado por vosotros".**

Del mismo modo, tomó el cáliz lleno del fruto de la vid,
te dio gracias
y lo pasó a sus discípulos, diciendo:

**"Tomad y bebed todos de él,
porque éste es el cáliz de mi Sangre,
Sangre de la alianza nueva y eterna,
que será derramada por vosotros
y por todos los hombres para el perdón de los pecados.**

Haced esto en conmemoración mía".

Éste es el Sacramento de nuestra fe.

To the poor he proclaimed the good news of salvation,
to prisoners, freedom,
and to the sorrowful of heart, joy.
To accomplish your plan,
he gave himself up to death,
and, rising from the dead,
he destroyed death and restored life.

And that we might live no longer for ourselves
but for him who died and rose again for us,
he sent the Holy Spirit from you, Father,
as the first fruits for those who believe,
so that, bringing to perfection his work in the world,
he might sanctify creation to the full.

Therefore, O Lord, we pray:
may this same Holy Spirit
graciously sanctify these offerings,
that they may become
the Body and ✛ Blood of our Lord Jesus Christ
for the celebration of this great mystery,
which he himself left us
as an eternal covenant.

For when the hour had come
for him to be glorified by you, Father most holy,
having loved his own who were in the world,
he loved them to the end:
and while they were at supper,
he took bread, blessed and broke it,
and gave it to his disciples, saying,

**Take this, all of you, and eat of it,
for this is my Body,
which will be given up for you.**

In a similar way,
taking the chalice filled with the fruit of the vine,
he gave thanks,
and gave the chalice to his disciples, saying:

**Take this, all of you, and drink from it,
for this is the chalice of my Blood,
the Blood of the new and eternal covenant,
which will be poured out for you and for many
for the forgiveness of sins.**

Do this in memory of me.

The mystery of faith.

A.

**Anunciamos tu muerte,
proclamamos tu resurrección.
¡Ven, Señor Jesús!**

B.

**Cada vez que comemos de este pan
y bebemos de este cáliz, anunciamos tu muerte, Señor,
hasta que vuelvas.**

C.

**Por tu cruz y resurrección
nos has salvado, Señor.**

Por eso, Padre, al celebrar ahora el memorial
de nuestra redención, recordamos la muerte de Cristo
y su descenso al lugar de los muertos, proclamamos
su resurrección y ascensión a tu derecha;
y mientras esperamos su venida gloriosa,
te ofrecemos su Cuerpo y su Sangre,
sacrificio agradable a ti y salvación para todo el mundo.

Dirige tu mirada sobre esta Víctima
que tú mismo has preparado a tu Iglesia,
y concede a cuantos compartimos este pan y este cáliz,
que, congregados en un solo cuerpo por el Espíritu Santo,
seamos en Cristo víctima viva para alabanza de tu gloria.

Y ahora, Señor, acuérdate de todos aquellos por quienes
te ofrecemos este sacrificio: de tu servidor el Papa N.,
de nuestro Obispo N., del orden episcopal y de los presbíteros
y diáconos, de los oferentes y de los aquí reunidos,
de todo tu pueblo santo
y de aquellos que te buscan con sincero corazón.

Acuérdate también de los que murieron en la paz de Cristo
y de todos los difuntos, cuya fe sólo tú conociste.

People:

A.

We proclaim your Death, O Lord,
and profess your Resurrection
until you come again.

B.

When we eat this Bread and drink this Cup,
we proclaim your Death, O Lord,
until you come again.

C.

Save us, Savior of the world,
for by your Cross and Resurrection
you have set us free.

Therefore, O Lord,
as we now celebrate the memorial of our redemption,
we remember Christ's Death
and his descent to the realm of the dead,
we proclaim his Resurrection
and his Ascension to your right hand,
and, as we await his coming in glory,
we offer you his Body and Blood,
the sacrifice acceptable to you
which brings salvation to the whole world.

Look, O Lord, upon the Sacrifice
which you yourself have provided for your Church,
and grant in your loving kindness
to all who partake of this one Bread and one Chalice
that, gathered into one body by the Holy Spirit,
they may truly become a living sacrifice in Christ
to the praise of your glory.

Therefore, Lord, remember now
all for whom we make this sacrifice:
especially your servant N. our Pope,
N. our Bishop, and the whole Order of Bishops,
all the clergy,
those who take part in this offering,
those gathered here before you,
your entire people,
and all who seek you with a sincere heart.

Remember also
those who have died in the peace of your Christ
and all the dead,
whose faith you alone have known.

Padre de bondad, que todos tus hijos nos reunamos
en la heredad de tu reino,
con María, la Virgen Madre de Dios,
con los apóstoles y los santos;
y allí, junto con toda la creación
libre ya del pecado y de la muerte,
te glorifiquemos por Cristo, Señor nuestro,
por quien concedes al mundo todos los bienes.

Por Cristo,
con él y en él, a ti,
Dios Padre omnipotente,
en la unidad del Espíritu Santo,
todo honor y toda gloria
por los siglos de los siglos.
Amén.

PLEGARIA EUCARÍSTICA
SOBRE LA RECONCILIACIÓN I

En verdad es justo y necesario
darte gracias, Señor, Padre santo,
porque no dejas de llamarnos
a una vida plenamente feliz.

Tú, Dios de bondad y misericordia,
ofreces siempre tu perdón
e invitas a los pecadores
a recurrir confiadamente
a tu clemencia.

Muchas veces
los hombres hemos quebrantado tu alianza;
pero tú, en vez de abandonarnos,
has sellado de nuevo con la familia humana,
por Jesucristo, tu Hijo, nuestro Señor,
un pacto tan sólido, que ya nada lo podrá romper.

Y ahora,
mientras ofreces a tu pueblo
un tiempo de gracia y reconciliación,
lo alientas en Cristo para que vuelva a ti,
obedeciendo más plenamente
al Espíritu Santo,
y se entregue al servicio
de todos los hombres.

To all of us, your children,
grant, O merciful Father,
that we may enter into a heavenly inheritance
with the Blessed Virgin Mary, Mother of God,
and with your Apostles and Saints in your kingdom.
There, with the whole of creation,
freed from the corruption of sin and death,
may we glorify you through Christ our Lord,
through whom you bestow on the world all that is good.

Through him, and with him, and in him,
O God, almighty Father,
in the unity of the Holy Spirit,
all glory and honor is yours,
for ever and ever.

People:

Amen.

EUCHARISTIC PRAYER
FOR MASSES OF RECONCILIATION I

Preface

It is truly right and just
that we should always give you thanks,
Lord, holy Father, almighty and eternal God.

For you do not cease to spur us on
to possess a more abundant life
and, being rich in mercy,
you constantly offer pardon
and call on sinners
to trust in your forgiveness alone.

Never did you turn away from us,
and, though time and again we have broken your covenant,
you have bound the human family to yourself
through Jesus your Son, our Redeemer,
with a new bond of love so tight
that it can never be undone.

Even now you set before your people
a time of grace and reconciliation,
and, as they turn back to you in spirit,
you grant them hope in Christ Jesus
and a desire to be of service to all,
while they entrust themselves
more fully to the Holy Spirit.

Por eso,
llenos de admiración y agradecimiento,
unimos nuestras voces a las de los coros celestiales
para cantar la grandeza de tu amor
y proclamar la alegría de nuestra salvación:

Santo, Santo, Santo . . .

Oh Dios,
que desde el principio del mundo
haces cuanto nos conviene, para que seamos santos
como tú mismo eres Santo, mira a tu pueblo aquí reunido
y derrama la fuerza
de tu Espíritu,
de manera que estos dones
sean para nosotros

Cuerpo y ✝ Sangre de tu amado Hijo Jesucristo,
en quien nosotros somos hijos tuyos.

Cuando nosotros estábamos perdidos
y éramos incapaces de volver a ti,
nos amaste hasta el extremo.
Tu Hijo, que es el único justo,
se entregó a sí mismo en nuestras manos
para ser clavado en la cruz.
Pero, antes de que sus brazos extendidos
entre el cielo y la tierra
trazaran el signo indeleble de tu alianza,
quiso celebrar la Pascua
con sus discípulos.

Mientras cenaba con ellos,
tomó pan, dando gracias, te bendijo,
lo partió y se lo dio, diciendo:

**"Tomad y comed todos de él,
porque esto es mi Cuerpo,
que será entregado por vosotros".**

Igualmente, después de haber cenado,
sabiendo que él iba a reconciliar todas las cosas en sí mismo
por su sangre derramada en la cruz,
tomó el cáliz, lleno del fruto de la vid,

And so, filled with wonder,
we extol the power of your love,
and, proclaiming our joy
at the salvation that comes from you,
we join in the heavenly hymn of countless hosts,
as without end we acclaim:

Holy, Holy, Holy Lord God of hosts.
Heaven and earth are full of your glory.
Hosanna in the highest.
Blessed is he who comes in the name of the Lord.
Hosanna in the highest.

Priest:
You are indeed Holy, O Lord,
and from the world's beginning
are ceaselessly at work,
so that the human race may become holy,
just as you yourself are holy.

Look, we pray, upon your people's offerings
and pour out on them the power of your Spirit,
that they may become the Body and ✛ Blood
of your beloved Son, Jesus Christ,
in whom we, too, are your sons and daughters.
Indeed, though we once were lost
and could not approach you,
you loved us with the greatest love:
for your Son, who alone is just,
handed himself over to death,
and did not disdain to be nailed for our sake
to the wood of the Cross.
But before his arms were outstretched between heaven and earth,
to become the lasting sign of your covenant,
he desired to celebrate the Passover with his disciples.

As he ate with them,
he took bread
and, giving you thanks, he said the blessing,
broke the bread and gave it to them, saying:

Take this, all of you, and eat of it,
for this is my Body,
which will be given up for you.

In a similar way, when supper was ended,
knowing that he was about to reconcile all things in himself
through his Blood to be shed on the Cross,
he took the chalice, filled with the fruit of the vine,

de nuevo te dio gracias
y lo pasó a sus amigos, diciendo:

**"Tomad y bebed todos de él,
porque éste es el cáliz de mi Sangre,
Sangre de la alianza nueva y eterna,
que será derramada por vosotros
y por todos los hombres para el perdón de los pecados.**

Haced esto en conmemoración mía".

Éste es el Sacramento de nuestra fe.

A.

**Anunciamos tu muerte,
proclamamos tu resurrección.
¡Ven, Señor Jesús!**

B.

**Cada vez que comemos de este pan
y bebemos de este cáliz, anunciamos tu muerte, Señor,
hasta que vuelvas.**

C.

**Por tu cruz y resurrección
nos has salvado, Señor.**

Así, pues, al hacer el memorial de Jesucristo,
nuestra Pascua y nuestra paz definitiva,
y celebrar su muerte y resurrección,
en la esperanza del día feliz
de su retorno, te ofrecemos,
Dios fiel y verdadero,
la Víctima que devuelve tu gracia a los hombres.

Mira con amor,
Padre de bondad,
a quienes llamas a unirse a ti,
y concédeles que,
participando del único sacrificio de Cristo,
formen, por la fuerza del Espíritu Santo,
un solo cuerpo, en el que no haya ninguna división.

Guárdanos a todos
en comunión de fe y amor
con el Papa N.
y nuestro Obispo N.

and once more giving you thanks,
handed the chalice to his disciples, saying:

**Take this, all of you, and drink from it,
for this is the chalice of my Blood,
the Blood of the new and eternal covenant,
which will be poured out for you and for many
for the forgiveness of sins.**

Do this in memory of me.

The mystery of faith.

People:
A.
**We proclaim your Death, O Lord,
and profess your Resurrection
until you come again.**

B.
**When we eat this Bread and drink this Cup,
we proclaim your Death, O Lord,
until you come again.**

C.
**Save us, Savior of the world,
for by your Cross and Resurrection
you have set us free.**

Priest:
Therefore, as we celebrate
the memorial of your Son Jesus Christ,
who is our Passover and our surest peace,
we celebrate his Death and Resurrection from the dead,
and looking forward to his blessed Coming,
we offer you, who are our faithful and merciful God,
this sacrificial Victim
who reconciles to you the human race.

Look kindly, most compassionate Father,
on those you unite to yourself
by the Sacrifice of your Son,
and grant that, by the power of the Holy Spirit,
as they partake of this one Bread and one Chalice,
they may be gathered into one Body in Christ,
who heals every division.

Be pleased to keep us always
in communion of mind and heart,
together with N. our Pope and N. our Bishop.

Ayúdanos a preparar la venida de tu reino,
hasta la hora en que nos presentemos ante ti,
santos entre los santos del cielo,
con santa María, la Virgen, y los apóstoles,
y con nuestros hermanos difuntos,
que confiamos a tu misericordia.

Entonces, en la creación nueva,
liberada por fin de toda corrupción,
te cantaremos la acción de gracias de Jesucristo,
tu Ungido, que vive eternamente.

Por Cristo,
con él y en él,
a ti,
Dios Padre omnipotente,
en la unidad del Espíritu Santo,
todo honor y toda gloria
por los siglos de los siglos.
Amén.

PLEGARIA EUCARÍSTICA SOBRE LA RECONCILIACIÓN II

Te damos gracias, Dios nuestro y Padre todopoderoso,
por medio de Jesucristo, nuestro Señor,
y te alabamos por la obra admirable de la redención.

Pues, en una humanidad dividida por las enemistades
y las discordias, tú diriges las voluntades
para que se dispongan a la reconciliación.
Tu Espíritu mueve los corazones
para que los enemigos vuelvan a la amistad,
los adversarios se den la mano
y los pueblos busquen la unión.

Con tu acción eficaz consigues
que las luchas se apacigüen
y crezca el deseo de la paz; que el perdón venza al odio
y la indulgencia a la venganza.

Help us to work together
for the coming of your Kingdom,
until the hour when we stand before you,
Saints among the Saints in the halls of heaven,
with the Blessed Virgin Mary, Mother of God,
the blessed Apostles and all the Saints,
and with our deceased brothers and sisters,
whom we humbly commend to your mercy.

Then, freed at last from the wound of corruption
and made fully into a new creation,
we shall sing to you with gladness
the thanksgiving of Christ,
who lives for all eternity.

Through him, and with him, and in him,
O God, almighty Father,
in the unity of the Holy Spirit,
all glory and honor is yours,
for ever and ever.

People:
Amen.

EUCHARISTIC PRAYER
FOR MASSES OF RECONCILIATION II

Preface

It is truly right and just
that we should give you thanks and praise,
O God, almighty Father,
for all you do in this world,
through our Lord Jesus Christ.

For though the human race
is divided by dissension and discord,
yet we know that by testing us
you change our hearts
to prepare them for reconciliation.

Even more, by your Spirit you move human hearts
that enemies may speak to each other again,
adversaries may join hands,
and peoples seek to meet together.

By the working of your power
it comes about, O Lord,
that hatred is overcome by love,
revenge gives way to forgiveness,
and discord is changed to mutual respect.

Por eso,
debemos darte gracias continuamente
y alabarte con los coros celestiales,
que te aclaman sin cesar:

Santo, Santo, Santo . . .

A ti, pues, Padre, que gobiernas el universo,
te bendecimos por Jesucristo, tu Hijo,
que ha venido en tu nombre.
Él es la palabra que nos salva,
la mano que tiendes a los pecadores,
el camino que nos conduce a la paz.

Dios, Padre nuestro,
nos habíamos apartado de ti
y nos has reconciliado por tu Hijo,
a quien entregaste a la muerte
para que nos convirtiéramos a tu amor
y nos amáramos unos a otros.

Por eso,
celebrando este misterio de reconciliación, te rogamos
que santifiques con el rocío de tu Espíritu estos dones,
para que sean el Cuerpo y ✝ la Sangre de tu Hijo,
mientras cumplimos su mandato.

Porque él mismo, cuando iba a entregar su vida
por nuestra liberación, estando sentado a la mesa,
tomó pan en sus manos,
dando gracias, te bendijo, lo partió
y lo dio a sus discípulos, diciendo:

**"Tomad y comed todos de él,
porque esto es mi Cuerpo,
que será entregado por vosotros".**

Del mismo modo, aquella noche, tomó el cáliz,
y, proclamando tu misericordia,
lo pasó a sus discípulos, diciendo:

Therefore, as we give you ceaseless thanks
with the choirs of heaven,
we cry out to your majesty on earth,
and without end we acclaim:

Holy, Holy, Holy Lord God of hosts.
Heaven and earth are full of your glory.
Hosanna in the highest.
Blessed is he who comes in the name of the Lord.
Hosanna in the highest.

Priest:
You, therefore, almighty Father,
we bless through Jesus Christ your Son,
who comes in your name.
He himself is the Word that brings salvation,
the hand you extend to sinners,
the way by which your peace is offered to us.
When we ourselves had turned away from you
on account of our sins,
you brought us back to be reconciled, O Lord,
so that, converted at last to you,
we might love one another
through your Son,
whom for our sake you handed over to death.

And now, celebrating the reconciliation
Christ has brought us,
we entreat you:
sanctify these gifts by the outpouring of your Spirit,
that they may become the Body and ✟ Blood of your Son,
whose command we fulfill
when we celebrate these mysteries.
For when about to give his life to set us free,
as he reclined at supper,
he himself took bread into his hands,
and, giving you thanks, he said the blessing,
broke the bread and gave it to his disciples, saying:

Take this, all of you, and eat of it,
for this is my Body,
which will be given up for you.

In a similar way, on that same evening,
he took the chalice of blessing in his hands,
confessing your mercy,
and gave the chalice to his disciples, saying:

"Tomad y bebed todos de él,
porque éste es el cáliz de mi Sangre,
Sangre de la alianza nueva y eterna,
que será derramada por vosotros
y por todos los hombres
para el perdón de los pecados.

Haced esto en conmemoración mía".

Éste es el Sacramento de nuestra fe.

A.
Anunciamos tu muerte,
proclamamos tu resurrección.
¡Ven, Señor Jesús!

B.
Cada vez que comemos de este pan
y bebemos de este cáliz, anunciamos tu muerte, Señor,
hasta que vuelvas.

C.
Por tu cruz y resurrección
nos has salvado, Señor.

Señor, Dios nuestro, tu Hijo nos dejó esta prenda de su amor.
Al celebrar, pues, el memorial
de su muerte y resurrección,
te ofrecemos lo mismo que tú nos entregaste:
el sacrificio de la reconciliación perfecta.
Acéptanos también a nosotros, Padre santo,
juntamente con la ofrenda de tu Hijo,
y en la participación de este banquete concédenos
tu Espíritu, para que desaparezca
todo obstáculo en el camino de la concordia
y la Iglesia resplandezca en medio de los hombres
como signo de unidad e instrumento de tu paz.

Que este Espíritu, vínculo de amor, nos guarde en comunión
con el Papa N., con nuestro Obispo N.,
con los demás Obispos y todo tu pueblo santo.
Recibe en tu reino a nuestros hermanos que se durmieron en el
Señor y a todos los difuntos cuya fe sólo tú conociste.

Así como nos has reunido aquí
en torno a la mesa de tu Hijo,
unidos con María, la Virgen Madre de Dios,

Take this, all of you, and drink from it,
for this is the chalice of my Blood,
the Blood of the new and eternal covenant,
which will be poured out for you and for many
for the forgiveness of sins.

Do this in memory of me.

The mystery of faith.

People:
A.
We proclaim your Death, O Lord,
and profess your Resurrection
until you come again.

B.
When we eat this Bread and drink this Cup,
we proclaim your Death, O Lord,
until you come again.

C.
Save us, Savior of the world,
for by your Cross and Resurrection
you have set us free.

Celebrating, therefore, the memorial
of the Death and Resurrection of your Son,
who left us this pledge of his love,
we offer you what you have bestowed on us,
the Sacrifice of perfect reconciliation.

Holy Father, we humbly beseech you
to accept us also, together with your Son,
and in this saving banquet
graciously to endow us with his very Spirit,
who takes away everything
that estranges us from one another.

May he make your Church a sign of unity
and an instrument of your peace among all people
and may he keep us in communion
with N. our Pope and N. our Bishop
and all the Bishops
and your entire people.

Just as you have gathered us now at the table of your Son,
so also bring us together,
with the glorious Virgin Mary, Mother of God,

y con todos los santos,
reúne también a los hombres de cualquier clase y condición,
de toda raza y lengua,
en el banquete de la unidad eterna,
en un mundo nuevo donde brille la plenitud de tu paz,
por Cristo, Señor nuestro.

Por Cristo,
con él y en él,
a ti,
Dios Padre omnipotente,
en la unidad del Espíritu Santo,
todo honor y toda gloria
por los siglos de los siglos.
Amén.

RITO DE LA COMUNIÓN

Sacerdote:
A.
Llenos de alegría por ser hijos de Dios,
digamos confiadamente la oración que Cristo nos enseñó:

B.
Fieles a la recomendación del Salvador
y siguiendo su divina enseñanza, nos atrevemos a decir:

C.
El amor de Dios ha sido derramado en nuestros corazones con el
Espíritu Santo que se nos ha dado; digamos con fe y esperanza:

D.
Antes de participar en el banquete de la Eucaristía,
signo de reconciliación y vínculo de unión fraterna,
oremos juntos como el Señor nos ha enseñado:

Pueblo:
**Padre nuestro, que estás en el cielo,
santificado sea tu nombre;
venga a nosotros tu reino;
hágase tu voluntad en la tierra como en el cielo.
Danos hoy nuestro pan de cada día;
perdona nuestras ofensas,
como también nosotros perdonamos
a los que nos ofenden;
no nos dejes caer en la tentación, y líbranos del mal.**

with your blessed Apostles and all the Saints,
with our brothers and sisters
and those of every race and tongue
who have died in your friendship.
Bring us to share with them the unending banquet of unity
in a new heaven and a new earth,
where the fullness of your peace will shine forth
in Christ Jesus our Lord.

Through him, and with him, and in him,
O God, almighty Father,
in the unity of the Holy Spirit,
all glory and honor is yours,
for ever and ever.
People:
Amen.

THE COMMUNION RITE

THE LORD'S PRAYER
Priest:
At the Savior's command
and formed by divine teaching,
we dare to say:
All:
Our Father, who art in heaven,
hallowed be thy name;
thy kingdom come,
thy will be done
on earth as it is in heaven.
Give us this day our daily bread,
and forgive us our trespasses,
as we forgive those who trespass against us;
and lead us not into temptation,
but deliver us from evil.

Sacerdote:

**Líbranos de todos los males, Señor, y concédenos
la paz en nuestros días, para que,
ayudados por tu misericordia, vivamos siempre libres
de pecado y protegidos de toda perturbación,
mientras esperamos la gloriosa venida
de nuestro Salvador Jesucristo.**

Pueblo:

**Tuyo es el reino,
tuyo el poder y la gloria, por siempre, Señor.**

Sacerdote:

**Señor Jesucristo, que dijiste a tus apóstoles:
"La paz les dejo, mi paz les doy",
no tengas en cuenta nuestros pecados, sino la fe de tu Iglesia
y, conforme a tu palabra, concédele la paz y la unidad.
Tú que vives y reinas por los siglos de los siglos.**

Pueblo:

Amén.

Sacerdote:

La paz del Señor esté siempre con ustedes.

Pueblo:

Y con tu espíritu.

Luego, si se juzga oportuno, el diácono, o el sacerdote, añade:

Dense fraternalmente la paz.

Y todos, según la costumbre del lugar, se dan la paz.

El sacerdote da la paz al diácono o al ministro.

FRACCIÓN DEL PAN

Mientras tanto se canta o se dice:

**Cordero de Dios, que quitas el pecado del mundo,
ten piedad de nosotros.
Cordero de Dios, que quitas el pecado del mundo,
ten piedad de nosotros.
Cordero de Dios, que quitas el pecado del mundo,
danos la paz.**

Si la fracción del pan se prolonga, el canto precedente puede repetirse varias
veces. La última vez se dice: **danos la paz.**

Priest:
Deliver us, Lord, we pray, from every evil,
graciously grant peace in our days,
that, by the help of your mercy,
we may be always free from sin
and safe from all distress,
as we await the blessed hope
and the coming of our Savior, Jesus Christ.

All:
**For the kingdom,
the power and the glory are yours
now and for ever.**

Priest:
Lord Jesus Christ,
who said to your Apostles:
Peace I leave you, my peace I give you,
look not on our sins,
but on the faith of your Church,
and graciously grant her peace and unity
in accordance with your will.
Who live and reign for ever and ever.

People:
Amen.

Priest:
The peace of the Lord be with you always.

People:
And with your spirit.

Then, if appropriate, the Deacon, or the Priest, adds:
Let us offer each other the sign of peace.

BREAKING OF THE BREAD

The Priest says quietly:
Priest:
May this mingling of the Body and Blood
of our Lord Jesus Christ
bring eternal life to us who receive it.

All:
**Lamb of God, you take away the sins of the world,
    have mercy on us.
Lamb of God, you take away the sins of the world,
    have mercy on us.
Lamb of God, you take away the sins of the world,
    grant us peace.**

COMUNIÓN

Sacerdote:

Éste es el Cordero de Dios, que quita el pecado del mundo. Dichosos los invitados a la cena del Señor.

Y juntamente con el pueblo, añade.

Señor, no soy digno de que entres en mi casa, pero una palabra tuya bastará para sanarme.

Después toma la patena o la píxide, se acerca a los que quieren comulgar y les presenta el pan consagrado, que sostiene un poco elevado, diciendo a cada uno de ellos:

El Cuerpo de Cristo.

El que va a comulgar responde:

Amén.

Y comulga.

El diácono y los ministros que distribuyen la Eucaristía observan los mismos ritos.

La Comunión tiene mucho más sentido de signo cuando se hace bajo las dos especies. Ya que en esa forma es donde más perfectamente se manifiesta el signo del banquete eucarístico, y se expresa más claramente la voluntad con que se ratifica en la Sangre del Señor el nuevo y eterno pacto, y se ve mejor la relación entre el banquete eucarístico y el banquete escatológico en el Reino del Padre. (IGMR, núm. 240).

Si se comulga bajo las dos especies se observa el rito descrito en su lugar.

Cuando presenta el cáliz, el sacerdote o el diácono dice:

La Sangre de Cristo.

El que comulga dice:

Amén.

Y la bebe.

El diácono y los demás ministros pueden recibir la comunión del cáliz. (IGMR, núm. 242).

CANTO DE COMUNIÓN

Cuando el sacerdote comulga el Cuerpo de Cristo, comienza el canto de comunión.

Acabada la comunión, el diácono, el acólito, o el mismo sacerdote, purifica la patena sobre el cáliz y también el mismo cáliz, a no ser que se prefiera purificarlo en la credencia después de la misa (IGMR, núm. 238).

Después el sacerdote puede ir a la sede. Si se juzga oportuno, se pueden guardar unos momentos de silencio o cantar un salmo o cántico de alabanza.

COMMUNION

Priest:

Behold the Lamb of God,
behold him who takes away the sins of the world.
Blessed are those called to the supper of the Lamb.

All:

**Lord, I am not worthy
that you should enter under my roof,
but only say the word
and my soul shall be healed.**

The Priest says quietly:

May the Body of Christ keep me safe for eternal life.

The Priest says quietly:

May the Blood of Christ keep me safe for eternal life.

The Priest says to each of the communicants:

The Body of Christ.

The communicant replies:

Amen.

COMMUNION SONG

While the Priest receives the Body of Christ, the Communion Chant is begun.

When the distribution of Communion is over, the Priest or Deacon or an acolyte purifies the paten over the chalice and also the chalice itself (General Instruction, no. 238).

Then the Priest may return to the chair. A period of silence may now be observed, or a psalm or song of praise may be sung.

ORACIÓN DESPUÉS DE LA COMUNIÓN

Luego, de pie en la sede o en el altar, el sacerdote dice.

Oremos.

Y todos, junto con el sacerdote, oran en silencio durante unos momentos, a no ser que este silencio ya se haya hecho antes. Después el sacerdote, con las manos extendidas, dice la oración después de la comunión. El pueblo aclama.

Amén.

RITO DE CONCLUSIÓN

En este momento se hacen, si es necesario y con brevedad, los oportunos anuncios o advertencias al pueblo.

SALUDO

Después tiene lugar la despedida.

El sacerdote extiende las manos hacia el pueblo y dice:

El Señor esté con ustedes.

El pueblo responde:

Y con tu espíritu.

BENDICIÓN

A. Forma simple

El sacerdote bendice al pueblo, diciendo:

**La bendición de Dios todopoderoso,
Padre, Hijo ✛ y Espíritu Santo, descienda sobre ustedes.**

El pueblo responde:

Amén.

En algunas ocasiones y en determinadas misas rituales puede usarse una de las bendiciones solemnes o de las oraciones sobre el pueblo.

DESPEDIDA

Despedida, con la que se disuelve a la asamblea, para que cada uno vuelva a sus quehaceres, alabando y bendiciendo al Señor (IGMR, núm. 57).

Luego el diácono, o el mismo sacerdote, con las manos juntas, despide al pueblo con una de las fórmulas siguientes:

A.
Podéis ir en paz.

B.
La alegría del Señor sea nuestra fuerza. Podéis ir en paz.

C.
Glorificad al Señor con su vida. Podéis ir en paz.

El pueblo responde:

Demos gracias a Dios.

Después el sacerdote besa con veneración el altar, como al comienzo, y, hecha la debida reverencia con los ministros, se retira a la sacristía.

Si sigue inmediatamente otra acción litúrgica, se omite el rito de despedida.

PRAYER AFTER COMMUNION

The Priest says:

Let us pray.

At the end the people acclaim:

Amen.

THE CONCLUDING RITES

FINAL BLESSING

Priest:

The Lord be with you.

People:

And with your spirit.

Priest:

**May almighty God bless you,
the Father, and the Son, ✠ and the Holy Spirit.**

People:

Amen.

DISMISSAL

The dismissal sends each member of the congregation to do good works, praising and blessing the Lord. (See General Instruction, no. 57.)

The Deacon, or the Priest himself:

Go forth, the Mass is ended.

Or:

Go and announce the Gospel of the Lord.

Or:

Go in peace, glorifying the Lord by your life.

Or:

Go in peace.

People:

Thanks be to God.

The Priest kisses the altar as at the beginning. Then he makes the customary reverence with the ministers and leaves.

If any liturgical service follows immediately, the rite of dismissal is omitted.

Celebración de la Liturgia de la Palabra
[Con la Sagrada Communión]

RITOS INICIALES

INTRODUCCIÓN
El diácono o el líder laico:
Nos hemos reunido aquí para celebrar el Día del Señor.
El domingo ha sido llamado el "Día del Señor" porque fue
en esete día
en que Jesús venció al pecado y la muerte y
resucitó a una vida nueva
Desafortunadamente, nosotros no podemos celebrar la Misa
hoy porque no tenemos sacerdote.
Pidamos estar unidos en el espíritu de Cristo
con toda la Iglesia alrededor del mundo
y celebremos nuestra redención en el sufrimiento de Cristo,
su muerte y su resurrección.

SEÑAL DE LA CRUZ
Diácono o líder laico:
En el nombre del Padre y del Hijo y del Espíritu Santo.
Todos haciendo la señal de la cruz responden: **Amén.**

SALUDO
La gracia y la paz de parte de Dios, nuestro Padre,
y de Jesucristo, el Señor
estén con todos ustedes.
Bendito seas por siempre, Señor.
Todos responden:
Bendito seas por siempre, Señor.

ORACIÓN COLECTA

LITURGIA DE LA PALABRA

PRIMERA LECTURA

SALMO RESPONSORIAL

SEGUNDA LECTURA

Celebration of the Liturgy of the Word
[With Holy Communion]

INTRODUCTORY RITES

INTRODUCTION
Deacon or lay leader:
We gather here to celebrate the Lord's Day.
Sunday has been called the Lord's Day because
    it was on this day
that Jesus conquered sin and death and rose to new life.
Unfortunately, we are not able to celebrate the Mass today
because we do not have a Priest.
Let us be united in the spirit of Christ with
    the Church around the world
and celebrate our redemption in Christ's suffering,
    Death and Resurrection.

SIGN OF THE CROSS
Deacon or lay leader:
In the name of the Father, and of the Son, and of the Holy Spirit.
All respond:
Amen.

GREETING
Deacon or lay leader:
Grace and peace to you from God our Father and from the
Lord Jesus Christ. Blessed be God for ever.
All respond:
Blessed be God for ever.

COLLECT

LITURGY OF THE WORD

FIRST READING

RESPONSORIAL PSALM

SECOND READING

ACLAMACIÓN DEL EVANGELIO

EVANGELIO

HOMILÍA O REFLEXIÓN SOBRE LAS LECTURAS

TIEMPO DE SILENCIO

PROFESIÓN DE FE
[Credo Niceno-constantinopolitano p. 12]

CREDO DE LOS APÓSTOLES

**Creo en Dios Padre todopoderoso,
Creador del cielo y de la tierra.**

**Creo en Jesucristo, su único Hijo, nuestro Señor,
que fue concebido por obra y gracia del Espíritu Santo,
nació de santa María Virgen,
padeció bajo el poder de Poncio Pilato,
fue crucificado, muerto y sepultado,
descendió a los infiernos,
al tercer día resucitó de entre los muertos,
subió a los cielos
y está sentado a la derecha de Dios, Padre todopoderoso.
Desde allí ha de venir a juzgar a vivos y muertos.**

**Creo en el Espíritu Santo,
la santa Iglesia católica,
la comunión de los santos,
el perdón de los pecados,
la resurrección de la carne
y la vida eterna. Amén.**

ORACIÓN DE LOS FIELES

RITO DE COMUNIÓN

PADRENUESTRO
Diácono o líder laico:
**El Padre nos da el alimento para la vida eterna.
Oremos para que él nos nutra y fortalezca.**
Todos:
**Padre nuestro, que estás en el cielo,
santificado sea tu Nombre;
venga a nosotros tu reino;
hágase tu voluntad en la tierra como en el cielo.**

GOSPEL ACCLAMATION

GOSPEL

HOMILY OR REFLECTION ON THE READINGS

PERIOD OF SILENCE

PROFESSION OF FAITH
[The Nicene Creed can be found on page 13]

APOSTLES' CREED
I believe in God
the Father almighty,
Creator of heaven and earth,
and in Jesus Christ, his only Son, our Lord,
who was conceived by the Holy Spirit,
born of the Virgin Mary,
suffered under Pontius Pilate,
was crucified, died, and was buried;
he descended into hell;
on the third day he rose again from the dead;
he ascended into heaven,
and is seated at the right hand of God the Father almighty;
from there he will come to judge the living and the dead.

I believe in the Holy Spirit,
the holy catholic Church,
the communion of saints,
the forgiveness of sins,
the resurrection of the body,
and life everlasting. Amen.

PRAYER OF THE FAITHFUL

COMMUNION RITE

LORD'S PRAYER
Deacon or lay leader:
The Father provides us with food
for eternal life.
Let us pray for nourishment
and strength.
All say:
Our Father, who art in heaven,
hallowed be thy name;
thy kingdom come,
thy will be done
on earth as it is in heaven.

Danos hoy nuestro pan de cada día;
perdona nuestras ofensas,
como también nosotros perdonamos
a los que nos ofenden;
no nos dejes caer en la tentación,
y líbranos del mal.
Amén.

INVITACIÓN A LA COMUNIÓN

Diácono o líder laico:
Éste es el Cordero de Dios,
que quita el pecado del mundo.
Dichosos los invitados a la cena del Señor.
Todos:
Señor, no soy digno
de que entres en mi casa,
pero una palabra tuya
bastará para sanarme.

COMUNIÓN

ACCIÓN DE GRACIAS

RITO DE CONCLUSIÓN

INVITACIÓN A ORAR POR LAS VOCACIONES SACERDOTALES

Diácono o líder laico:
Tomando en cuenta las palabras del Señor, "rueguen al dueño de
la mies que envíe trabajadpres a sus campos", oremos por el au-
mento de las vocaciones sacerdotales. Para que nuestra petición
acelere el día en que podamos participar en la celebración de la
Santa Eucaristía cada domingo.

BENDICIÓN

EL SALUDO DE PAZ

**Give us this day our daily bread,
and forgive us our trespasses,
as we forgive those who trespass against us;
and lead us not into temptation,
but deliver us from evil.
Amen.**

INVITATION TO COMMUNION

Deacon or lay leader:
Behold the Lamb of God,
behold him who takes away the sins of the world.
Blessed are those called to the supper of the Lamb.
All say:
**Lord, I am not worthy
that you should enter under my roof,
but only say the word
and my soul shall be healed.**

COMMUNION

ACT OF THANKSGIVING

CONCLUDING RITES

INVITATION TO PRAY FOR VOCATIONS TO THE PRIESTHOOD

Deacon or lay leader:
Mindful of our Lord's word, "Ask the Master of the harvest to
send out laborers for the harvest," let us pray for an increase
of vocations to the Priesthood. May our prayer hasten the day
when we will be able to take part in the celebration of the Holy
Eucharist every Sunday.

BLESSING

SIGN OF PEACE

Domingo de Ramos "De la pasión del Señor"

(Rojo)

Nuestro culto de hoy consista de dos partes principales: la procesión con las palmas y la Misa. La primera parte es una demostración publica y alegre de nuestra lealtad a Cristo nuestro Rey. La Misa, sin embargo, con su lectura de la Pasión, está bajo la sombra de la Cruz. La aclamación "¡Hosanna al Hijo de David!" es entonces seguida inmediatamente por el grito "¡Crucifícale!" También en muchas vidas cristianas el reconocimiento de Cristo como nuestro Señor, mediante la asistencia a Misa, se contradice con actos pecaminosos que de alguna manera le clavan a la Cruz. Este domingo debería ser un día en el cual todos nosotros renovamos sinceramente y firmemente nuestra plegaria de lealtad indeleble a Cristo nuestro Salvador y Rey. Durante todo el año nuestra vida diaria siempre tiene que ser de todo corazón "¡Hosanna al Hijo de David!"

CONMEMORACIÓN DE LA ENTRADA DEL SEÑOR EN JERUSALÉN

PRIMERA FORMA: PROCESIÓN

A la hora señalada, los fieles se reúnen en una iglesia menor o en algún otro lugar adecuado, fuera del templo hacia el cual va a dirigirse la procesión. Los fieles llevan ramos en las manos.

Queridos hermanos: Después de habernos preparado desde el principio de la Cuaresma con nuestra penitencia y nuestras obras de caridad, hoy nos reunimos para iniciar, unidos con toda la Iglesia, la celebración anual de los misterios de la pasión y resurrección de nuestro Señor Jesucristo, misterios que empezaron con la entrada de Jesús en Jerusalén. Acompañemos con fe

Palm Sunday of the Passion of the Lord

(Red)

Our worship today consists of two main parts: the procession with palms and the Mass. The first is a joyous, public demonstration of our loyalty to Christ our King. The Mass, however, with its reading of the Passion, is under the shadow of the Cross. The acclamation "Hosanna to the Son of David!" is thus followed very soon by the cry "Crucify him!" In many Christian lives, too, the recognition of Christ as Lord, by attendance at Mass, is contradicted by sinful acts which nail him to the Cross. This Sunday should be a day on which all of us sincerely and firmly renew our pledge of unswerving loyalty to Christ our Savior and King. Our daily living through the year must never fail to be a wholehearted "Hosanna to the Son of David!"

COMMEMORATION OF THE LORD'S ENTRANCE INTO JERUSALEM

FIRST FORM: THE PROCESSION

The congregation assembles in a secondary church or chapel or in some other suitable place distinct from the church to which the procession will move. The faithful carry palm branches.

ANTIPHON

Hosanna to the Son of David;
blessed is he who comes in the name of the Lord, the King of Israel.
Hosanna in the highest.

Priest: In the name of the Father, and of the Son, and of the Holy Spirit.

Dear brethren (brothers and sisters),
since the beginning of Lent until now
we have prepared our hearts by penance and charitable works.
Today we gather together to herald with the whole Church
the beginning of the celebration
of our Lord's Paschal Mystery,
that is to say, of his Passion and Resurrection.
For it was to accomplish this mystery
that he entered his own city of Jerusalem.

y devoción a nuestro Salvador en su entrada triunfal a la ciudad santa, para que, participando ahora de su cruz, podamos participar un día de su gloriosa resurrección y de su vida.

BENDICIÓN DE LAS PALMAS
Oremos.
Dios todopoderoso y eterno,
dígnate bendecir ✝
estos ramos y concede
a cuantos acompañamos ahora
jubilosos a Cristo,
nuestro rey y Señor,
reunirnos con él
en la Jerusalén del cielo.
Por Jesucristo, nuestro Señor. Todos: **Amén.**

O bien:

Aumenta, Señor, la fe
de los que tenemos en ti nuestra esperanza
y concede a quienes agitamos estas palmas
en honor de Cristo victorioso,
permanecer unidos a él
para dar frutos de buenas obras.
Por Jesucristo, nuestro Señor. Todos: **Amén.**

Y, en silencio, rocía los ramos con agua bendita.

Ciclo A (L 37-A): 2014, 2017, 2020, etc.

EVANGELIO
Bendito el que viene en nombre del Señor.

✠ Lectura del santo Evangelio según san Mateo
Mt 21, 1-11

Cuando se aproximaban ya a Jerusalén, al llegar a Betfagé, junto al monte de los Olivos, envió Jesús a dos de sus discípulos, diciéndoles: "Vayan al pueblo que ven allí enfrente; al entrar, encontrarán amarrada una burra y un burrito con ella; desátenlos y tráiganmelos. Si alguien les pregunta algo, díganle que el Señor los necesita y enseguida los devolverá".

Esto sucedió para que se cumplieran las palabras del profeta: *Díganle a la hija de Sión: He aquí que tu rey viene a ti, apacible y montado en un burro, en un burrito, hijo de animal de yugo.*

Fueron, pues, los discípulos e hicieron lo que Jesús les había encargado y trajeron consigo la burra y el burrito. Luego pusieron sobre ellos sus mantos y Jesús se sentó encima. La gente, muy numerosa, extendía sus mantos por el camino; algunos cortaban ramas de los árboles y las tendían a su paso. Los que iban delante de él y los que lo seguían gritaban: "¡Hosanna! ¡Viva el

Therefore, with all faith and devotion,
let us commemorate
the Lord's entry into the city for our salvation,
following in his footsteps,
so that, being made by his grace partakers of the Cross,
we may have a share also in his Resurrection and in his life.

A

Let us pray.
Almighty ever-living God,
sanctify ✝ these branches with your blessing,
that we, who follow Christ the King in exultation,
may reach the eternal Jerusalem through him.
Who lives and reigns for ever and ever. All: **Amen.**

B

Increase the faith of those who place their hope in you, O God,
and graciously hear the prayers of those who call on you,
that we, who today hold high these branches
to hail Christ in his triumph,
may bear fruit for you by good works accomplished in him.
Who lives and reigns for ever and ever. All: **Amen.**

Year A (L 37-A): 2014, 2017, 2020, etc.

GOSPEL
Blessed is he who comes in the name of the Lord.

✠ A reading from the holy Gospel according to Matthew
21:1-11

When Jesus and the disciples drew near Jerusalem and came to Bethphage on the Mount of Olives, Jesus sent two disciples, saying to them, "Go into the village opposite you, and immediately you will find an ass tethered, and a colt with her. Untie them and bring them here to me. And if anyone should say anything to you, reply, 'The master has need of them.' Then he will send them at once." This happened so that what had been spoken through the prophet might be fulfilled:
    "Say to daughter Zion,
    'Behold, your king comes to you,
      meek and riding on an ass,
      and on a colt, the foal of a beast of burden.'"
The disciples went and did as Jesus had ordered them. They brought the ass and the colt and laid their cloaks over them, and he sat upon them. The very large crowd spread their cloaks on the road, while others cut branches from the trees and strewed them on the road. The crowds preceding him and those following kept crying out and saying:

Hijo de David! ¡Bendito el que viene en nombre del Señor! ¡Hosanna en el cielo!"

Al entrar Jesús en Jerusalén, toda la ciudad se conmovió. Unos decían: "¿Quién es éste?" Y la gente respondía: "Este es el profeta Jesús, de Nazaret de Galilea".

Palabra del Señor. Todos: **Gloria a ti, Señor Jesús.**

Ciclo B (L 37-B): 2012, 2015, 2018, etc.

EVANGELIO
¡Bendito el que viene en nombre del Señor!

✠ Lectura del santo Evangelio según san Marcos
11, 1-10

Cuando Jesús y los suyos iban de camino a Jerusalén, al llegar a Betfagé y Betania, cerca del monte de los Olivos, les dijo a dos de sus discípulos: "Vayan al pueblo que ven allí enfrente; al entrar, encontrarán amarrado un burro que nadie ha montado todavía. Desátenlo y tráiganmelo. Si alguien les pregunta por qué lo hacen, contéstenle: 'El Señor lo necesita y lo devolverá pronto'".

Fueron y encontraron al burro en la calle, atado junto a una puerta, y lo desamarraron. Algunos de los que allí estaban les preguntaron: "¿Por qué sueltan al burro?" Ellos les contestaron lo que había dicho Jesús y ya nadie los molestó.

Llevaron al burro, le echaron encima los mantos y Jesús montó en él. Muchos extendían su manto en el camino, y otros lo tapizaban con ramas cortadas en el campo. Los que iban delante de Jesús y los que lo seguían, iban gritando vivas: "¡Hosanna! ¡Bendito el que viene en nombre del Señor! ¡Bendito el reino que llega, el reino de nuestro padre David! ¡Hosanna en el cielo!".

Palabra del Señor. Todos: **Gloria a ti, Señor Jesús.**

O bien:

EVANGELIO
Bendito el que viene en nombre del Señor.

✠ Lectura del santo Evangelio según san Juan
12, 12-16

En aquel tiempo, al enterarse la gran muchedumbre que había llegado para la fiesta, de que Jesús se dirigía a Jerusalén, cortaron hojas de palmera y salieron a su encuentro, gritando: "¡Hosanna!, ¡Bendito el que viene en nombre del Señor, el rey de Israel!".

"Hosanna to the Son of David;
    blessed is he who comes in the name of the Lord;
    hosanna in the highest."
And when he entered Jerusalem the whole city was shaken and asked, "Who is this?" And the crowds replied, "This is Jesus the prophet, from Nazareth in Galilee."

The Gospel of the Lord. All: **Praise to you, Lord Jesus Christ.**

Year B (L 37-B): 2012, 2015, 2018, etc.

GOSPEL
Blessed is he who comes in the name of the Lord.

✠ A reading from the holy Gospel according to Mark
11:1-10

When Jesus and his disciples drew near to Jerusalem, to Bethphage and Bethany at the Mount of Olives, he sent two of his disciples and said to them, "Go into the village opposite you, and immediately on entering it, you will find a colt tethered on which no one has ever sat. Untie it and bring it here. If anyone should say to you, 'Why are you doing this?' reply, 'The Master has need of it and will send it back here at once.'" So they went off and found a colt tethered at a gate outside on the street, and they untied it. Some of the bystanders said to them, "What are you doing, untying the colt?" They answered them just as Jesus had told them to, and they permitted them to do it. So they brought the colt to Jesus and put their cloaks over it. And he sat on it. Many people spread their cloaks on the road, and others spread leafy branches that they had cut from the fields. Those preceding him as well as those following kept crying out:
    "Hosanna!
        Blessed is he who comes in the name of the Lord!
        Blessed is the kingdom of our father David that is to come!
    Hosanna in the highest!"

The Gospel of the Lord. All: **Praise to you, Lord Jesus Christ.**

Or:

GOSPEL
Blessed is he who comes in the name of the Lord.

✠ A reading from the holy Gospel according to John
12:12-16

When the great crowd that had come to the feast heard that Jesus was coming to Jerusalem, they took palm branches and went out to meet him, and cried out: / "Hosanna! / Blessed is

Habiendo encontrado Jesús un burrito, lo montó, como está escrito: No tengas temor, hija de Sión, mira que tu rey viene a ti montado en un burrito.

Sus discípulos no entendieron estas cosas al principio, pero cuando Jesús fue glorificado, se acordaron de que habían sido escritas acerca de él y que ellos las habían cumplido.

Palabra del Señor. Todos: **Gloria a ti, Señor Jesús.**

Ciclo C (L 37-C): 2013, 2016, 2019, etc.

EVANGELIO

¡Bendito el que viene en nombre del Señor!

✠ Lectura Lectura del santo Evangelio según san Lucas
19, 28-40

En aquel tiempo, Jesús, acompañado de sus discípulos, iba camino de Jerusalén, y al acercarse a Betfagé y a Betania, junto al monte llamado de los Olivos, envió a dos de sus discípulos, diciéndoles: "Vayan al caserío que está frente a ustedes. Al entrar, encontrarán atado un burrito que nadie ha montado todavía. Desátenlo y tráiganlo aquí. Si alguien les pregunta por qué lo desatan, díganle: 'El Señor lo necesita'".

Fueron y encontraron todo como el Señor les había dicho. Mientras desataban el burro, los dueños les preguntaron: "¿Por qué lo desamarran?" Ellos contestaron: "El Señor lo necesita". Se llevaron, pues, el burro, le echaron encima los mantos e hicieron que Jesús montara en él.

Conforme iba avanzando, la gente tapizaba el camino con sus mantos, y cuando ya estaba cerca la bajada del monte de los Olivos, la multitud de discípulos, entusiasmados, se pusieron a alabar a Dios a gritos por todos los prodigios que habían visto, diciendo:

"¡Bendito el rey
que viene en el nombre del Señor!
¡Paz en el cielo
y gloria en las alturas!"

Algunos fariseos que iban entre la gente, le dijeron: "Maestro, reprende a tus discípulos". Él les replicó: "Les aseguro que si ellos se callan, gritarán las piedras".

Palabra del Señor. Todos: **Gloria a ti, Señor Jesús.**

PROCESIÓN CON LAS PALMAS BENDITAS

Y se inicia la procesión hacia el templo donde va a celebrarse la misa, con salmos y himnos.

SEGUNDA FORMA: ENTRADA SOLEMNE

Los fieles se reúnen ante la puerta de la iglesia o bien dentro de la misma iglesia, llevando los ramos en la mano. El sacerdote, los ministros y algunos

he who comes in the name of the Lord, / the king of Israel." Jesus found an ass and sat upon it, as is written: / *Fear no more, O daughter Zion; / see, your king comes, seated upon an ass's colt.* His disciples did not understand this at first, but when Jesus had been glorified they remembered that these things were written about him and that they had done this for him.

The Gospel of the Lord. All: **Praise to you, Lord Jesus Christ.**

Year C (L 37-C): 2013, 2016, 2019, etc.

GOSPEL
Blessed is he who comes in the name of the Lord.

✠ A reading from the holy Gospel according to Luke
19:28-40

Jesus proceeded on his journey up to Jerusalem. As he drew near to Bethphage and Bethany at the place called the Mount of Olives, he sent two of his disciples. He said, "Go into the village opposite you, and as you enter it you will find a colt tethered on which no one has ever sat. Untie it and bring it here. And if anyone should ask you, 'Why are you untying it?' you will answer, 'The Master has need of it.'" So those who had been sent went off and found everything just as he had told them. And as they were untying the colt, its owners said to them, "Why are you untying this colt?" They answered, "The Master has need of it." So they brought it to Jesus, threw their cloaks over the colt, and helped Jesus to mount. As he rode along, the people were spreading their cloaks on the road; and now as he was approaching the slope of the Mount of Olives, the whole multitude of his disciples began to praise God aloud with joy for all the mighty deeds they had seen. They proclaimed: / "Blessed is the king who comes / in the name of the Lord. / Peace in heaven / and glory in the highest." / Some of the Pharisees in the crowd said to him, "Teacher, rebuke your disciples." He said in reply, "I tell you, if they keep silent, the stones will cry out!"

The Gospel of the Lord. All: **Praise to you, Lord Jesus Christ.**

PROCESSION WITH THE BLESSED BRANCHES
The procession to church where Mass will be celebrated then begins, with psalms and hymns.

SECOND FORM: THE SOLEMN ENTRANCE
The commemoration of the Lord's entrance may be celebrated before the principal Mass with the solemn entrance, which takes place within the church.

de los fieles, van a algún sitio adecuado de la iglesia, fuera del presbiterio, en donde pueda ser vista fácilmente la ceremonia, al menos por la mayor parte de la asamblea.

Mientras el sacerdote se dirige al sitio indicado, se canta la antífona Hosanna al Hijo de David, o algún canto adecuado. Después se bendicen los ramos y se lee el Evangelio de la entrada del Señor en Jerusalén, como se indicó en los nn 5-7. Después del Evangelio, el sacerdote va solemnemente hacia el presbiterio a través del templo, acompañado por los ministros y por algunos fieles, mientras se canta el responsorio Al entrar el Señor (n. 10), u otro cántico apropiado.

TERCERA FORMA: ENTRADA SENCILLA

Mientras el sacerdote se dirige al altar, se canta la antífona de entrada con su salmo (n. 18), u otro cántico sobre el mismo tema. El sacerdote, al llegar al altar, hace la debida reverencia, va a la sede y saluda al pueblo. Luego sigue la misa de la manera acostumbrada.

ANTÍFONA DE ENTRADA   Sal 23, 9-10

Seis días antes de la Pascua, cuando el Señor entró en Jerusalén, salieron los niños a su encuentro llevando en sus manos hojas de palmera y gritando: Hosanna en el cielo. Bendito tú, que vienes lleno de bondad y de misericordia.

Puertas, ábranse de par en par;
agrándense, portones eternos,
porque va a entrar el Rey de la gloria.
Y ¿quién es ese Rey de la gloria?
El Señor de los ejércitos es el Rey de la gloria.

Hosanna en el cielo.
Bendito tú, que vienes
lleno de bondad y de misericordia.

Después de la procesión o de la entrada solemne, el sacerdote comienza la misa con la oración colecta.

ORACIÓN COLECTA

Dios todopoderoso y eterno,
que has querido entregarnos
como ejemplo de humildad
a Cristo, nuestro salvador,
hecho hombre
y clavado en una cruz,
concédenos vivir
según las enseñanzas de su pasión,
para participar con él,
un día, de su gloriosa resurrección.
Por nuestro Señor Jesucristo. Todos: **Amén.**

THIRD FORM: THE SIMPLE ENTRANCE

The Lord's entrance is commemorated with a simple entrance.

ENTRANCE ANTIPHON   Cf. John 12:1, 12-13; Psalm 24[23]:9-10

**Six days before the Passover,
when the Lord came into the city of Jerusalem,
the children ran to meet him;
in their hands they carried palm branches
and with a loud voice cried out:
*Hosanna in the highest!
Blessed are you, who have come in your abundant mercy!**

**O gates, lift high your heads;
grow higher, ancient doors.
Let him enter, the king of glory!
Who is this king of glory?
He, the Lord of hosts, he is the king of glory.
*Hosanna in the highest!
Blessed are you, who have come in your abundant mercy!**

COLLECT

Almighty ever-living God,
who as an example of humility for the human race to follow
caused our Savior to take flesh and submit to the Cross,
graciously grant that we may heed his lesson of patient suffering
and so merit a share in his Resurrection.
Who lives and reigns with you in the unity of the Holy Spirit,
one God, for ever and ever. All: **Amen.**

PRIMERA LECTURA

No aparté mi rostro de los insultos, y sé que no quedaré avergonzado.

Lectura del libro del profeta Isaías

50, 4-7

En aquel entonces, dijo Isaías:
"El Señor me ha dado una lengua experta,
para que pueda confortar al abatido
con palabras de aliento.

Mañana tras mañana, el Señor despierta mi oído,
para que escuche yo, como discípulo.
El Señor Dios me ha hecho oír sus palabras
y yo no he opuesto resistencia
ni me he echado para atrás.

Ofrecí la espalda a los que me golpeaban,
la mejilla a los que me tiraban de la barba.
No aparté mi rostro de los insultos y salivazos.

Pero el Señor me ayuda,
por eso no quedaré confundido,
por eso endurecí mi rostro como roca
y sé que no quedaré avergonzado".

Palabra de Dios. Todos: **Te alabamos, Señor.**

SALMO RESPONSORIAL

Del salmo 21 (La música se puede encontrar en p. 264)

℟   **Dios mío, Dios mío, ¿por qué me has abandonado?**

Al verme se burlan de mí,
hacen visajes, menean la cabeza:
"Acudió al Señor, que lo ponga a salvo;
que lo libre si tanto lo quiere". ℟

Me acorrala una jauría de mastines,
me cerca una banda de malhechores:
me taladran las manos y los pies,
puedo contar mis huesos. ℟

Se reparten mi ropa,
echan a suerte mi túnica.
Pero tú, Señor, no te quedes lejos;
fuerza mía, ven corriendo a ayudarme. ℟

Contaré tu fama a mis hermanos,
en medio de la asamblea te alabaré.
Fieles del Señor, alábenlo;
linaje de Jacob; glorifíquenlo,
témanlo, linaje de Israel. ℟

FIRST READING

My face I did not shield from buffets and spitting, knowing that I shall not be put to shame.

A reading from the Book of the Prophet Isaiah
50:4-7

The Lord GOD has given me
a well-trained tongue,
that I might know how to speak to the weary
a word that will rouse them.
Morning after morning
he opens my ear that I may hear;
and I have not rebelled,
have not turned back.
I gave my back to those who beat me,
my cheeks to those who plucked my beard;
my face I did not shield
from buffets and spitting.

The Lord GOD is my help,
therefore I am not disgraced;
I have set my face like flint,
knowing that I shall not be put to shame.

The word of the Lord. All: **Thanks be to God.**

RESPONSORIAL PSALM

Psalm 22:8-9, 17-18, 19-20, 23-24 (Music setting can be found on p. 264)

℟ (2a) **My God, my God, why have you abandoned me?**

All who see me scoff at me;
they mock me with parted lips, they wag their heads:
"He relied on the LORD; let him deliver him,
let him rescue him, if he loves him." ℟

Indeed, many dogs surround me,
a pack of evildoers closes in upon me;
they have pierced my hands and my feet;
I can count all my bones. ℟

They divide my garments among them,
and for my vesture they cast lots.
But you, O LORD, be not far from me;
O my help, hasten to aid me. ℟

I will proclaim your name to my brethren;
in the midst of the assembly I will praise you:
"You who fear the LORD, praise him;
all you descendants of Jacob, give glory to him;
revere him, all you descendants of Israel!" ℟

SEGUNDA LECTURA
Cristo se humilló a sí mismo; por eso Dios lo exaltó.

Lectura de la carta del apóstol san Pablo a los filipenses
2, 6-11

C risto, siendo Dios,
no consideró que debía aferrarse
a las prerrogativas de su condición divina,
sino que, por el contrario, se anonadó a sí mismo,
tomando la condición de siervo,
y se hizo semejante a los hombres.
Así, hecho uno de ellos,
se humilló a sí mismo
y por obediencia aceptó incluso la muerte,
y una muerte de cruz.

Por eso Dios lo exaltó sobre todas las cosas
y le otorgó el nombre que está sobre todo nombre,
para que, al nombre de Jesús, todos doblen la rodilla
en el cielo, en la tierra y en los abismos,
y todos reconozcan públicamente que Jesucristo es el Señor,
para gloria de Dios Padre.

Palabra de Dios. Todos: **Te alabamos, Señor.**

*El propósito de la Liturgia, al proclamar las narraciones íntegras de la Pasión, es el de hacer que la asamblea vea vívidamente el amor de Cristo para cada persona, a pesar de sus pecados, un amor que aun la misma muerte no pudo vencer. Los crímenes cometidos durante la Pasión de Cristo no pueden atribuirse indiscriminadamente a todos los judíos de esos tiempos ni a los judíos de hoy. No debemos referirnos al pueblo judío como pueblo rechazado o maldito, como si este punto de vista fuera el de las Sagradas Escrituras. La Iglesia siempre ha tenido presente que Jesús, su madre, la Virgen María y los apóstoles, todos, son judíos. Asimismo, la Iglesia siempre ha afirmado que Cristo sufrió libremente su Pasión y muerte por los pecados del mundo y que todos hemos sido redimidos.

ACLAMACIÓN ANTES DEL EVANGELIO
Flp 2, 8-9

℣   Honor y gloria a ti, Señor Jesús.
℟   **Honor y gloria a ti, Señor Jesús.**
℣   Cristo se humilló por nosotros
y por obediencia aceptó incluso la muerte
y una muerte de cruz.
Por eso Dios lo exaltó sobre todas las cosas
y le otorgó el nombre que está sobre todo nombre.
℟   **Honor y gloria a ti, Señor Jesús.**

SECOND READING
Christ humbled himself. Because of this God greatly exalted him.

A reading from the Letter of Saint Paul to the Philippians
2:6-11

Christ Jesus, though he was in the form of God,
did not regard equality with God
something to be grasped.
Rather, he emptied himself,
taking the form of a slave,
coming in human likeness;
and found human in appearance,
he humbled himself,
becoming obedient to the point of death,
even death on a cross.
Because of this, God greatly exalted him
and bestowed on him the name
which is above every name,
that at the name of Jesus
every knee should bend,
of those in heaven and on earth and under the earth,
and every tongue confess that
Jesus Christ is Lord,
to the glory of God the Father.

The word of the Lord. All: **Thanks be to God.**

**The message of the liturgy in proclaiming the passion narratives in full
is to enable the assembly to see vividly the love of Christ for each person,
despite their sins, a love that even death could not vanquish. The crimes during the Passion of Christ cannot be attributed indiscriminately to all Jews
of that time, nor to Jews today. The Jewish people should not be referred to
as though rejected or cursed, as if this view followed from Scripture. The
Church ever keeps in mind that Jesus, his mother Mary, and the Apostles all
were Jewish. As the Church has always held, Christ freely suffered his passion and death because of the sins of all, that all might be saved.*

GOSPEL ACCLAMATION
Philippians 2:8-9

℣   Praise to you, Lord Jesus Christ, king of endless glory!
℟   **Praise to you, Lord Jesus Christ, king of endless glory!**
℣   Christ became obedient to the point of death,
even death on a cross.
Because of this, God greatly exalted him
and bestowed on him the name which is above every name.
℟   **Praise to you, Lord Jesus Christ, king of endless glory!**

Ciclo A   EVANGELIO
Pasión de nuestro Señor Jesucristo

✠ Pasión de nuestro Señor Jesucristo según san Mateo
26, 14–27, 66 [o bien forma breve 27, 11-54]

En aquel tiempo, uno de los Doce, llamado Judas Iscariote, fue a ver a los sumos sacerdotes y les dijo: "¿Cuánto me dan si les entregó a Jesús?" Ellos quedaron en darle treinta monedas de plata. Y desde ese momento andaba buscando una oportunidad para entregárselo.

El primer día de la fiesta de los panes Azimos, los discípulos se acercaron a Jesús y le preguntaron: "¿Dónde quieres que te preparemos la cena de Pascua?" El respondió: "Vayan a la ciudad, a casa de fulano y díganle: 'El Maestro dice: Mi hora está ya cerca. Voy a celebrar la Pascua con mis discípulos en tu casa'". Ellos hicieron lo que Jesús les había ordenado y prepararon la cena de Pascua.

Al atardecer, se sentó a la mesa con los Doce, y mientras cenaban, les dijo: "Yo les aseguro que uno de ustedes va a entregarme". Ellos se pusieron muy tristes y comenzaron a preguntarle uno por uno: "¿Acaso soy yo, Señor?" El respondió: "El que moja su pan en el mismo plato que yo, ése va a entregarme. Porque el Hijo del hombre va a morir, como está escrito de él; pero ¡ay de aquel por quien el Hijo del hombre va a ser entregado! Más le valiera a ese hombre no haber nacido". Entonces preguntó Judas, el que lo iba a entregar: "¿Acaso soy yo, Maestro?" Jesús le respondió: "Tú lo has dicho".

Durante la cena, Jesús tomó un pan, y pronunciada la bendición, lo partió y lo dio a sus discípulos, diciendo: "Tomen y coman. Este es mi Cuerpo". Luego tomó en sus manos una copa de vino, y pronunciada la acción de gracias, la pasó a sus discípulos, diciendo: "Beban todos de ella, porque ésta es mi Sangre, Sangre de la nueva alianza, que será derramada por todos, para el perdón de los pecados. Les digo que ya no beberé más del fruto de la vid, hasta el día en que beba con ustedes el vino nuevo en el Reino de mi Padre".

Después de haber cantado el himno, salieron hacia el monte de los Olivos. Entonces Jesús les dijo: "Todos ustedes se van a escandalizar de mí esta noche, porque está escrito: *Heriré al pastor y se dispersarán las ovejas del rebaño.* Pero después de que yo resucite, iré delante de ustedes a Galilea". Entonces Pedro le replicó: "Aunque todos se escandalicen de ti, yo nunca me escandalizaré". Jesús le dijo: "Yo te aseguro que esta misma

Year A: 2014, 2017, 2020, etc. (p. 87)
Year B: 2012, 2015, 2018, etc. (p. 97)
Year C: 2013, 2016, 2019, etc. (p. 105)

Year A GOSPEL
The Passion of our Lord Jesus Christ.

✝ The Passion of our Lord Jesus Christ according to Matthew
Longer Form (26:14—27:66) [Shorter Form (27:11-54)]

One of the Twelve, who was called Judas Iscariot, went to the chief priests and said, "What are you willing to give me if I hand him over to you?" They paid him thirty pieces of silver, and from that time on he looked for an opportunity to hand him over.

On the first day of the Feast of Unleavened Bread, the disciples approached Jesus and said, "Where do you want us to prepare for you to eat the Passover?" He said, "Go into the city to a certain man and tell him, 'The teacher says, "My appointed time draws near; in your house I shall celebrate the Passover with my disciples."'" The disciples then did as Jesus had ordered, and prepared the Passover.

When it was evening, he reclined at table with the Twelve. And while they were eating, he said, "Amen, I say to you, one of you will betray me." Deeply distressed at this, they began to say to him one after another, "Surely it is not I, Lord?" He said in reply, "He who has dipped his hand into the dish with me is the one who will betray me. The Son of Man indeed goes, as it is written of him, but woe to that man by whom the Son of Man is betrayed. It would be better for that man if he had never been born." Then Judas, his betrayer, said in reply, "Surely it is not I, Rabbi?" He answered, "You have said so."

While they were eating, Jesus took bread, said the blessing, broke it, and giving it to his disciples said, "Take and eat; this is my body." Then he took a cup, gave thanks, and gave it to them, saying, "Drink from it, all of you, for this is my blood of the covenant, which will be shed on behalf of many for the forgiveness of sins. I tell you, from now on I shall not drink this fruit of the vine until the day when I drink it with you new in the kingdom of my Father." Then, after singing a hymn, they went out to the Mount of Olives.

Then Jesus said to them, "This night all of you will have your faith in me shaken, for it is written:
I will strike the shepherd,
and the sheep of the flock will be dispersed;
but after I have been raised up, I shall go before you to Galilee." Peter said to him in reply, "Though all may have their faith in you shaken, mine will never be." Jesus said to him, "Amen, I say to you, this very night before the cock crows, you will deny me three

noche, antes de que el gallo cante, me habrás negado tres veces".
Pedro le replicó: "Aunque tenga que morir contigo, no te negaré".
Y lo mismo dijeron todos los discípulos.

Entonces Jesús fue con ellos a un lugar llamado Getsemaní y
dijo a los discípulos: "Quédense aquí mientras yo voy a orar más
allá". Se llevó consigo a Pedro y a los dos hijos de Zebedeo y comenzó a sentir tristeza y angustia. Entonces les dijo: "Mi alma
está llena de una tristeza mortal. Quédense aquí y velen conmigo".
Avanzó unos pasos más, se postró rostro en tierra y comenzó a
orar, diciendo: "Padre mío, si es posible, que pase de mí este cáliz;
pero que no se haga como yo quiero, sino como quieres tú".

Volvió entonces a donde estaban los discípulos y los encontró dormidos. Dijo a Pedro: "¿No han podido velar conmigo ni
una hora? Velen y oren, para no caer en la tentación, porque
el espíritu está pronto, pero la carne es débil". Y alejándose de
nuevo, se puso a orar, diciendo: "Padre mío, si este cáliz no puede
pasar sin que yo lo beba, hágase tu voluntad". Después volvió y
encontró a sus discípulos otra vez dormidos, porque tenían los
ojos cargados de sueño. Los dejó y se fue a orar de nuevo, por
tercera vez, repitiendo las mismas palabras. Después de esto,
volvió a donde estaban los discípulos y les dijo: "Duerman ya y
descansen. He aquí que llega la hora y el Hijo del hombre va a
ser entregado en manos de los pecadores. ¡Levántense! ¡Vamos!
Ya está aquí el que me va a entregar".

Todavía estaba hablando Jesús, cuando llegó Judas, uno de
los Doce, seguido de una chusma numerosa con espadas y palos,
enviada por los sumos sacerdotes y los ancianos del pueblo. El
que lo iba a entregar les había dado esta señal": "Aquel a quien
yo le dé un beso, ése es. Apréhéndanlo". Al instante se acercó a
Jesús y le dijo: "¡Buenas noches, Maestro!" Y lo besó. Jesús le
dijo: "Amigo, ¿es esto a lo que has venido?" Entonces se acercaron a Jesús, le echaron mano y lo apresaron.

Uno de los que estaban con Jesús, sacó la espada, hirió a un
criado del sumo sacerdote y le cortó una oreja. Le dijo entonces
Jesús: "Vuelve la espada a su lugar, pues quien usa la espada,
a espada morirá. ¿No crees que si yo se lo pidiera a mi Padre,
él pondría ahora mismo a mi disposición más de doce legiones
de ángeles? Pero, ¿cómo se cumplirían entonces las Escrituras,
que dicen que así debe suceder?" Enseguida dijo Jesús a aquella
chusma: "¿Han salido ustedes a apresarme como a un bandido,
con espadas y palos? Todos los días yo enseñaba, sentado en el
templo, y no me aprehendieron. Pero todo esto ha sucedido para
que se cumplieran las predicciones de los profetas". Entonces
todos los discípulos lo abandonaron y huyeron.

Los que aprehendieron a Jesús lo llevaron a la casa del
sumo sacerdote Caifás, donde los escribas y los ancianos estaban reunidos. Pedro los fue siguiendo de lejos hasta el palacio

times." Peter said to him, "Even though I should have to die with you, I will not deny you." And all the disciples spoke likewise.

Then Jesus came with them to a place called Gethsemane, and he said to his disciples, "Sit here while I go over there and pray." He took along Peter and the two sons of Zebedee, and began to feel sorrow and distress. Then he said to them, "My soul is sorrowful even to death. Remain here and keep watch with me." He advanced a little and fell prostrate in prayer, saying, "My Father, if it is possible, let this cup pass from me; yet, not as I will, but as you will." When he returned to his disciples he found them asleep. He said to Peter, "So you could not keep watch with me for one hour? Watch and pray that you may not undergo the test. The spirit is willing, but the flesh is weak." Withdrawing a second time, he prayed again, "My Father, if it is not possible that this cup pass without my drinking it, your will be done!" Then he returned once more and found them asleep, for they could not keep their eyes open. He left them and withdrew again and prayed a third time, saying the same thing again. Then he returned to his disciples and said to them, "Are you still sleeping and taking your rest? Behold, the hour is at hand when the Son of Man is to be handed over to sinners. Get up, let us go. Look, my betrayer is at hand."

While he was still speaking, Judas, one of the Twelve, arrived, accompanied by a large crowd, with swords and clubs, who had come from the chief priests and the elders of the people. His betrayer had arranged a sign with them, saying, "The man I shall kiss is the one; arrest him." Immediately he went over to Jesus and said, "Hail, Rabbi!" and he kissed him. Jesus answered him, "Friend, do what you have come for." Then stepping forward they laid hands on Jesus and arrested him. And behold, one of those who accompanied Jesus put his hand to his sword, drew it, and struck the high priest's servant, cutting off his ear. Then Jesus said to him, "Put your sword back into its sheath, for all who take the sword will perish by the sword. Do you think that I cannot call upon my Father and he will not provide me at this moment with more than twelve legions of angels? But then how would the Scriptures be fulfilled which say that it must come to pass in this way?" At that hour Jesus said to the crowds, "Have you come out as against a robber, with swords and clubs to seize me? Day after day I sat teaching in the temple area, yet you did not arrest me. But all this has come to pass that the writings of the prophets may be fulfilled." Then all the disciples left him and fled.

Those who had arrested Jesus led him away to Caiaphas the high priest, where the scribes and the elders were assembled. Peter was following him at a distance as far as the high priest's courtyard, and going inside he sat down with the servants to see

del sumo sacerdote. Entró y se sentó con los criados para ver en qué paraba aquello.

Los sumos sacerdotes y todo el sanedrín andaban buscando un falso testimonio contra Jesús, con ánimo de darle muerte; pero no lo encontraron, aunque se presentaron muchos testigos falsos. Al fin llegaron dos, que dijeron: "Esto dijo: 'Puedo derribar el templo de Dios y reconstruirlo en tres días' ". Entonces el sumo sacerdote se levantó y le dijo: "¿No respondes nada a lo que éstos atestiguan en contra tuya?" Como Jesús callaba, el sumo sacerdote le dijo: "Te conjuro por el Dios vivo a que nos digas si tú eres el Mesías, el Hijo de Dios". Jesús le respondió: "Tú lo has dicho. Además, yo les declaro que pronto verán al Hijo del hombre, sentado a la derecha de Dios, venir sobre las nubes del cielo".

Entonces el sumo sacerdote rasgó sus vestiduras y exclamó: "¡Ha blasfemado! ¿Qué necesidad tenemos ya de testigos? Ustedes mismos han oído la blasfemia. ¿Qué les parece?" Ellos respondieron: "Es reo de muerte". Luego comenzaron a escupirle en la cara y a darle de bofetadas. Otros lo golpeaban, diciendo: "Adivina quién es el que te ha pegado".

Entretanto, Pedro estaba fuera, sentado en el patio. Una criada se le acercó y le dijo: "Tú también estabas con Jesús, el galileo". Pero él lo negó ante todos, diciendo: "No sé de qué me estás hablando". Ya se iba hacia el zaguán, cuando lo vio otra criada y dijo a los que estaban ahí: "También ése andaba con Jesús, el nazareno". El de nuevo lo negó con juramento: "No conozco a ese hombre". Poco después se acercaron a Pedro los que estaban ahí y le dijeron: "No cabe duda de que tú también eres de ellos, pues hasta tu modo de hablar te delata". Entonces él comenzó a echar maldiciones y a jurar que no conocía a aquel hombre. Y en aquel momento cantó el gallo. Entonces se acordó Pedro de que Jesús había dicho: 'Antes de que cante el gallo me habrás negado tres veces'. Y saliendo de ahí se soltó a llorar amargamente.

Llegada la mañana, todos los sumos sacerdotes y los ancianos del pueblo celebraron consejo contra Jesús para darle muerte. Después de atarlo, lo llevaron ante el procurador, Poncio Pilato, y se lo entregaron.

Entonces Judas, el que lo había entregado, viendo que Jesús había sido condenado a muerte, devolvió arrepentido las treinta monedas de plata a los sumos sacerdotes y a los ancianos, diciendo: "Pequé, entregando la sangre de un inocente". Ellos dijeron: "¿Y a nosotros qué nos importa? Allá tú". Entonces Judas arrojó las monedas de plata en el templo, se fue y se ahorcó.

Los sumos sacerdotes tomaron las monedas de plata y dijeron: "No es lícito juntarlas con el dinero de las limosnas, porque son precio de sangre". Después de deliberar, compraron con ellas el Campo del alfarero, para sepultar ahí a los extranjeros. Por eso aquel campo se llama hasta el día de hoy "Campo de san-

the outcome. The chief priests and the entire Sanhedrin kept trying to obtain false testimony against Jesus in order to put him to
death, but they found none, though many false witnesses came
forward. Finally two came forward who stated, "This man said, 'I
can destroy the temple of God and within three days rebuild it.'"
The high priest rose and addressed him, "Have you no answer?
What are these men testifying against you?" But Jesus was silent. Then the high priest said to him, "I order you to tell us under
oath before the living God whether you are the Christ, the Son of
God." Jesus said to him in reply, "You have said so. But I tell you:

From now on you will see 'the Son of Man
    seated at the right hand of the Power'
    and 'coming on the clouds of heaven.'"

Then the high priest tore his robes and said, "He has blas-
phemed! What further need have we of witnesses? You have now
heard the blasphemy; what is your opinion?" They said in reply,
"He deserves to die!" Then they spat in his face and struck him,
while some slapped him, saying, "Prophesy for us, Christ: who is
it that struck you?"

Now Peter was sitting outside in the courtyard. One of the
maids came over to him and said, "You too were with Jesus the
Galilean." But he denied it in front of everyone, saying, "I do not
know what you are talking about!" As he went out to the gate,
another girl saw him and said to those who were there, "This
man was with Jesus the Nazorean." Again he denied it with an
oath, "I do not know the man!" A little later the bystanders came
over and said to Peter, "Surely you too are one of them; even
your speech gives you away." At that he began to curse and to
swear, "I do not know the man." And immediately a cock crowed.
Then Peter remembered the word that Jesus had spoken: "Before the cock crows you will deny me three times." He went out
and began to weep bitterly.

When it was morning, all the chief priests and the elders of
the people took counsel against Jesus to put him to death. They
bound him, led him away, and handed him over to Pilate, the
governor.

Then Judas, his betrayer, seeing that Jesus had been condemned, deeply regretted what he had done. He returned the
thirty pieces of silver to the chief priests and elders, saying,
"I have sinned in betraying innocent blood." They said, "What
is that to us? Look to it yourself." Flinging the money into the
temple, he departed and went off and hanged himself. The chief
priests gathered up the money, but said, "It is not lawful to de-
posit this in the temple treasury, for it is the price of blood."
After consultation, they used it to buy the potter's field as a
burial place for foreigners. That is why that field even today is
called the Field of Blood. Then was fulfilled what had been said

gre". Así se cumplió lo que dijo el profeta Jeremías: *Tomaron las treinta monedas de plata en que fue tasado aquel a quien pusieron precio algunos hijos de Israel, y las dieron por el Campo del alfarero, según lo que me ordenó el Señor.*

Jesús compareció ante el procurador, Poncio Pilato, quien le preguntó: "¿Eres tú el rey de los judíos?" Jesús respondió: "Tú lo has dicho". Pero nada respondió a las acusaciones que le hacían los sumos sacerdotes y los ancianos. Entonces le dijo Pilato: "¿No oyes todo lo que dicen contra ti?" Pero él nada respondió, hasta el punto de que el procurador se quedó muy extrañado. Con ocasión de la fiesta de la Pascua, el procurador solía conceder a la multitud la libertad del preso que quisieran. Tenían entonces un preso famoso, llamado Barrabás. Dijo, pues, Pilato a los ahí reunidos: "¿A quién quieren que les deje en libertad: a Barrabás o a Jesús, que se dice el Mesías?" Pilato sabía que se lo habían entregado por envidia.

Estando él sentado en el tribunal, su mujer mandó decirle. "No te metas con ese hombre justo, porque hoy he sufrido mucho en sueños por su causa".

Mientras tanto, los sumos sacerdotes y los ancianos convencieron a la muchedumbre de que pidieran la libertad de Barrabás y la muerte de Jesús. Así, cuando el procurador les preguntó: "¿A cuál de los dos quieren que les suelte?", ellos respondieron: "A Barrabás". Pilato les dijo: "¿Y qué voy a hacer con Jesús, que se dice el Mesías?" Respondieron todos: "Crucifícalo". Pilato preguntó: "Pero, ¿qué mal ha hecho?" Mas ellos seguían gritando cada vez con más fuerza: "¡Crucifícalo!" Entonces Pilato, viendo que nada conseguía y que crecía el tumulto, pidió agua y se lavó las manos ante el pueblo, diciendo: "Yo no me hago responsable de la muerte de este hombre justo. Allá ustedes". Todo el pueblo respondió: "¡Que su sangre caiga sobre nosotros y sobre nuestros hijos!" Entonces Pilato puso en libertad a Barrabás. En cambio a Jesús lo hizo azotar y lo entregó para que lo crucificaran.

Los soldados del procurador llevaron a Jesús al pretorio y reunieron alrededor de él a todo el batallón. Lo desnudaron, le echaron encima un manto de púrpura, trenzaron una corona de espinas y se la pusieron en la cabeza; le pusieron una caña en su mano derecha, y arrodillándose ante él, se burlaban diciendo: "¡Viva el rey de los judíos!", y le escupían. Luego, quitándole la caña, lo golpeaban con ella en la cabeza. Después de que se burlaron de él, le quitaron el manto, le pusieron sus ropas y lo llevaron a crucificar.

Al salir, encontraron a un hombre de Cirene, llamado Simón, y lo obligaron a llevar la cruz. Al llegar a un lugar llamado Gólgota, es decir, "Lugar de la Calavera", le dieron a beber a Jesús vino mezclado con hiel; él lo probó, pero no lo quiso beber. Los que lo crucificaron se repartieron sus vestidos, echando suertes,

through Jeremiah the prophet, *And they took the thirty pieces of silver, the value of a man with a price on his head, a price set by some of the Israelites, and they paid it out for the potter's field just as the Lord had commanded me.*

[Now Jesus stood before the governor, and he questioned him, "Are you the king of the Jews?" Jesus said, "You say so." And when he was accused by the chief priests and elders, he made no answer. Then Pilate said to him, "Do you not hear how many things they are testifying against you?" But he did not answer him one word, so that the governor was greatly amazed.

Now on the occasion of the feast the governor was accustomed to release to the crowd one prisoner whom they wished. And at that time they had a notorious prisoner called Barabbas. So when they had assembled, Pilate said to them, "Which one do you want me to release to you, Barabbas, or Jesus called Christ?" For he knew that it was out of envy that they had handed him over. While he was still seated on the bench, his wife sent him a message, "Have nothing to do with that righteous man. I suffered much in a dream today because of him." The chief priests and the elders persuaded the crowds to ask for Barabbas but to destroy Jesus. The governor said to them in reply, "Which of the two do you want me to release to you?" They answered, "Barabbas!" Pilate said to them, "Then what shall I do with Jesus called Christ?" They all said, "Let him be crucified!" But he said, "Why? What evil has he done?" They only shouted the louder, "Let him be crucified!" When Pilate saw that he was not succeeding at all, but that a riot was breaking out instead, he took water and washed his hands in the sight of the crowd, saying, "I am innocent of this man's blood. Look to it yourselves." And the whole people said in reply, "His blood be upon us and upon our children." Then he released Barabbas to them, but after he had Jesus scourged, he handed him over to be crucified.

Then the soldiers of the governor took Jesus inside the praetorium and gathered the whole cohort around him. They stripped off his clothes and threw a scarlet military cloak about him. Weaving a crown out of thorns, they placed it on his head, and a reed in his right hand. And kneeling before him, they mocked him, saying, "Hail, King of the Jews!" They spat upon him and took the reed and kept striking him on the head. And when they had mocked him, they stripped him of the cloak, dressed him in his own clothes, and led him off to crucify him.

As they were going out, they met a Cyrenian named Simon; this man they pressed into service to carry his cross.

And when they came to a place called Golgotha—which means Place of the Skull—, they gave Jesus wine to drink mixed with gall. But when he had tasted it, he refused to drink. After they had crucified him, they divided his garments by casting

y se quedaron sentados ahí para custodiarlo. Sobre su cabeza pusieron por escrito la causa de su condena: 'Este es Jesús, el rey de los judíos'. Juntamente con él, crucificaron a dos ladrones, uno a su derecha y el otro a su izquierda.

Los que pasaban por ahí lo insultaban moviendo la cabeza y gritándole: "Tú, que destruyes el templo y en tres días lo reedificas, sálvate a ti mismo; si eres el Hijo de Dios, baja de la cruz". También se burlaban de él los sumos sacerdotes, los escribas y los ancianos, diciendo: "Ha salvado a otros y no puede salvarse a sí mismo. Si es el rey de Israel, que baje de la cruz y creeremos en él. Ha puesto su confianza en Dios, que Dios lo salve ahora, si es que de verdad lo ama, pues él ha dicho: 'Soy el Hijo de Dios' ". Hasta los ladrones que estaban crucificados a su lado lo injuriaban.

Desde el mediodía hasta las tres de la tarde, se oscureció toda aquella tierra. Y alrededor de las tres, Jesús exclamó con fuerte voz: *"Elí, Elí, ¿lemá sabactaní?"*, que quiere decir: "Dios mío, Dios mío, ¿por qué me has abandonado?" Algunos de los presentes, al oírlo, decían: "Está llamando a Elías".

Enseguida uno de ellos fue corriendo a tomar una esponja, la empapó en vinagre y sujetándola a una caña, le ofreció de beber. Pero los otros le dijeron: "Déjalo. Vamos a ver si viene Elías a salvarlo". Entonces Jesús, dando de nuevo un fuerte grito, expiró.

Aquí todos se arrodillan y guardan silencio por unos instantes.

Entonces el velo del templo se rasgó en dos partes, de arriba a abajo, la tierra tembló y las rocas se partieron. Se abrieron los sepulcros y resucitaron muchos justos que habían muerto, y después de la resurrección de Jesús, entraron en la ciudad santa y se aparecieron a mucha gente. Por su parte, el oficial y los que estaban con él custodiando a Jesús, al ver el terremoto y las cosas que ocurrían, se llenaron de un gran temor y dijeron: "Verdaderamente éste era Hijo de Dios".]

Estaban también allí, mirando desde lejos, muchas de las mujeres que habían seguido a Jesús desde Galilea para servirlo. Entre ellas estaban María Magdalena, María, la madre de Santiago y de José, y la madre de los hijos de Zebedeo.

Al atardecer, vino un hombre rico de Arimatea, llamado José, que se había hecho también discípulo de Jesús. Se presentó a Pilato y le pidió el cuerpo de Jesús, y Pilato dio orden de que se lo entregaran. José tomó el cuerpo, lo envolvió en una sábana limpia y lo depositó en un sepulcro nuevo, que había hecho excavar en la roca para sí mismo. Hizo rodar una gran piedra hasta la entrada del sepulcro y se retiró. Estaban ahí María Magdalena y la otra María, sentadas frente al sepulcro.

Al otro día, el siguiente de la preparación de la Pascua, los sumos sacerdotes y los fariseos se reunieron ante Pilato y le dijeron: "Señor, nos hemos acordado de que ese impostor, estando

lots; then they sat down and kept watch over him there. And they placed over his head the written charge against him: This is Jesus, the King of the Jews. Two revolutionaries were crucified with him, one on his right and the other on his left. Those passing by reviled him, shaking their heads and saying, "You who would destroy the temple and rebuild it in three days, save yourself, if you are the Son of God, and come down from the cross!" Likewise the chief priests with the scribes and elders mocked him and said, "He saved others; he cannot save himself. So he is the king of Israel! Let him come down from the cross now, and we will believe in him. He trusted in God; let him deliver him now if he wants him. For he said, 'I am the Son of God.'" The revolutionaries who were crucified with him also kept abusing him in the same way.

From noon onward, darkness came over the whole land until three in the afternoon. And about three o'clock Jesus cried out in a loud voice, *"Eli, Eli, lema sabachthani?"* which means, "My God, my God, why have you forsaken me?" Some of the bystanders who heard it said, "This one is calling for Elijah." Immediately one of them ran to get a sponge; he soaked it in wine, and putting it on a reed, gave it to him to drink. But the rest said, "Wait, let us see if Elijah comes to save him." But Jesus cried out again in a loud voice, and gave up his spirit.

Here all kneel and pause for a short time.

And behold, the veil of the sanctuary was torn in two from top to bottom. The earth quaked, rocks were split, tombs were opened, and the bodies of many saints who had fallen asleep were raised. And coming forth from their tombs after his resurrection, they entered the holy city and appeared to many. The centurion and the men with him who were keeping watch over Jesus feared greatly when they saw the earthquake and all that was happening, and they said, "Truly, this was the Son of God!"] There were many women there, looking on from a distance, who had followed Jesus from Galilee, ministering to him. Among them were Mary Magdalene and Mary the mother of James and Joseph, and the mother of the sons of Zebedee.

When it was evening, there came a rich man from Arimathea named Joseph, who was himself a disciple of Jesus. He went to Pilate and asked for the body of Jesus; then Pilate ordered it to be handed over. Taking the body, Joseph wrapped it in clean linen and laid it in his new tomb that he had hewn in the rock. Then he rolled a huge stone across the entrance to the tomb and departed. But Mary Magdalene and the other Mary remained sitting there, facing the tomb.

The next day, the one following the day of preparation, the chief priests and the Pharisees gathered before Pilate and said,

aún en vida, dijo: 'A los tres días resucitaré'. Manda, pues, asegurar el sepulcro hasta el tercer día; no sea que vengan sus discípulos, lo roben y digan luego al pueblo: 'Resucitó de entre los muertos', porque esta última impostura sería peor que la primera". Pilato les dijo: "Tomen un pelotón de soldados, vayan y aseguren el sepulcro como ustedes quieran". Ellos fueron y aseguraron al sepulcro, poniendo un sello sobre la puerta y dejaron ahí la guardia.

Palabra del Señor. Todos: **Gloria a ti, Señor Jesús.**

Ciclo B   EVANGELIO
Pasión de nuestro Señor Jesucristo

✠ Pasión de nuestro Señor Jesucristo según san Marcos
14, 1–15, 47; o bien forma breve [ ] Mc 15, 1-39

Faltaban dos días para la fiesta de Pascua y de los panes Ázimos. Los sumos sacerdotes y los escribas andaban buscando una manera de apresar a Jesús a traición y darle muerte, pero decían: "No durante las fiestas, porque el pueblo podría amotinarse".

Estando Jesús sentado a la mesa, en casa de Simón el leproso, en Betania, llegó una mujer con un frasco de perfume muy caro, de nardo puro; quebró el frasco y derramó el perfume en la cabeza de Jesús. Algunos comentaron indignados: "¿A qué viene este derroche de perfume? Podía haberse vendido por más de trescientos denarios para dárselos a los pobres". Y criticaban a la mujer; pero Jesús replicó: "Déjenla. ¿Por qué la molestan? Lo que ha hecho conmigo está bien, porque a los pobres los tienen siempre con ustedes y pueden socorrerlos cuando quieran; pero a mí no me tendrán siempre. Ella ha hecho lo que podía. Se ha adelantado a embalsamar mi cuerpo para la sepultura. Yo les aseguro que en cualquier parte del mundo donde se predique el Evangelio, se recordará también en su honor lo que ella ha hecho conmigo".

Judas Iscariote, uno de los Doce, se presentó a los sumos sacerdotes para entregarles a Jesús. Al oírlo, se alegraron y le prometieron dinero; y él andaba buscando una buena ocasión para entregarlo.

El primer día de la fiesta de los panes Ázimos, cuando se sacrificaba el cordero pascual, le preguntaron a Jesús sus discípulos: "¿Dónde quieres que vayamos a prepararte la cena de Pascua?" Él les dijo a dos de ellos: "Vayan a la ciudad. Encontrarán a un hombre que lleva un cántaro de agua; síganlo y díganle al dueño de la casa en donde entre: 'El Maestro manda preguntar: ¿Dónde está la habitación en que voy a comer la Pascua con mis discípulos?' Él les enseñará una sala en el segundo piso, arreglada con divanes. Prepárennos allí la cena". Los discípulos se

"Sir, we remember that this impostor while still alive said, 'After three days I will be raised up.' Give orders, then, that the grave be secured until the third day, lest his disciples come and steal him and say to the people, 'He has been raised from the dead.' This last imposture would be worse than the first." Pilate said to them, "The guard is yours; go, secure it as best you can." So they went and secured the tomb by fixing a seal to the stone and setting the guard.

The Gospel of the Lord. All: **Praise to you, Lord Jesus Christ.**

Year B   GOSPEL
The Passion of our Lord Jesus Christ.

✠ The Passion of our Lord Jesus Christ according to Mark
Longer Form (14:1–15:47) [Shorter Form (15:1-39)]

The Passover and the Feast of Unleavened Bread were to take place in two days' time. So the chief priests and the scribes were seeking a way to arrest him by treachery and put him to death. They said, "Not during the festival, for fear that there may be a riot among the people."

When he was in Bethany reclining at table in the house of Simon the leper, a woman came with an alabaster jar of perfumed oil, costly genuine spikenard. She broke the alabaster jar and poured it on his head. There were some who were indignant. "Why has there been this waste of perfumed oil? It could have been sold for more than three hundred days' wages and the money given to the poor." They were infuriated with her. Jesus said, "Let her alone. Why do you make trouble for her? She has done a good thing for me. The poor you will always have with you, and whenever you wish you can do good to them, but you will not always have me. She has done what she could. She has anticipated anointing my body for burial. Amen, I say to you, wherever the gospel is proclaimed to the whole world, what she has done will be told in memory of her."

Then Judas Iscariot, one of the Twelve, went off to the chief priests to hand him over to them. When they heard him they were pleased and promised to pay him money. Then he looked for an opportunity to hand him over.

On the first day of the Feast of Unleavened Bread, when they sacrificed the Passover lamb, his disciples said to him, "Where do you want us to go and prepare for you to eat the Passover?" He sent two of his disciples and said to them, "Go into the city and a man will meet you, carrying a jar of water. Follow him. Wherever he enters, say to the master of the house, 'The Teacher says, "Where is my guest room where I may eat the Passover with my disciples?"' Then he will show you a large upper room furnished and ready. Make the preparations for us there." The

fueron, llegaron a la ciudad, encontraron lo que Jesús les había dicho y prepararon la cena de Pascua.

Al atardecer, llegó Jesús con los Doce. Estando a la mesa, cenando, les dijo: "Yo les aseguro que uno de ustedes, uno que está comiendo conmigo, me va a entregar". Ellos, consternados, empezaron a preguntarle uno tras otro: "¿Soy yo?" Él respondió: "Uno de los Doce; alguien que moja su pan en el mismo plato que yo. El Hijo del hombre va a morir, como está escrito: pero, ¡ay del que va a entregar al Hijo del hombre! ¡Más le valiera no haber nacido!"

Mientras cenaban, Jesús tomó un pan, pronunció la bendición, lo partió y se lo dio a sus discípulos, diciendo: "Tomen: esto es mi cuerpo". Y tomando en sus manos una copa de vino, pronunció la acción de gracias, se la dio, todos bebieron y les dijo: "Ésta es mi sangre, sangre de la alianza, que se derrama por todos. Yo les aseguro que no volveré a beber del fruto de la vid hasta el día en que beba el vino nuevo en el Reino de Dios".

Después de cantar el himno, salieron hacia el monte de los Olivos y Jesús les dijo: "Todos ustedes se van a escandalizar por mi causa, como está escrito: *Heriré al pastor y se dispersarán las ovejas;* pero, cuando resucite, iré por delante de ustedes a Galilea". Pedro replicó: "Aunque todos se escandalicen, yo no". Jesús le contestó: "Yo te aseguro que hoy, esta misma noche, antes de que el gallo cante dos veces, tú me negarás tres". Pero él insistía: "Aunque tenga que morir contigo, no te negaré". Y los demás decían lo mismo.

Fueron luego a un huerto, llamado Getsemaní, y Jesús dijo a sus discípulos: "Siéntense aquí mientras hago oración". Se llevó a Pedro, a Santiago y a Juan; empezó a sentir terror y angustia, y les dijo: "Tengo el alma llena de una tristeza mortal. Quédense aquí, velando". Se adelantó un poco, se postró en tierra y pedía que, si era posible, se alejara de él aquella hora. Decía: "Padre, tú lo puedes todo: aparta de mí este cáliz. Pero que no se haga lo que yo quiero, sino lo que tú quieres".

Volvió a donde estaban los discípulos, y al encontrarlos dormidos, dijo a Pedro: "Simón, ¿estás dormido? ¿No has podido velar ni una hora? Velen y oren, para que no caigan en la tentación. El espíritu está pronto, pero la carne es débil". De nuevo se retiró y se puso a orar, repitiendo las mismas palabras. Volvió y otra vez los encontró dormidos, porque tenían los ojos cargados de sueño; por eso no sabían qué contestarle. Él les dijo: "Ya pueden dormir y descansar. ¡Basta! Ha llegado la hora. Miren que el Hijo del hombre va a ser entregado en manos de los pecadores. ¡Levántense! ¡Vamos! Ya está cerca el traidor".

Todavía estaba hablando, cuando se presentó Judas, uno de los Doce, y con él, gente con espadas y palos, enviada por los sacerdotes, los escribas y los ancianos. El traidor les había dado

disciples then went off, entered the city, and found it just as he had told them; and they prepared the Passover.

When it was evening, he came with the Twelve. And as they reclined at table and were eating, Jesus said, "Amen, I say to you, one of you will betray me, one who is eating with me." They began to be distressed and to say to him, one by one, "Surely it is not I?" He said to them, "One of the Twelve, the one who dips with me into the dish. For the Son of Man indeed goes, as it is written of him, but woe to that man by whom the Son of Man is betrayed. It would be better for that man if he had never been born."

While they were eating, he took bread, said the blessing, broke it, and gave it to them, and said, "Take it; this is my body." Then he took a cup, gave thanks, and gave it to them, and they all drank from it. He said to them, "This is my blood of the covenant, which will be shed for many. Amen, I say to you, I shall not drink again the fruit of the vine until the day when I drink it new in the kingdom of God." Then, after singing a hymn, they went out to the Mount of Olives.

Then Jesus said to them, "All of you will have your faith shaken, for it is written: / '*I will strike the shepherd, / and the sheep will be dispersed.*' / But after I have been raised up, I shall go before you to Galilee." Peter said to him, "Even though all should have their faith shaken, mine will not be." Then Jesus said to him, "Amen, I say to you, this very night before the cock crows twice you will deny me three times." But he vehemently replied, "Even though I should have to die with you, I will not deny you." And they all spoke similarly.

Then they came to a place named Gethsemane, and he said to his disciples, "Sit here while I pray." He took with him Peter, James, and John, and began to be troubled and distressed. Then he said to them, "My soul is sorrowful even to death. Remain here and keep watch." He advanced a little and fell to the ground and prayed that if it were possible the hour might pass by him; he said, "Abba, Father, all things are possible to you. Take this cup away from me, but not what I will but what you will." When he returned he found them asleep. He said to Peter, "Simon, are you asleep? Could you not keep watch for one hour? Watch and pray that you may not undergo the test. The spirit is willing but the flesh is weak." Withdrawing again, he prayed, saying the same thing. Then he returned once more and found them asleep, for they could not keep their eyes open and did not know what to answer him. He returned a third time and said to them, "Are you still sleeping and taking your rest? It is enough. The hour has come. Behold, the Son of Man is to be handed over to sinners. Get up, let us go. See, my betrayer is at hand."

Then, while he was still speaking, Judas, one of the Twelve, arrived, accompanied by a crowd with swords and clubs who

una contraseña, diciéndoles: "Al que yo bese, ése es. Deténganlo y llévenselo bien sujeto". Llegó, se acercó y le dijo: "Maestro", y lo besó. Ellos le echaron mano y lo apresaron. Pero uno de los presentes desenvainó la espada y de un golpe le cortó la oreja a un criado del sumo sacerdote. Jesús tomó la palabra y les dijo: "¿Salieron ustedes a apresarme con espadas y palos, como si se tratara de un bandido? Todos los días he estado entre ustedes, enseñando en el templo y no me han apresado. Pero así tenía que ser para que se cumplieran las Escrituras". Todos lo abandonaron y huyeron. Lo iba siguiendo un muchacho, envuelto nada más con una sábana y lo detuvieron; pero él soltó la sábana y se les escapó desnudo.

Condujeron a Jesús a casa del sumo sacerdote y se reunieron todos los pontífices, los escribas y los ancianos. Pedro lo fue siguiendo de lejos hasta el interior del patio del sumo sacerdote y se sentó con los criados, cerca de la lumbre, para calentarse.

Los sumos sacerdotes y el sanedrín en pleno buscaban una acusación contra Jesús para condenarlo a muerte y no la encontraban. Pues, aunque muchos presentaban falsas acusaciones contra él, los testimonios no concordaban. Hubo unos que se pusieron de pie y dijeron: "Nosotros lo hemos oído decir: 'Yo destruiré este templo, edificado por hombres, y en tres días construiré otro, no edificado por hombres'". Pero ni aun en esto concordaba su testimonio. Entonces el sumo sacerdote se puso de pie y le preguntó a Jesús: "¿No tienes nada que responder a todas esas acusaciones?" Pero él no le respondió nada. El sumo sacerdote le volvió a preguntar: "¿Eres tú el Mesías, el Hijo de Dios bendito?" Jesús contestó: "Sí lo soy. Y un día verán cómo el Hijo del hombre está sentado a la derecha del Todopoderoso y cómo viene entre las nubes del cielo". El sumo sacerdote se rasgó las vestiduras exclamando: "¿Qué falta hacen ya más testigos? Ustedes mismos han oído la blasfemia. ¿Qué les parece?" Y todos lo declararon reo de muerte. Algunos se pusieron a escupirle, y tapándole la cara, lo abofeteaban y le decían: "Adivina quién fue", y los criados también le daban de bofetadas.

Mientras tanto, Pedro estaba abajo, en el patio. Llegó una criada del sumo sacerdote, y al ver a Pedro calentándose, lo miró fijamente y le dijo: "Tú también andabas con Jesús Nazareno". Él lo negó, diciendo: "Ni sé ni entiendo lo que quieres decir". Salió afuera hacia el zaguán y un gallo cantó. La criada, al verlo, se puso de nuevo a decir a los presentes: "Ése es uno de ellos". Pero él lo volvió a negar. Al poco rato, también los presentes dijeron a Pedro: "Claro que eres uno de ellos, pues eres galileo". Pero él se puso a echar maldiciones y a jurar: "No conozco a ese hombre del que hablan". En seguida, cantó el gallo por segunda vez. Pedro se acordó entonces de las palabras que le había dicho

had come from the chief priests, the scribes, and the elders. His betrayer had arranged a signal with them, saying, "The man I shall kiss is the one; arrest him and lead him away securely." He came and immediately went over to him and said, "Rabbi." And he kissed him. At this they laid hands on him and arrested him. One of the bystanders drew his sword, struck the high priest's servant, and cut off his ear. Jesus said to them in reply, "Have you come out as against a robber, with swords and clubs, to seize me? Day after day I was with you teaching in the temple area, yet you did not arrest me; but that the Scriptures may be fulfilled." And they all left him and fled. Now a young man followed him wearing nothing but a linen cloth about his body. They seized him, but he left the cloth behind and ran off naked.

They led Jesus away to the high priest, and all the chief priests and the elders and the scribes came together. Peter followed him at a distance into the high priest's courtyard and was seated with the guards, warming himself at the fire. The chief priests and the entire Sanhedrin kept trying to obtain testimony against Jesus in order to put him to death, but they found none. Many gave false witness against him, but their testimony did not agree. Some took the stand and testified falsely against him, alleging, "We heard him say, 'I will destroy this temple made with hands and within three days I will build another not made with hands.'" Even so their testimony did not agree. The high priest rose before the assembly and questioned Jesus, saying, "Have you no answer? What are these men testifying against you?" But he was silent and answered nothing. Again the high priest asked him and said to him, "Are you the Christ, the son of the Blessed One?" Then Jesus answered, "I am; / and 'you will see the Son of Man / seated at the right hand of the Power / and coming with the clouds of heaven.'" / At that the high priest tore his garments and said, "What further need have we of witnesses? You have heard the blasphemy. What do you think?" They all condemned him as deserving to die. Some began to spit on him. They blindfolded him and struck him and said to him, "Prophesy!" And the guards greeted him with blows.

While Peter was below in the courtyard, one of the high priest's maids came along. Seeing Peter warming himself, she looked intently at him and said, "You too were with the Nazarene, Jesus." But he denied it saying, "I neither know nor understand what you are talking about." So he went out into the outer court. Then the cock crowed. The maid saw him and began again to say to the bystanders, "This man is one of them." Once again he denied it. A little later the bystanders said to Peter once more, "Surely you are one of them; for you too are a Galilean." He began to curse and to swear, "I do not know this man about whom you are talking." And immediately a cock crowed a second time. Then Peter remembered

Jesús: 'Antes de que el gallo cante dos veces, tú me habrás negado tres', y rompió a llorar.

[Luego que amaneció, se reunieron los sumos sacerdotes con los ancianos, los escribas y el sanedrín en pleno, para deliberar. Ataron a Jesús, se lo llevaron y lo entregaron a Pilato. Éste le preguntó: "¿Eres tú el rey de los judíos?" Él respondió: "Sí lo soy". Los sumos sacerdotes lo acusaban de muchas cosas. Pilato le preguntó de nuevo: "¿No contestas nada? Mira de cuántas cosas te acusan". Jesús ya no le contestó nada, de modo que Pilato estaba muy extrañado.

Durante la fiesta de Pascua, Pilato solía soltarles al preso que ellos pidieran. Estaba entonces en la cárcel un tal Barrabás, con los revoltosos que habían cometido un homicidio en un motín. Vino la gente y empezó a pedir el indulto de costumbre. Pilato les dijo: "¿Quieren que les suelte al rey de los judíos?" Porque sabía que los sumos sacerdotes se lo habían entregado por envidia. Pero los sumos sacerdotes incitaron a la gente para que pidieran la libertad de Barrabás. Pilato les volvió a preguntar: "¿Y qué voy a hacer con el que llaman rey de los judíos?" Ellos gritaron: "¡Crucifícalo!" Pilato les dijo: "Pues ¿qué mal ha hecho?" Ellos gritaron más fuerte: "¡Crucifícalo!" Pilato, queriendo dar gusto a la multitud, les soltó a Barrabás; y a Jesús, después de mandarlo azotar, lo entregó para que lo crucificaran.

Los soldados se lo llevaron al interior del palacio, al pretorio, y reunieron a todo el batallón. Lo vistieron con un manto de color púrpura, le pusieron una corona de espinas que habían trenzado, y comenzaron a burlarse de él, dirigiéndole este saludo: "¡Viva el rey de los judíos!" Le golpeaban la cabeza con una caña, le escupían y doblando las rodillas, se postraban ante él. Terminadas las burlas, le quitaron aquel manto de color púrpura, le pusieron su ropa y lo sacaron para crucificarlo.

Entonces forzaron a cargar la cruz a un individuo que pasaba por ahí de regreso del campo, Simón de Cirene, padre de Alejandro y de Rufo, y llevaron a Jesús al Gólgota (que quiere decir "lugar de la Calavera"). Le ofrecieron vino con mirra, pero él no lo aceptó. Lo crucificaron y se repartieron sus ropas, echando suertes para ver qué le tocaba a cada uno.

Era media mañana cuando lo crucificaron. En el letrero de la acusación estaba escrito: "El rey de los judíos". Crucificaron con él a dos bandidos, uno a su derecha y otro a su izquierda. Así se cumplió la Escritura que dice: *Fue contado entre los malhechores.*

Los que pasaban por ahí lo injuriaban meneando la cabeza y gritándole: "¡Anda! Tú, que destruías el templo y lo reconstruías en tres días, sálvate a ti mismo y baja de la cruz". Los sumos sacerdotes se burlaban también de él y le decían: "Ha salvado a otros, pero a sí mismo no se puede salvar. Que el Mesías, el rey

the word that Jesus had said to him, "Before the cock crows twice you will deny me three times." He broke down and wept.

[As soon as morning came, the chief priests with the elders and the scribes, that is, the whole Sanhedrin held a council. They bound Jesus, led him away, and handed him over to Pilate. Pilate questioned him, "Are you the king of the Jews?" He said to him in reply, "You say so." The chief priests accused him of many things. Again Pilate questioned him, "Have you no answer? See how many things they accuse you of." Jesus gave him no further answer, so that Pilate was amazed.

Now on the occasion of the feast he used to release to them one prisoner whom they requested. A man called Barabbas was then in prison along with the rebels who had committed murder in a rebellion. The crowd came forward and began to ask him to do for them as he was accustomed. Pilate answered, "Do you want me to release to you the king of the Jews?" For he knew that it was out of envy that the chief priests had handed him over. But the chief priests stirred up the crowd to have him release Barabbas for them instead. Pilate again said to them in reply, "Then what do you want me to do with the man you call the king of the Jews?" They shouted again, "Crucify him." Pilate said to them, "Why? What evil has he done?" They only shouted the louder, "Crucify him." So Pilate, wishing to satisfy the crowd, released Barabbas to them and, after he had Jesus scourged, handed him over to be crucified.

The soldiers led him away inside the palace, that is, the praetorium, and assembled the whole cohort. They clothed him in purple and, weaving a crown of thorns, placed it on him. They began to salute him with, "Hail, King of the Jews!" and kept striking his head with a reed and spitting upon him. They knelt before him in homage. And when they had mocked him, they stripped him of the purple cloak, dressed him in his own clothes, and led him out to crucify him.

They pressed into service a passer-by, Simon, a Cyrenian, who was coming in from the country, the father of Alexander and Rufus, to carry his cross.

They brought him to the place of Golgotha—which is translated Place of the Skull—. They gave him wine drugged with myrrh, but he did not take it. Then they crucified him and divided his garments by casting lots for them to see what each should take. It was nine o'clock in the morning when they crucified him. The inscription of the charge against him read, "The King of the Jews." With him they crucified two revolutionaries, one on his right and one on his left. Those passing by reviled him, shaking their heads and saying, "Aha! You who would destroy the temple and rebuild it in three days, save yourself by coming down from the cross." Likewise the chief priests, with

de Israel, baje ahora de la cruz, para que lo veamos y creamos". Hasta los que estaban crucificados con él también lo insultaban.

Al llegar el mediodía, toda aquella tierra se quedó en tinieblas hasta las tres de la tarde. Y a las tres, Jesús gritó con voz potente: *"Eloí, Eloí, ¿lemá sabactaní?"* (que significa: Dios mío, Dios mío, ¿por qué me has abandonado?). Algunos de los presentes, al oírlo, decían: "Miren; está llamando a Elías". Uno corrió a empapar una esponja en vinagre, la sujetó a un carrizo y se la acercó para que bebiera, diciendo: "Vamos a ver si viene Elías a bajarlo". Pero Jesús, dando un fuerte grito, expiró.

Aquí todos se arrodillan y guardan silencio por unos instantes.

Entonces el velo del templo se rasgó en dos, de arriba a abajo. El oficial romano que estaba frente a Jesús, al ver cómo había expirado, dijo: "De veras este hombre era Hijo de Dios".]

Había también ahí unas mujeres que estaban mirando todo desde lejos; entre ellas María Magdalena, María (la madre de Santiago el menor y de José) y Salomé, que cuando Jesús estaba en Galilea, lo seguían para atenderlo; y además de ellas, otras muchas que habían venido con él a Jerusalén.

Al anochecer, como era el día de la preparación, víspera del sábado, vino José de Arimatea, miembro distinguido del sanedrín, que también esperaba el Reino de Dios. Se presentó con valor ante Pilato y le pidió el cuerpo de Jesús. Pilato se extrañó de que ya hubiera muerto, y llamando al oficial, le preguntó si hacía mucho tiempo que había muerto. Informado por el oficial, concedió el cadáver a José. Éste compró una sábana, bajó el cadáver, lo envolvió en la sábana y lo puso en un sepulcro excavado en una roca y tapó con una piedra la entrada del sepulcro. María Magdalena y María, la madre de José, se fijaron en dónde lo ponían.

Palabra del Señor. Todos: **Gloria a ti, Señor Jesús.**

Ciclo C EVANGELIO
Pasión de nuestro Señor Jesucristo

✠ Pasión de nuestro Señor Jesucristo según san Lucas
22, 14–23, 56 [o bien forma breve 23, 1-49]

Llegada la hora de cenar, se sentó Jesús con sus discípulos y les dijo: "Cuánto he deseado celebrar esta Pascua con ustedes, antes de padecer, porque yo les aseguro que ya no la volveré a celebrar, hasta que tenga cabal cumplimiento en el Reino de Dios". Luego tomó en sus manos una copa de vino, pronunció

the scribes, mocked him among themselves and said, "He saved others; he cannot save himself. Let the Christ, the King of Israel, come down now from the cross that we may see and believe." Those who were crucified with him also kept abusing him.

At noon darkness came over the whole land until three in the afternoon. And at three o'clock Jesus cried out in a loud voice, *"Eloi, Eloi, lema sabachthani?"* which is translated, "My God, my God, why have you forsaken me?" Some of the bystanders who heard it said, "Look, he is calling Elijah." One of them ran, soaked a sponge with wine, put it on a reed and gave it to him to drink saying, "Wait, let us see if Elijah comes to take him down." Jesus gave a loud cry and breathed his last.

Here all kneel and pause for a short time.

The veil of the sanctuary was torn in two from top to bottom. When the centurion who stood facing him saw how he breathed his last he said, "Truly this man was the Son of God!"] There were also women looking on from a distance. Among them were Mary Magdalene, Mary the mother of the younger James and of Joses, and Salome. These women had followed him when he was in Galilee and ministered to him. There were also many other women who had come up with him to Jerusalem.

When it was already evening, since it was the day of preparation, the day before the sabbath, Joseph of Arimathea, a distinguished member of the council, who was himself awaiting the kingdom of God, came and courageously went to Pilate and asked for the body of Jesus. Pilate was amazed that he was already dead. He summoned the centurion and asked him if Jesus had already died. And when he learned of it from the centurion, he gave the body to Joseph. Having bought a linen cloth, he took him down, wrapped him in the linen cloth, and laid him in a tomb that had been hewn out of the rock. Then he rolled a stone against the entrance to the tomb. Mary Magdalene and Mary the mother of Joses watched where he was laid.

The Gospel of the Lord. All: **Praise to you, Lord Jesus Christ.**

Year C   GOSPEL
The Passion of our Lord Jesus Christ.

✠ The Passion of our Lord Jesus Christ according to Luke
Longer Form (22:14–23:56) [Shorter Form (23:1-49)]

When the hour came, Jesus took his place at table with the apostles. He said to them, "I have eagerly desired to eat this Passover with you before I suffer, for, I tell you, I shall not eat it again until there is fulfillment in the kingdom of God." Then he took a cup, gave thanks, and said, "Take this and share it among yourselves; for I tell you that from this time on I shall not drink of

la acción de gracias y dijo: "Tomen esto y repártanlo entre ustedes, porque les aseguro que ya no volveré a beber del fruto de la vid hasta que venga el Reino de Dios".

Tomando después un pan, pronunció la acción de gracias, lo partió y se lo dio, diciendo: "Esto es mi cuerpo, que se entrega por ustedes. Hagan esto en memoria mía". Después de cenar, hizo lo mismo con una copa de vino, diciendo: "Esta copa es la nueva alianza, sellada con mi sangre, que se derrama por ustedes".

"Pero miren: la mano del que me va a entregar está conmigo en la mesa. Porque el Hijo del hombre va a morir, según lo decretado; pero ¡ay de aquel hombre por quien será entregado!" Ellos empezaron a preguntarse unos a otros quién de ellos podía ser el que lo iba a traicionar.

Después los discípulos se pusieron a discutir sobre cuál de ellos debería ser considerado como el más importante. Jesús les dijo: "Los reyes de los paganos los dominan, y los que ejercen la autoridad se hacen llamar bienhechores. Pero ustedes no hagan eso, sino todo lo contrario: que el mayor entre ustedes actúe como si fuera el menor, y el que gobierna, como si fuera un servidor. Porque, ¿quién vale más, el que está a la mesa o el que sirve? ¿Verdad que es el que está a la mesa? Pues yo estoy en medio de ustedes como el que sirve. Ustedes han perseverado conmigo en mis pruebas, y yo les voy a dar el Reino, como mi Padre me lo dio a mí, para que coman y beban a mi mesa en el Reino, y se siente cada uno en un trono, para juzgar a las doce tribus de Israel".

Luego añadió: "Simón, Simón, mira que Satanás ha pedido permiso para zarandearlos como trigo; pero yo he orado por ti, para que tu fe no desfallezca; y tú, una vez convertido, confirma a tus hermanos". Él le contestó: "Señor, estoy dispuesto a ir contigo incluso a la cárcel y a la muerte". Jesús le replicó: "Te digo, Pedro, que hoy, antes de que cante el gallo, habrás negado tres veces que me conoces".

Después les dijo a todos ellos: "Cuando los envié sin provisiones, sin dinero ni sandalias, ¿acaso les faltó algo?" Ellos contestaron: "Nada". Él añadió: "Ahora, en cambio, el que tenga dinero o provisiones, que los tome; y el que no tenga espada, que venda su manto y compre una. Les aseguro que conviene que se cumpla esto que está escrito de mí: *Fue contado entre los malhechores*, porque se acerca el cumplimiento de todo lo que se refiere a mí". Ellos le dijeron: "Señor, aquí hay dos espadas". Él les contestó: "¡Basta ya!"

Salió Jesús, como de costumbre, al monte de los Olivos y lo acompañaron los discípulos. Al llegar a ese sitio, les dijo: "Oren, para no caer en la tentación". Luego se alejó de ellos a la distancia de un tiro de piedra y se puso a orar de rodillas, diciendo: "Padre, si quieres, aparta de mí esta amarga prueba; pero que no se haga mi voluntad, sino la tuya". Se le apareció entonces

the fruit of the vine until the kingdom of God comes." Then he took the bread, said the blessing, broke it, and gave it to them, saying, "This is my body, which will be given for you; do this in memory of me." And likewise the cup after they had eaten, saying, "This cup is the new covenant in my blood, which will be shed for you.

"And yet behold, the hand of the one who is to betray me is with me on the table; for the Son of Man indeed goes as it has been determined; but woe to that man by whom he is betrayed." And they began to debate among themselves who among them would do such a deed.

Then an argument broke out among them about which of them should be regarded as the greatest. He said to them, "The kings of the Gentiles lord it over them and those in authority over them are addressed as 'Benefactors'; but among you it shall not be so. Rather, let the greatest among you be as the youngest, and the leader as the servant. For who is greater: the one seated at table or the one who serves? Is it not the one seated at table? I am among you as the one who serves. It is you who have stood by me in my trials; and I confer a kingdom on you, just as my Father has conferred one on me, that you may eat and drink at my table in my kingdom; and you will sit on thrones judging the twelve tribes of Israel.

"Simon, Simon, behold Satan has demanded to sift all of you like wheat, but I have prayed that your own faith may not fail; and once you have turned back, you must strengthen your brothers." He said to him, "Lord, I am prepared to go to prison and to die with you." But he replied, "I tell you, Peter, before the cock crows this day, you will deny three times that you know me."

He said to them, "When I sent you forth without a money bag or a sack or sandals, were you in need of anything?" "No, nothing, " they replied. He said to them, "But now one who has a money bag should take it, and likewise a sack, and one who does not have a sword should sell his cloak and buy one. For I tell you that this Scripture must be fulfilled in me, namely, *He was counted among the wicked;* and indeed what is written about me is coming to fulfillment." Then they said, "Lord, look, there are two swords here." But he replied, "It is enough!"

Then going out, he went, as was his custom, to the Mount of Olives, and the disciples followed him. When he arrived at the place he said to them, "Pray that you may not undergo the test." After withdrawing about a stone's throw from them and kneeling, he prayed, saying, "Father, if you are willing, take this cup away from me; still, not my will but yours be done." And to strengthen him an angel from heaven appeared to him. He was in such agony and he prayed so fervently that his sweat became like drops of blood falling on the ground. When he rose from prayer and returned to his disciples, he found them sleep-

un ángel para confortarlo; él, en su angustia mortal, oraba con mayor insistencia, y comenzó a sudar gruesas gotas de sangre, que caían hasta el suelo. Por fin terminó su oración, se levantó, fue hacia sus discípulos y los encontró dormidos por la pena. Entonces les dijo: "¿Por qué están dormidos? Levántense y oren para no caer en la tentación".

Todavía estaba hablando, cuando llegó una turba encabezada por Judas, uno de los Doce, quien se acercó a Jesús para besarlo. Jesús le dijo: "Judas, ¿con un beso entregas al Hijo del hombre?"

Al darse cuenta de lo que iba a suceder, los que estaban con él dijeron: "Señor, ¿los atacamos con la espada?" Y uno de ellos hirió a un criado del sumo sacerdote y le cortó la oreja derecha. Jesús intervino, diciendo: "¡Dejen! ¡Basta!" Le tocó la oreja y lo curó.

Después Jesús dijo a los sumos sacerdotes, a los encargados del templo y a los ancianos que habían venido a arrestarlo: "Han venido a aprehenderme con espadas y palos, como si fuera un bandido. Todos los días he estado con ustedes en el templo y no me echaron mano. Pero ésta es su hora y la del poder de las tinieblas".

Ellos lo arrestaron, se lo llevaron y lo hicieron entrar en la casa del sumo sacerdote. Pedro los seguía desde lejos. Encendieron fuego en medio del patio, se sentaron alrededor y Pedro se sentó también con ellos. Al verlo sentado junto a la lumbre, una criada se le quedó mirando y dijo: "Éste también estaba con él". Pero él lo negó diciendo: "No lo conozco, mujer". Poco después lo vio otro y le dijo: "Tú también eres uno de ellos". Pedro replicó: "¡Hombre, no lo soy!" Y como después de una hora, otro insistió: "Sin duda que éste también estaba con él, porque es galileo". Pedro contestó: "¡Hombre, no sé de qué hablas!" Todavía estaba hablando, cuando cantó un gallo.

El Señor, volviéndose, miró a Pedro. Pedro se acordó entonces de las palabras que el Señor le había dicho: "Antes de que cante el gallo, me negarás tres veces", y saliendo de allí se soltó a llorar amargamente.

Los hombres que sujetaban a Jesús se burlaban de él, le daban golpes, le tapaban la cara y le preguntaban: "¿Adivina quién te ha pegado?" Y proferían contra él muchos insultos.

Al amanecer se reunió el consejo de los ancianos con los sumos sacerdotes y los escribas. Hicieron comparecer a Jesús ante el sanedrín y le dijeron: "Si tú eres el Mesías, dínoslo". Él les contestó: "Si se lo digo, no lo van a creer, y si les pregunto, no me van a responder. Pero ya desde ahora, el Hijo del hombre está sentado a la derecha de Dios todopoderoso". Dijeron todos: "Entonces, ¿tú eres el Hijo de Dios?" Él les contestó: "Ustedes mismos lo han dicho: sí lo soy". Entonces ellos dijeron: "¿Qué necesidad tenemos ya de testigos? Nosotros mismos lo hemos oído

ing from grief. He said to them, "Why are you sleeping? Get up and pray that you may not undergo the test."

While he was still speaking, a crowd approached and in front was one of the Twelve, a man named Judas. He went up to Jesus to kiss him. Jesus said to him, "Judas, are you betraying the Son of Man with a kiss?" His disciples realized what was about to happen, and they asked, "Lord, shall we strike with a sword?" And one of them struck the high priest's servant and cut off his right ear. But Jesus said in reply, "Stop, no more of this!" Then he touched the servant's ear and healed him. And Jesus said to the chief priests and temple guards and elders who had come for him, "Have you come out as against a robber, with swords and clubs? Day after day I was with you in the temple area, and you did not seize me; but this is your hour, the time for the power of darkness."

After arresting him they led him away and took him into the house of the high priest; Peter was following at a distance. They lit a fire in the middle of the courtyard and sat around it, and Peter sat down with them. When a maid saw him seated in the light, she looked intently at him and said, "This man too was with him." But he denied it saying, "Woman, I do not know him." A short while later someone else saw him and said, "You too are one of them"; but Peter answered, "My friend, I am not." About an hour later, still another insisted, "Assuredly, this man too was with him, for he also is a Galilean." But Peter said, "My friend, I do not know what you are talking about." Just as he was saying this, the cock crowed, and the Lord turned and looked at Peter; and Peter remembered the word of the Lord, how he had said to him, "Before the cock crows today, you will deny me three times." He went out and began to weep bitterly. The men who held Jesus in custody were ridiculing and beating him. They blindfolded him and questioned him, saying, "Prophesy! Who is it that struck you?" And they reviled him in saying many other things against him.

When day came the council of elders of the people met, both chief priests and scribes, and they brought him before their Sanhedrin. They said, "If you are the Christ, tell us," but he replied to them, "If I tell you, you will not believe, and if I question, you will not respond. But from this time on the Son of Man will be seated at the right hand of the power of God." They all asked, "Are you then the Son of God?" He replied to them, "You say that I am." Then they said, "What further need have we for testimony? We have heard it from his own mouth."

Then the whole assembly of them arose and brought him before Pilate. [(The elders of the people, chief priests and scribes, arose and brought Jesus before Pilate.) They brought charges against him, saying, "We found this man misleading our people; he opposes the payment of taxes to Caesar and maintains that

de su boca". [El consejo de los ancianos, con los sumos sacerdotes y los escribas, se levantaron y llevaron a Jesús ante Pilato.

Entonces comenzaron a acusarlo, diciendo: "Hemos comprobado que éste anda amotinando a nuestra nación y oponiéndose a que se pague tributo al César y diciendo que él es el Mesías rey".

Pilato preguntó a Jesús: "¿Eres tú el rey de los judíos?" Él le contestó: "Tú lo has dicho". Pilato dijo a los sumos sacerdotes y a la turba: "No encuentro ninguna culpa en este hombre". Ellos insistían con más fuerza, diciendo: "Solivianta al pueblo enseñando por toda Judea, desde Galilea hasta aquí". Al oír esto, Pilato preguntó si era galileo, y al enterarse de que era de la jurisdicción de Herodes, se lo remitió, ya que Herodes estaba en Jerusalén precisamente por aquellos días.

Herodes, al ver a Jesús, se puso muy contento, porque hacía mucho tiempo que quería verlo, pues había oído hablar mucho de él y esperaba presenciar algún milagro suyo. Le hizo muchas preguntas, pero él no le contestó ni una palabra. Estaban ahí los sumos sacerdotes y los escribas, acusándolo sin cesar. Entonces Herodes, con su escolta, lo trató con desprecio y se burló de él, y le mandó poner una vestidura blanca. Después se lo remitió a Pilato. Aquel mismo día se hicieron amigos Herodes y Pilato, porque antes eran enemigos.

Pilato convocó a los sumos sacerdotes, a las autoridades y al pueblo, y les dijo: "Me han traído a este hombre, alegando que alborota al pueblo; pero yo lo he interrogado delante de ustedes y no he encontrado en él ninguna de las culpas de que lo acusan. Tampoco Herodes, porque me lo ha enviado de nuevo. Ya ven que ningún delito digno de muerte se ha probado. Así pues, le aplicaré un escarmiento y lo soltaré".

Con ocasión de la fiesta, Pilato tenía que dejarles libre a un preso. Ellos vociferaron en masa, diciendo: "¡Quita a ése! ¡Suéltanos a Barrabás!" A éste lo habían metido en la cárcel por una revuelta acaecida en la ciudad y un homicidio.

Pilato volvió a dirigirles la palabra, con la intención de poner en libertad a Jesús; pero ellos seguían gritando: "¡Crucifícalo, crucifícalo!" Él les dijo por tercera vez: "¿Pues qué ha hecho de malo? No he encontrado en él ningún delito que merezca la muerte; de modo que le aplicaré un escarmiento y lo soltaré". Pero ellos insistían, pidiendo a gritos que lo crucificara. Como iba creciendo el griterío, Pilato decidió que se cumpliera su petición; soltó al que le pedían, al que había sido encarcelado por revuelta y homicidio, y a Jesús se lo entregó a su arbitrio.

Mientras lo llevaban a crucificar, echaron mano a un cierto Simón de Cirene, que volvía del campo, y lo obligaron a cargar la cruz, detrás de Jesús. Lo iba siguiendo una gran multitud de hombres y mujeres, que se golpeaban el pecho y lloraban por él. Jesús se volvió hacia las mujeres y les dijo: "Hijas de Jerusalén,

he is the Christ, a king." Pilate asked him, "Are you the king of the Jews?" He said to him in reply, "You say so." Pilate then addressed the chief priests and the crowds, "I find this man not guilty." But they were adamant and said, "He is inciting the people with his teaching throughout all Judea, from Galilee where he began even to here."

On hearing this Pilate asked if the man was a Galilean; and upon learning that he was under Herod's jurisdiction, he sent him to Herod who was in Jerusalem at that time. Herod was very glad to see Jesus; he had been wanting to see him for a long time, for he had heard about him and had been hoping to see him perform some sign. He questioned him at length, but he gave him no answer. The chief priests and scribes, meanwhile, stood by accusing him harshly. Herod and his soldiers treated him contemptuously and mocked him, and after clothing him in resplendent garb, he sent him back to Pilate. Herod and Pilate became friends that very day, even though they had been enemies formerly. Pilate then summoned the chief priests, the rulers, and the people and said to them, "You brought this man to me and accused him of inciting the people to revolt. I have conducted my investigation in your presence and have not found this man guilty of the charges you have brought against him, nor did Herod, for he sent him back to us. So no capital crime has been committed by him. Therefore I shall have him flogged and then release him."

But all together they shouted out, "Away with this man! Release Barabbas to us."—Now Barabbas had been imprisoned for a rebellion that had taken place in the city and for murder.— Again Pilate addressed them, still wishing to release Jesus, but they continued their shouting, "Crucify him! Crucify him!" Pilate addressed them a third time, "What evil has this man done? I found him guilty of no capital crime. Therefore I shall have him flogged and then release him." With loud shouts, however, they persisted in calling for his crucifixion, and their voices prevailed. The verdict of Pilate was that their demand should be granted. So he released the man who had been imprisoned for rebellion and murder, for whom they asked, and he handed Jesus over to them to deal with as they wished.

As they led him away they took hold of a certain Simon, a Cyrenian, who was coming in from the country; and after laying the cross on him, they made him carry it behind Jesus. A large crowd of people followed Jesus, including many women who mourned and lamented him. Jesus turned to them and said, "Daughters of Jerusalem, do not weep for me; weep instead for

no lloren por mí; lloren por ustedes y por sus hijos, porque van a venir días en que se dirá: '¡Dichosas las estériles y los vientres que no han dado a luz y los pechos que no han criado!' Entonces dirán a los montes: 'Desplómense sobre nosotros', y a las colinas: 'Sepúltennos', porque si así tratan al árbol verde, ¿qué pasará con el seco?"

Conducían, además, a dos malhechores, para ajusticiarlos con él. Cuando llegaron al lugar llamado "la Calavera", lo crucificaron allí, a él y a los malhechores, uno a su derecha y el otro a su izquierda. Jesús decía desde la cruz: "Padre, perdónalos, porque no saben lo que hacen". Los soldados se repartieron sus ropas, echando suertes.

El pueblo estaba mirando. Las autoridades le hacían muecas, diciendo: "A otros ha salvado; que se salve a sí mismo, si él es el Mesías de Dios, el elegido". También los soldados se burlaban de Jesús, y acercándose a él, le ofrecían vinagre y le decían: "Si tú eres el rey de los judíos, sálvate a ti mismo". Había, en efecto, sobre la cruz, un letrero en griego, latín y hebreo, que decía: "Éste es el rey de los judíos".

Uno de los malhechores crucificados insultaba a Jesús, diciéndole: "Si tú eres el Mesías, sálvate a ti mismo y a nosotros". Pero el otro le reclamaba, indignado: "¿Ni siquiera temes tú a Dios estando en el mismo suplicio? Nosotros justamente recibimos el pago de lo que hicimos. Pero éste ningún mal ha hecho". Y le decía a Jesús: "Señor, cuando llegues a tu Reino, acuérdate de mí". Jesús le respondió: "Yo te aseguro que hoy estarás conmigo en el paraíso".

Era casi el mediodía, cuando las tinieblas invadieron toda la región y se oscureció el sol hasta las tres de la tarde. El velo del templo se rasgó a la mitad. Jesús, clamando con voz potente, dijo: "¡Padre, en tus manos encomiendo mi espíritu!" Y dicho esto, expiró.

Aquí se arrodillan todos y se hace una breve pausa.

El oficial romano, al ver lo que pasaba, dio gloria a Dios, diciendo: "Verdaderamente este hombre era justo". Toda la muchedumbre que había acudido a este espectáculo, mirando lo que ocurría, se volvió a su casa dándose golpes de pecho. Los conocidos de Jesús se mantenían a distancia, lo mismo que las mujeres que lo habían seguido desde Galilea, y permanecían mirando todo aquello.]

Un hombre llamado José, consejero del sanedrín, hombre bueno y justo, que no había estado de acuerdo con la decisión de los judíos ni con sus actos, que era natural de Arimatea, ciudad de Judea, y que aguardaba el Reino de Dios, se presentó ante Pilato para pedirle el cuerpo de Jesús. Lo bajó de la cruz, lo envolvió en una sábana y lo colocó en un sepulcro excavado en la roca,

yourselves and for your children for indeed, the days are coming when people will say, 'Blessed are the barren, the wombs that never bore and the breasts that never nursed.' At that time people will say to the mountains, 'Fall upon us!' and to the hills, 'Cover us!' for if these things are done when the wood is green what will happen when it is dry?" Now two others, both criminals, were led away with him to be executed.

When they came to the place called the Skull, they crucified him and the criminals there, one on his right, the other on his left. Then Jesus said, "Father, forgive them, they know not what they do." They divided his garments by casting lots. The people stood by and watched; the rulers, meanwhile, sneered at him and said, "He saved others, let him save himself if he is the chosen one, the Christ of God." Even the soldiers jeered at him. As they approached to offer him wine they called out, "If you are King of the Jews, save yourself." Above him there was an inscription that read, "This is the King of the Jews."

Now one of the criminals hanging there reviled Jesus, saying, "Are you not the Christ? Save yourself and us." The other, however, rebuking him, said in reply, "Have you no fear of God, for you are subject to the same condemnation? And indeed, we have been condemned justly, for the sentence we received corresponds to our crimes, but this man has done nothing criminal." Then he said, "Jesus, remember me when you come into your kingdom." He replied to him, "Amen, I say to you, today you will be with me in Paradise."

It was now about noon and darkness came over the whole land until three in the afternoon because of an eclipse of the sun. Then the veil of the temple was torn down the middle. Jesus cried out in a loud voice, "Father, into your hands I commend my spirit"; and when he had said this he breathed his last.

Here all kneel and pause for a short time.

The centurion who witnessed what had happened glorified God and said, "This man was innocent beyond doubt." When all the people who had gathered for this spectacle saw what had happened, they returned home beating their breasts; but all his acquaintances stood at a distance, including the women who had followed him from Galilee and saw these events.]

Now there was a virtuous and righteous man named Joseph who, though he was a member of the council, had not consented to their plan of action. He came from the Jewish town of Arimathea and was awaiting the kingdom of God. He went to Pilate and asked for the body of Jesus. After he had taken the body down, he wrapped it in a linen cloth and laid him in a rock-hewn tomb in which no one had yet been buried. It was the day of preparation, and the sabbath was about to begin. The women

donde no habían puesto a nadie todavía. Era el día de la Pascua y ya iba a empezar el sábado. Las mujeres que habían seguido a Jesús desde Galilea acompañaron a José para ver el sepulcro y cómo colocaban el cuerpo. Al regresar a su casa, prepararon perfumes y ungüentos, y el sábado guardaron reposo, conforme al mandamiento.

Palabra del Señor. Todos: **Gloria a ti, Señor Jesús.**

Después de la lectura de la Pasión, puede tenerse, si se cree oportuno, una breve homilía. Se dice Credo.

ORACIÓN SOBRE LAS OFRENDAS

Que la pasión de tu Hijo,
actualizada en este santo sacrificio
que vamos a ofrecerte,
nos alcance, Señor, de tu misericordia,
el perdón que no podemos merecer
por nuestras obras.
Por Jesucristo, nuestro Señor. Todos: **Amén.**

ANTÍFONA DE LA COMUNIÓN   Mt 26, 42

Padre mío, si este cáliz no puede pasar sin que yo lo beba, hágase tu voluntad.

ORACIÓN DESPUÉS DE LA COMUNIÓN

Tú que nos has alimentado con esta Eucaristía,
y por medio de la muerte de tu Hijo
nos das la esperanza de alcanzar
lo que la fe nos promete,
concédenos, Señor, llegar,
por medio de su resurrección,
a la meta de nuestras esperanzas.
Por Jesucristo, nuestro Señor. Todos: **Amén.**

who had come from Galilee with him followed behind, and when
they had seen the tomb and the way in which his body was laid
in it, they returned and prepared spices and perfumed oils. Then
they rested on the sabbath according to the commandment.

The Gospel of the Lord. All: **Praise to you, Lord Jesus Christ.**

After the passion has been proclaimed, a homily is to be given.
The profession of faith is said.

PRAYER OVER THE OFFERINGS
Through the Passion of your Only Begotten Son, O Lord,
may our reconciliation with you be near at hand,
so that, though we do not merit it by our own deeds,
yet by this sacrifice made once for all,
we may feel already the effects of your mercy.
Through Christ our Lord. All: **Amen.**

COMMUNION ANTIPHON   Matthew 26:42
**Father, if this chalice cannot pass without my drinking it,
your will be done.**

PRAYER AFTER COMMUNION
Nourished with these sacred gifts,
we humbly beseech you, O Lord,
that, just as through the death of your Son
you have brought us to hope for what we believe,
so by his Resurrection
you may lead us to where you call.
Through Christ our Lord. All: **Amen.**

Lunes de la Semana Santa

ANTÍFONA DE ENTRADA Sal 34, 1-2; Sal 139, 8

Combate, Señor, a los que me combaten,
ataca a los que me atacan;
ponte la armadura, toma el escudo
y ven en mi ayuda.
Tú eres mi fortaleza y mi salvación.

ORACIÓN COLECTA

Concédenos, Señor, nueva fuerza
para no sucumbir a nuestras humanas debilidades,
por los méritos de la pasión de tu Hijo,
que vive y reina contigo
en la unidad del Espíritu Santo y es Dios,
por los siglos de los siglos. Todos: **Amén.**

PRIMERA LECTURA
No gritará ni hará oír su voz en las plazas.

Lectura del libro del profeta Isaías
42, 1-7

Esto dice el Señor. / "Miren a mi siervo, a quien sostengo; / a mi elegido, en quien tengo mis complacencias. / En él he puesto mi espiritu, / para que haga brillar la justicia sobre las naciones. / No gritará ni clamará, no hará oir su voz por la calles, / no romperá la caña resquebrajada, / ni apagará la mecha que aún humea. / Promoverá con firmeza la justicia, / no titubeara ni se doblegará, / hasta haber establecido el derecho sobre la tierra / y hasta que las islas escuchen su enseñanza."

Esto dice el Señor Dios, / el que creó el cielo y lo extendió, / el que dio firmeza a la tierra, con lo que en ella brota; / el que dio el aliento a la gente que habita la tierra / y la respiración a cuanto se mueve en ella: / "Yo, el Señor, / fiel a mi designio de salvación, / te llamé, te tomé de la mano; te he formado / y te he constituido alianza de un pueblo, / luz de las naciones, / para que abras los ojos de los ciegos, / saques a los cautivos de la prisión / y de la mazmorra a los que habitan en tinieblas".

Palabra de Dios. Todos: **Te alabamos, Señor.**

Monday of Holy Week

ENTRANCE ANTIPHON   Cf. Psalm 35[34]:1-2; 140[139]:8
**Contend, O Lord, with my contenders;
fight those who fight me.
Take up your buckler and shield;
arise in my defense, Lord, my mighty help.**

COLLECT
Grant, we pray, almighty God,
that, though in our weakness we fail,
we may be revived through the Passion of your Only Begotten Son.
Who lives and reigns with you in the unity of the Holy Spirit,
one God, for ever and ever. All: **Amen.**

FIRST READING
He will not cry out, nor make his voice heard in the street.
(First oracle of the Servant of the Lord)

A reading from the Book of the Prophet Isaiah
42:1-7

Here is my servant whom I uphold,
my chosen one with whom I am pleased,
Upon whom I have put my Spirit;
    he shall bring forth justice to the nations,
Not crying out, not shouting,
    not making his voice heard in the street.
A bruised reed he shall not break,
    and a smoldering wick he shall not quench,
Until he establishes justice on the earth;
    the coastlands will wait for his teaching.

Thus says God, the LORD,
    who created the heavens and stretched them out,
    who spreads out the earth with its crops,
Who gives breath to its people
    and spirit to those who walk on it:
I, the LORD, have called you for the victory of justice,
    I have grasped you by the hand;
I formed you, and set you
    as a covenant of the people,
    a light for the nations,
To open the eyes of the blind,
    to bring out prisoners from confinement,
    and from the dungeon, those who live in darkness.

The word of the Lord. All: **Thanks be to God.**

SALMO RESPONSORIAL
Del salmo 26, 1. 2. 3. 13-14

℟ **El Señor es mi luz y mi salvación.**

El Señor es mi luz y mi salvación,
a quién temeré?
El Señor es la defensa de mi vida,
¿quien me hará temblar? ℟

Cuando me asaltan los malvados,
para devorar mi carne,
ellos, enemigos y adversarios,
tropiezan y caen. ℟

Si un ejército acampa contra mí,
mi corazón no tiembla;
si me declaran la guerra,
me siento tranquilo. ℟

Espero gozar de la dicha del Señor
en el país de la vida.
Espera en el Señor, sé valiente,
ten ánimo, espera en el Señor. ℟

ACLAMACIÓN ANTES DEL EVANGELIO

℣ Honor y gloria a ti, Señor Jesús.
℟ **Honor y gloria a ti, Señor Jesús.**
℣ Señor Jesús, rey nuestro,
sólo tú has tenido compasión
de nuestra faltas.
℟ **Honor y gloria a ti, Señor Jesús.**

EVANGELIO
Dejala. Esto lo tenía guardado para el día de mi sepultura.

✠ Lectura del santo Evangelio según san Juan
12, 1-11

Seis días antes de la Pascua, fue Jesús a Betania, donde vivía Lázaro, a quien había resucitado de entre los muertos. Allí le ofrecieron una cena; Marta servía y Lázaro era uno de los que estaban con él a la mesa. María tomó entonces una libra de perfume de nardo auténtico, muy costoso, le ungió a Jesús los pies con él y se los enjugó con su cabellera, y la casa se llena con la fragancia del perfume.

Entonces Judas Iscariote, uno de los discipulos, el que iba a entregar a Jesús, exclamó: "¿Por qué no se ha vendido ese perfume en trescientos denarios para dárselos a los pobres?" Esto lo

RESPONSORIAL PSALM
Psalm 27:1, 2, 3, 13-14

℟ (1a) **The Lord is my light and my salvation.**

The LORD is my light and my salvation;
    whom should I fear?
The LORD is my life's refuge;
    of whom should I be afraid? ℟

When evildoers come at me
    to devour my flesh,
My foes and my enemies
    themselves stumble and fall. ℟

Though an army encamp against me,
    my heart will not fear;
Though war be waged upon me,
    even then will I trust. ℟

I believe that I shall see the bounty of the LORD
    in the land of the living.
Wait for the LORD with courage;
    be stouthearted, and wait for the LORD. ℟

VERSE BEFORE THE GOSPEL

℣   Praise and honor to you, Lord Jesus Christ!
℟   **Praise and honor to you, Lord Jesus Christ!**
℣   Hail to you, our King;
    you alone are compassionate with our faults.
℟   **Praise and honor to you, Lord Jesus Christ!**

GOSPEL
Let her keep this for the day of my burial.

✠ A reading from the holy Gospel according to John
12:1-11

Six days before Passover Jesus came to Bethany, where Laza-rus was, whom Jesus had raised from the dead. They gave a dinner for him there, and Martha served, while Lazarus was one of those reclining at table with him. Mary took a liter of costly perfumed oil made from genuine aromatic nard and anointed the feet of Jesus and dried them with her hair; the house was filled with the fragrance of the oil. Then Judas the Iscariot, one of his disciples, and the one who would betray him, said, "Why was this oil not sold for three hundred days' wages and given to the poor?" He said this not because he cared about the poor but because he was a thief and held the money bag and used to steal

dijo, no porque le importaran los pobres, sino porque era ladrón, y como tenía a su cargo la bolsa, robaba lo que echaban en ella.

Entonces dijo Jesús: "Déjala. Esto lo tenía guardado para el dia de mi sepultura; porque a los pobres los tendrán siempre con ustedes, pero a mí no siempre me tendrán".

Mientras tanto, la multitud de judíos, que se enteró de que Jesús estaba allí, acudió, no sólo por Jesús, sino también para ver a Lázaro, a quien el Señor había resucitado de entre los muertos. Los sumos sacerdotes deliberaban para matar a Lázaro, porque a causa de él, muchos judíos se separaban y creían en Jesús.

Palabra del Señor. Todos: **Gloria a ti, Señor Jesús.**

ORACIÓN SOBRE LAS OFRENDAS
Mira, Señor, con bondad,
este sacrificio que tú instituiste misericordiosamente
para reparar el daño de nuestros pecados,
y hazlo producir en nosotros
abundantes frutos de vida eterna.
Por Jesucristo, nuestro Señor. Todos: **Amén.**

ANTÍFONA DE LA COMUNIÓN   Sal 101, 3
No te me ocultes, Señor,
el día de mi desgracia.
Escúchame con bondad,
y, siempre que te invoque, respóndeme enseguida.

ORACIÓN DESPUÉS DE LA COMUNIÓN
Quédate, Señor, con nosotros
y protege con tu amor infatigable
nuestros corazones santificados por esta Eucaristía,
para que podamos conservar siempre
las gracias que hemos recibido de tu misericordia.
Por Jesucristo, nuestro Señor. Todos: **Amén.**

Martes de la Semana Santa

ANTÍFONA DE ENTRADA   Sal 26, 12
No me entregues, Señor,
al odio de mis enemigos,
pues han surgido contra mí testigos falsos,
que respiran violencia.

the contributions. So Jesus said, "Leave her alone. Let her keep this for the day of my burial. You always have the poor with you, but you do not always have me."

The large crowd of the Jews found out that he was there and came, not only because of him, but also to see Lazarus, whom he had raised from the dead. And the chief priests plotted to kill Lazarus too, because many of the Jews were turning away and believing in Jesus because of him.

The Gospel of the Lord. All: **Praise to you, Lord Jesus Christ.**

PRAYER OVER THE OFFERINGS
Look graciously, O Lord,
upon the sacred mysteries we celebrate here,
and may what you have mercifully provided
to cancel the judgment we incurred
bear for us fruit in eternal life.
Through Christ our Lord. All: **Amen.**

COMMUNION ANTIPHON   Cf. Psalm 102[101]:3
Do not hide your face from me in the day of my distress.
Turn your ear towards me; on the day when I call, speedily answer me.

PRAYER AFTER COMMUNION
Visit your people, O Lord, we pray,
and with ever-watchful love
look upon the hearts dedicated to you by means of these sacred mysteries,
so that under your protection
we may keep safe this remedy of eternal salvation,
which by your mercy we have received.
Through Christ our Lord. All: **Amen.**

Tuesday of Holy Week

ENTRANCE ANTIPHON   Cf. Psalm 27[26]:12
Do not leave me to the will of my foes, O Lord,
for false witnesses rise up against me
and they breathe out violence.

ORACIÓN COLECTA

Dios todopoderoso y eterno,
ayúdanos a celebrar
los misterios de la pasión del Señor
con tal fe y arrepentimiento,
que podamos merecer tu perdón.
Por nuestro Señor Jesucristo. Todos: **Amén.**

PRIMERA LECTURA

Te conuertiré en luz de las naciones, para que llegue mi saluación hasta los últimos rincones de la tierra.

Lectura del libro del profeta Isaías
49, 1-6

Escúchenme, islas;
pueblos lejanos, atiémdanme.
El Señor me llamó desde el vientre de mi madre;
cuando aún estaba yo en el seno materno,
él pronunció mi nombre.

Hizo de mi boca una espada filosa,
me escondió en la sombra de su mano,
me hizo flecha puntiaguda,
me guardó en su aljaba y me dijo:
"Tú eres mi siervo, Israel;
en ti manifestaré mi gloria".
Entonces yo pensé: "En vano me he cansado,
inútilmente he gastado mis fuerzas;
en realidad mi causa estaba en manos del Señor,
mi recompensa la tenía mi Dios".

Ahora habla el Señor,
el que me formó desde el seno materno,
para que fuera su servidor,
para hacer que Jacob volviera a él
y congregar a Israel en torno suyo
—tanto así me honró el Señor
y mi Dios fue mi fuerza—.
Ahora, pues, dice el Señor:
"Es poco que seas mi siervo
sólo para restablecer a las tribus de Jacob
y reunir a los sobrevivientes de Israel;
te voy a convertir en luz de las naciones,
para que mi salvación llegue
hasta los últimos rincones de la tierra".

Palabra de Dios. Todos: **Te alabamos, Señor.**

COLLECT

Almighty ever-living God,
grant us so to celebrate
the mysteries of the Lord's Passion
that we may merit to receive your pardon.
Through our Lord Jesus Christ, your Son,
who lives and reigns with you in the unity of the Holy Spirit,
one God, for ever and ever. All: **Amen.**

FIRST READING

I will make you a light to the nations,
that my salvation may reach to the ends of the earth.
(Second oracle of the Servant of the Lord)

A reading from the Book of the Prophet Isaiah

49:1-6

Hear me, O islands,
listen, O distant peoples.
The LORD called me from birth,
    from my mother's womb he gave me my name.
He made of me a sharp-edged sword
    and concealed me in the shadow of his arm.
He made me a polished arrow,
    in his quiver he hid me.
You are my servant, he said to me,
    Israel, through whom I show my glory.

Though I thought I had toiled in vain,
    and for nothing, uselessly, spent my strength,
Yet my reward is with the LORD,
    my recompense is with my God.
For now the LORD has spoken
    who formed me as his servant from the womb,
That Jacob may be brought back to him
    and Israel gathered to him;
And I am made glorious in the sight of the LORD,
    and my God is now my strength!
It is too little, he says, for you to be my servant,
    to raise up the tribes of Jacob,
    and restore the survivors of Israel;
I will make you a light to the nations,
    that my salvation may reach to the ends of the earth.

The word of the Lord. All: **Thanks be to God.**

SALMO RESPONSORIAL
Del salmo 70, 1-2. 3-4a. 5-6ab. 15 y 17

℟ **Mi boca, Señor, proclamará tu salvación.**

A ti, Señor, me acojo:
no quede yo derrotado para siempre;
tú que eres justo, líbrame y ponme a salvo,
inclina a mí tu oído, y sálvame. ℟

Sé tú mi roca de refugio,
el alcázar donde me salve,
porque mi peña y mi alcázar eres tú.
Dios mío, líbrame de la mano perversa. ℟

Porque tú, Dios mío, fuiste mi esperanza
y mi confianza, Señor, desde mi juventud.
En el vientre materno ya me apoyaba en ti,
en el seno, tú me sostenías. ℟

Mi boca contará tu auxilio,
y todo el día tu salvación.
Dios mío, me instruiste desde mi juventud,
y hasta hoy relato tus maravillas. ℟

ACLAMACIÓN ANTES DEL EVANGELIO

℣ Honor y gloria a ti, Señor Jesús.
℟ **Honor y gloria a ti, Señor Jesús.**
℣ Señor Jesús, rey nuestro,
para obedecer al Padre, quisiste ser llevado a la cruz
como manso cordero al sacrificio.
℟ **Honor y gloria a ti, Señor Jesús.**

EVANGELIO
*Uno de ustedes me entregará. No cantara el gallo antes de que me hayas
negado tres veces.*

✠ Lectura del santo Evangelio según san Juan
13, 21-33. 36-38

En aquel tiempo, cuando Jesús estaba a la mesa con sus discípulos, se conmovió profundamente y declaró: "Yo les aseguro que uno de ustedes me va a entregar". Los discipulos se miraron perplejos unos a otros, porque no sabían de quién hablaba. Uno de ellos, al que Jesús tanto amaba, se hallaba reclinado a su derecha. Simón Pedro le hizo una seña y le preguntó: "¿De quién lo dice?" Entonces él, apoyándose en el pecho de Jesús, le preguntó: "Señor, ¿quién es?" Le contestó Jesús: "Aquel a quien yo le dé este trozo de pan, que voy a mojar". Mojó el pan y se lo

RESPONSORIAL PSALM
Psalm 71:1-2, 3-4a, 5ab-6ab, 15 and 17

℟ (*see* 15ab) **I will sing of your salvation.**

In you, O LORD, I take refuge;
    let me never be put to shame.
In your justice rescue me, and deliver me;
    incline your ear to me, and save me. ℟

Be my rock of refuge,
    a stronghold to give me safety,
for you are my rock and my fortress.
    O my God, rescue me from the hand of the wicked. ℟

For you are my hope, O Lord;
    my trust, O GOD, from my youth.
On you I depend from birth;
    from my mother's womb you are my strength. ℟

My mouth shall declare your justice,
    day by day your salvation.
O God, you have taught me from my youth,
    and till the present I proclaim your wondrous deeds. ℟

VERSE BEFORE THE GOSPEL

℣ Glory to you, Word of God, Lord Jesus Christ!
℟ **Glory to you, Word of God, Lord Jesus Christ!**
℣ Hail to you, our King, obedient to the Father;
    you were led to your crucifixion like a gentle lamb to the
        slaughter.
℟ **Glory to you, Word of God, Lord Jesus Christ!**

GOSPEL
One of you will betray me; the cock will not crow before you deny me three times.

✠ A reading from the holy Gospel according to John
    13:21-33, 36-38

Reclining at table with his disciples, Jesus was deeply
troubled and testified, "Amen, amen, I say to you, one of you
will betray me." The disciples looked at one another, at a loss
as to whom he meant. One of his disciples, the one whom Jesus
loved, was reclining at Jesus' side. So Simon Peter nodded to
him to find out whom he meant. He leaned back against Jesus'
chest and said to him, "Master, who is it?" Jesus answered, "It
is the one to whom I hand the morsel after I have dipped it." So
he dipped the morsel and took it and handed it to Judas, son of
Simon the Iscariot. After Judas took the morsel, Satan entered

dio a Judas, hijo de Simón el Iscariote; y tras el bocado, entró en él Satanás.

Jesús le dijo entonces a Judas: "Lo que tienes que hacer, hazlo pronto". Pero ninguno de los comensales entendió a qué se refería; algunos supusieron que, como Judas tenía a su cargo la bolsa, Jesús le había encomendado comprar lo necesario para la fiesta o dar algo a los pobres. Judas, después de tomar el bocado, salió inmediatamente. Era de noche.

Una vez que Judas se fue, Jesús dijo: "Ahora ha sido glorificado el Hijo del hombre y Dios ha sido glorificado en él. Si Dios ha sido glorificado en él, también Dios lo glorificará en sí mismo y pronto lo glorificará.

Hijitos, todavía estaré un poco con ustedes. Me buscarán, pero como les dije a los judíos, así se lo digo a ustedes ahora: 'A donde yo voy, ustedes no pueden ir'". Simón Pedro le dijo: "Señor, ¿a dónde vas?" Jesús le respondió: "A donde yo voy, no me puedes seguir ahora; me seguirás más tarde". Pedro replicó: "Señor, ¿por qué no puedo seguirte ahora? Yo daré mi vida por ti". Jesús le contestó: "¿Conque darás tu vida por mí? Yo te aseguro que no cantará el gallo, antes de que me hayas negado tres veces".

Palabra del Señor. Todos: **Gloria a ti, Señor Jesús.**

ORACIÓN SOBRE LAS OFRENDAS
Acepta, Señor, con bondad
este pan y este vino que te presentamos,
y concede a cuantos quieres hacernos partícipes
del Cuerpo y de la Sangre de tu Hijo,
llegar a poseerlo plenamente en tu Reino.
Por Jesucristo, nuestro Señor. Todos: **Amén.**

ANTÍFONA DE LA COMUNIÓN   Rom 8, 32
Dios no escatimó la vida de su propio Hijo,
sino que lo entregó por todos nosotros,
y con él nos ha dado todos los bienes.

ORACIÓN DESPUÉS DE LA COMUNIÓN
Por medio de este sacramento,
que ya desde ahora nos comunica tu fuerza,
concédenos, Padre misericordioso,
participar de la vida eterna.
Por Jesucristo, nuestro Señor. Todos: **Amén.**

him. So Jesus said to him, "What you are going to do, do quickly." Now none of those reclining at table realized why he said this to him. Some thought that since Judas kept the money bag, Jesus had told him, "Buy what we need for the feast," or to give something to the poor. So Judas took the morsel and left at once. And it was night.

When he had left, Jesus said, "Now is the Son of Man glorified, and God is glorified in him. If God is glorified in him, God will also glorify him in himself, and he will glorify him at once. My children, I will be with you only a little while longer. You will look for me, and as I told the Jews, 'Where I go you cannot come,' so now I say it to you."

Simon Peter said to him, "Master, where are you going?" Jesus answered him, "Where I am going, you cannot follow me now, though you will follow later." Peter said to him, "Master, why can I not follow you now? I will lay down my life for you." Jesus answered, "Will you lay down your life for me? Amen, amen, I say to you, the cock will not crow before you deny me three times."

The Gospel of the Lord. All: **Praise to you, Lord Jesus Christ.**

PRAYER OVER THE OFFERINGS
Look favorably, O Lord, we pray,
on these offerings of your family,
and to those you make partakers of these sacred gifts
grant a share in their fullness.
Through Christ our Lord. All: **Amen.**

COMMUNION ANTIPHON   Romans 8:32
**God did not spare his own Son,
but handed him over for us all.**

PRAYER AFTER COMMUNION
Nourished by your saving gifts,
we beseech your mercy, Lord,
that by this same Sacrament,
with which you have fed us in the present age
you may make us partakers of life eternal.
Through Christ our Lord. All: **Amen.**

Miercoles de la Semana Santa

ANTÍFONA DE ENTRADA Flp 2, 10. 8. 11

**Que al nombre de Jesús, todo ser viviente,
en el cielo, en la tierra y en el abismo,
caiga de rodillas,
porque el Señor aceptó por obediencia
hasta la misma muerte, y una muerte de cruz.
Por esto confesamos, para gloria de Dios Padre,
que Jesucristo es el Señor.**

ORACIÓN COLECTA

Padre misericordioso
que para librarnos del poder del enemigo,
quisiste que tu Hijo sufriera por nosotros
el suplicio de la cruz,
concédenos alcanzar la gracia de la resurrección.
Por nuestro Señor Jesucristo. Todos: **Amén.**

PRIMERA LECTURA

No he sustraído mi rostro a los insultos y salivazos.

Lectura del libro del profeta Isaías

50, 4-9

En aquel entonces dijo Isaías:
"El Señor me ha dado una lengua experta,
para que pueda confortar al abatido
con palabras de aliento.

Mañana tras mañana, el Señor despierta mi oído,
para que escuche yo, como discípulo.
El Señor Dios me ha hecho oír sus palabras
y yo no he opuesto resistencia,
ni me he echado para atrás.

Ofrecí la espalda a los que me golpeaban,
la mejilla a los que me tiraban de la barba.
No aparté mi rostro a los insultos y salivazos.

Pero el Señor me ayuda,
por eso no quedaré confundido,
por eso endureció mi rostro como roca
y sé que no quedaré avergonzado.
Cercano está de mí el que me hace justicia,
¿quién luchará contra mí?
¿Quién es mi adversario? ¿Quién me acusa?
Que se me enfrente.

Wednesday of Holy Week

ENTRANCE ANTIPHON Cf. Philippians 2:10, 8, 11

**At the name of Jesus, every knee should bend
of those in heaven and on the earth and under the earth,
for the Lord became obedient to death, death on a cross:
therefore Jesus Christ is Lord, to the glory of God the Father.**

COLLECT

O God, who willed your Son to submit for our sake
to the yoke of the Cross,
so that you might drive from us the power of the enemy,
grant us, your servants, to attain the grace of the resurrection.
Through our Lord Jesus Christ, your Son,
who lives and reigns with you in the unity of the Holy Spirit,
one God, for ever and ever. All: **Amen.**

FIRST READING

My face I did not shield from buffets and spitting.
(Third oracle of the Servant of the Lord)

A reading from the Book of the Prophet Isaiah
50:4-9a

The Lord GOD has given me
    a well-trained tongue,
That I might know how to speak to the weary
    a word that will rouse them.
Morning after morning
    he opens my ear that I may hear;
And I have not rebelled,
    have not turned back.
I gave my back to those who beat me,
    my cheeks to those who plucked my beard;
My face I did not shield
    from buffets and spitting.

The Lord GOD is my help,
    therefore I am not disgraced;
I have set my face like flint,
    knowing that I shall not be put to shame.
He is near who upholds my right;
    if anyone wishes to oppose me,
    let us appear together.
Who disputes my right?
    Let him confront me.

El Señor es mi ayuda,
¿quién se atreverá a condenarme?"

Palabra de Dios. Todos: **Te alabamos, Señor.**

SALMO RESPONSORIAL
Del salmo 68, 8-10. 21bcd-22. 31 y 33-34

℟ **Escúchame, Señor, port tu gran misericordia en el
tiempo de tu favor.**

Por ti he aguantado afrentas,
la vergüenza cubrió mi rostro.
Soy un extraño para mis hermanos,
un extranjero para los hijos de mi madre;
porque me devora el celo de tu templo,
y las afrentas con que te afrentan caen sobre mí. ℟

La afrenta me destroza el corazón,
y desfallezco.
Espero compasión y no la hay,
consoladores, y no los encuentro.
En mi comida me echaron hiel,
para mi sed me dieron vinagre. ℟

Alabaré el nombre de Dios con cantos,
proclamaré su grandeza con acción de gracias.
Mírenlo, los humildes, y alégrense,
busquen al Señor, y vivirá su corazón.
Que el Señor escucha a sus pobres,
no desprecia a sus cautivos. ℟

ACLAMACIÓN ANTES DEL EVANGELIO

℣   Honor y gloria a ti, Señor Jesús.
℟   **Honor y gloria a ti, Señor Jesús.**
℣   Señor Jesús, rey nuestro,
sólo tú has tenido compasión
de nuestras faltas.
℟   **Honor y gloria a ti, Señor Jesús.**

O bien:

℣   Honor y gloria a ti, Señor Jesús.
℟   **Honor y gloria a ti, Señor Jesús.**
℣   Señor Jesús, rey nuestro,
para obedecer al Padre, quisiste ser llevado a la cruz
como manso cordero al sacrificio.
℟   **Honor y gloria a ti, Señor Jesús.**

See, the Lord GOD is my help;
who will prove me wrong?

The word of the Lord. All: **Thanks be to God.**

RESPONSORIAL PSALM
Psalm 69:8-10, 21-22, 31 and 33-34

℞ (14c) **Lord, in your great love, answer me.**

For your sake I bear insult,
and shame covers my face.
I have become an outcast to my brothers,
a stranger to my mother's sons,
because zeal for your house consumes me,
and the insults of those who blaspheme you fall upon me. ℞

Insult has broken my heart, and I am weak,
I looked for sympathy, but there was none;
for consolers, not one could I find.
Rather they put gall in my food,
and in my thirst they gave me vinegar to drink. ℞

I will praise the name of God in song,
and I will glorify him with thanksgiving:
"See, you lowly ones, and be glad;
you who seek God, may your hearts revive!
For the LORD hears the poor,
and his own who are in bonds he spurns not." ℞

VERSE BEFORE THE GOSPEL

A

℣ Praise and honor to you, Lord Jesus Christ!
℞ **Praise and honor to you, Lord Jesus Christ!**
℣ Hail to you, our King;
you alone are compassionate with our faults.
℞ **Praise and honor to you, Lord Jesus Christ!**

Or:

B

℣ Glory and praise to you, Lord Jesus Christ!
℞ **Glory and praise to you, Lord Jesus Christ!**
℣ Hail to you, our King, obedient to the Father;
you were led to your crucifixion like a gentle lamb to the
slaughter.
℞ **Glory and praise to you, Lord Jesus Christ!**

EVANGELIO

¡Ay de aquel por quien el Hijo del hombre va a ser entregado!

✠ Lectura del santo Evangelio según san Mateo
26, 14-25

En aquel tiempo, uno de los Doce, llamado Judas Iscariote, fue a ver a los sumos sacerdotes y les dijo: "¿Cuánto me dan si les entrego a Jesús?" Ellos quedaron en darle treinta monedas de plata. Y desde ese momento andaba buscando una oportunidad para entregárselo.

El primer día de la fiesta de los panes Azimos, los discípulos se acercaron a Jesús y le preguntaron: "¿Dónde quieres que te preparemos la cena de Pascua?" El respondió: "Vayan a la ciudad, a casa de fulano y díganle: 'El Maestro dice: Mi hora está ya cerca. Voy a celebrar la Pascua con mis discípulos en tu casa'". Ellos hicieron lo que Jesús les había ordenado y prepararon la cena de Pascua.

Al atardecer, se sentó a la mesa con los Doce y mientras cenaban, les dijo: "Yo les aseguro que uno de ustedes va a entregarme". Ellos se pusieron muy tristes y comenzaron a preguntarle uno por uno: "¿Acaso soy yo, Señor?" El respondió: "El que moja su pan en el mismo plato que yo, ése va a entregarme, Porque el Hijo del hombre va a morir, como está escrito de él; pero ¡ay de aquel por quien el Hijo del hombre va a ser entregado! Más le valiera a ese hombre no haber nacido". Entonces preguntó Judas, el que lo iba a entregar: "¿Acaso soy yo, Maestro?" Jesús le respondió: "Tú lo has dicho".

Palabra del Señor. Todos: **Gloria a ti, Señor Jesús.**

ORACIÓN SOBRE LAS OFRENDAS
Acepta, Señor, los dones que te presentamos
y concédenos la gracia de traducir
en una vida de amor y de obediencia a tu voluntad,
el misterio de la pasión de tu Hijo,
que estamos celebrando.
Por Jesucristo, nuestro Señor. Todos: **Amén.**

ANTÍFONA DE LA COMUNIÓN   Mt 20, 28
**El Hijo del hombre no ha venido a ser servido,
sino a servir,
y a dar su vida para redención de todos.**

ORACIÓN DESPUÉS DE LA COMUNIÓN
Concédenos, Señor, Dios nuestro,
creer profundamente que por la muerte de tu Hijo,
padecida en el Calvado y anunciada en cada Eucaristía,
tú nos has dado la vida eterna.
Por Jesucristo, nuestro Señor. Todos: **Amén.**

GOSPEL

The Son of Man indeed goes, as it is written of him, but woe to that man by whom the Son of Man is betrayed.

✠ A reading from the holy Gospel according to Matthew
26:14-25

One of the Twelve, who was called Judas Iscariot, went to the chief priests and said, "What are you willing to give me if I hand him over to you?" They paid him thirty pieces of silver, and from that time on he looked for an opportunity to hand him over.

On the first day of the Feast of Unleavened Bread, the disciples approached Jesus and said, "Where do you want us to prepare for you to eat the Passover?" He said, "Go into the city to a certain man and tell him, 'The teacher says, "My appointed time draws near; in your house I shall celebrate the Passover with my disciples."'" The disciples then did as Jesus had ordered, and prepared the Passover.

When it was evening, he reclined at table with the Twelve. And while they were eating, he said, "Amen, I say to you, one of you will betray me." Deeply distressed at this, they began to say to him one after another, "Surely it is not I, Lord?" He said in reply, "He who has dipped his hand into the dish with me is the one who will betray me. The Son of Man indeed goes, as it is written of him, but woe to that man by whom the Son of Man is betrayed. It would be better for that man if he had never been born." Then Judas, his betrayer, said in reply, "Surely it is not I, Rabbi?" He answered, "You have said so."

The Gospel of the Lord. All: **Praise to you, Lord Jesus Christ.**

PRAYER OVER THE OFFERINGS

Receive, O Lord, we pray, the offerings made here,
and graciously grant
that, celebrating your Son's Passion in mystery,
we may experience the grace of its effects.
Through Christ our Lord. All: **Amen.**

COMMUNION ANTIPHON   Matthew 20:28

**The Son of Man did not come to be served but to serve
and to give his life as a ransom for many.**

PRAYER AFTER COMMUNION

Endow us, almighty God, with the firm conviction
that through your Son's Death in time,
to which the revered mysteries bear witness,
we may be assured of perpetual life.
Through Christ our Lord. All: **Amen.**

Jueves Santo

(Blanco)

TRIDUO PASCUAL

El Jueves Santo inaugura solemnemente "el triduo durante el cual el Señor murió, fue sepultado y resucitó" (San Agustín). A estos días se refería Jesús cuando profetizó: "Destruyan este templo y yo lo reedificaré en tres días" (Juan 2, 14).

Sin misa el viernes y el sábado, nuestra atención se concentra en el histórico sacrificio de la Cruz. Este acercamiento también nos ayuda a poner énfasis en la Misa de la Vigilia de Pascua, que es una celebración pascual esencial en la cual pasamos de la penitencia a la alegría, de la muerte a la vida y de lo viejo a lo nuevo.

MISA VESPERTINA DE LA CENA DEL SEÑOR

En este día nuestro Señor instituyó la Eucaristía; en la Última Cena Él preparó la comida sacrificial que debería unir a sus miembros con Él mismo a través de los tiempos. Hoy es, por lo tanto, el día de la comunidad cristiana, y de la caridad divina y fraternal.

Nos reunimos en espíritu con los Apóstoles para recibir de Jesús, como si fuera la primera vez, el gran regalo de su propia Carne y Sangre. Así, son hoy consagrados todos los panes del altar para la Comunión de los fieles. "El amor de Cristo nos ha reunido; amemos al Dios vivo y amémonos los unos a los otros con corazones sinceros."

RITOS INICIALES Y LITURGIA DE LA PALABRA

El sagrario debe estar completamente vacío. Conságrense en esta misa suficientes hostias, de modo que alcancen para la comunión del clero y del pueblo, hoy y mañana.

ANTÍFONA DE ENTRADA   Cfr Gál 6, 14

Que nuestro único orgullo sea la cruz de nuestro Señor Jesucristo, porque en él tenemos la salvación, la vida y la resurrección, y por él hemos sido salvados y redimidos.

Se dice Gloria. Mientras se canta este himno, se tocan las campanas. Terminado el canto, las campanas no vuelven a tocarse hasta la Vigilia Pascual.

Holy Thursday

(White)

THE EASTER TRIDUUM

Holy Thursday solemnly inaugurates "the triduum during which the Lord died, was buried and rose again" (St. Augustine). To these days Jesus referred when he prophesied: "Destroy this temple and in three days I will raise it up again" (John 2:14).

With no Mass on Friday and Saturday, our attention is concentrated on the historical sacrifice of the Cross. This approach also helps to place emphasis on the Easter Vigil Mass as the essential paschal celebration wherein we pass over from penance to joy, from death to life, and from the old to the new.

EVENING MASS OF THE LORD'S SUPPER

On this day our Lord instituted the Eucharist; at the Last Supper he prepared the Sacrifice-Meal that should through the ages unite his members in himself. Today is therefore the day of Christian community, and of divine and fraternal charity.

We are gathered in spirit with the Apostles, to receive from Jesus the great gift of his own Flesh and Blood, as it were for the first time. Hence, all the altar breads for the Communion of the faithful today are freshly consecrated. "The love of Christ has gathered us together; let us love the living God, and love each other with honest hearts."

INTRODUCTORY RITES AND LITURGY OF THE WORD

The tabernacle should be entirely empty; a sufficient amount of bread should be consecrated at this Mass for the communion of clergy and laity today and tomorrow.

ENTRANCE ANTIPHON   Cf. Galatians 6:14

**We should glory in the Cross of our Lord Jesus Christ,
in whom is our salvation, life and resurrection,
through whom we are saved and delivered.**

ORACIÓN COLECTA

Dios nuestro,
que nos has reunido para celebrar aquella Cena
en la cual tu Hijo único, antes de entregarse a la muerte,
confió a la Iglesia
el sacrificio nuevo y eterno, sacramento de su amor,
concédenos alcanzar
por la participación en este sacramento,
la plenitud del amor y de la vida.
Por nuestro Señor Jesucristo. Todos: **Amén.**

PRIMERA LECTURA
Prescripciones sobre la cena pascual.

Lectura del libro del Éxodo
12, 1-8. 11-14

En aquellos días, el Señor les dijo a Moisés y a Aarón en tierra de Egipto: "Este mes será para ustedes el primero de todos los meses y el principio del año. Díganle a toda la comunidad de Israel: 'El día diez de este mes, tomará cada uno un cordero por familia, uno por casa. Si la familia es demasiado pequeña para comérselo, que se junte con los vecinos y elija un cordero adecuado al número de personas y a la cantidad que cada cual pueda comer. Será un animal sin defecto, macho, de un año, cordero o cabrito.

Lo guardarán hasta el día catorce del mes, cuando toda la comunidad de los hijos de Israel lo inmolará al atardecer. Tomarán la sangre y rociarán las dos jambas y el dintel de la puerta de la casa donde vayan a comer el cordero. Esa noche comerán la carne, asada a fuego; comerán panes sin levadura y hierbas amargas. Comerán así: con la cintura ceñida, las sandalias en los pies, un bastón en la mano y a toda prisa, porque es la Pascua, es decir, el paso del Señor.

Yo pasaré esa noche por la tierra de Egipto y heriré a todos los primogénitos del país de Egipto, desde los hombres hasta los ganados. Castigaré a todos los dioses de Egipto, yo, el Señor. La sangre les servirá de señal en las casas donde habitan ustedes. Cuando yo vea la sangre, pasaré de largo y no habrá entre ustedes plaga exterminadora, cuando hiera yo la tierra de Egipto.

Ese día será para ustedes un memorial y lo celebrarán como fiesta en honor del Señor. De generación en generación celebrarán esta festividad, como institución perpetua'".

Palabra de Dios. Todos: **Te alabamos, Señor.**

COLLECT

O God, who have called us to participate
in this most sacred Supper,
in which your Only Begotten Son,
when about to hand himself over to death,
entrusted to the Church a sacrifice new for all eternity,
the banquet of his love,
grant, we pray,
that we may draw from so great a mystery,
the fullness of charity and of life.
Through our Lord Jesus Christ, your Son,
who lives and reigns with you in the unity of the Holy Spirit,
one God, for ever and ever. All: **Amen.**

FIRST READING

The law regarding the Passover meal.

A reading from the Book of Exodus
12:1-8, 11-14

The LORD said to Moses and Aaron in the land of Egypt, "This month shall stand at the head of your calendar; you shall reckon it the first month of the year. Tell the whole community of Israel: On the tenth of this month every one of your families must procure for itself a lamb, one apiece for each household. If a family is too small for a whole lamb, it shall join the nearest household in procuring one and shall share in the lamb in proportion to the number of persons who partake of it. The lamb must be a year-old male and without blemish. You may take it from either the sheep or the goats. You shall keep it until the fourteenth day of this month, and then, with the whole assembly of Israel present, it shall be slaughtered during the evening twilight. They shall take some of its blood and apply it to the two doorposts and the lintel of every house in which they partake of the lamb. That same night they shall eat its roasted flesh with unleavened bread and bitter herbs.

"This is how you are to eat it: with your loins girt, sandals on your feet and your staff in hand, you shall eat like those who are in flight. It is the Passover of the LORD. For on this same night I will go through Egypt, striking down every firstborn of the land, both man and beast, and executing judgment on all the gods of Egypt—I, the LORD! But the blood will mark the houses where you are. Seeing the blood, I will pass over you; thus, when I strike the land of Egypt, no destructive blow will come upon you.

"This day shall be a memorial feast for you, which all your generations shall celebrate with pilgrimage to the LORD, as a perpetual institution."

The word of the Lord. All: **Thanks be to God.**

SALMO RESPONSORIAL

Del salmo 115 (La música se puede encontrar en p. 264)

℟ **El cáliz que bendecimos es la comunión de la sangre de Cristo.**

¿Cómo pagaré al Señor
todo el bien que me ha hecho?
Alzaré la copa de la salvación,
invocando su nombre. ℟

Mucho le cuesta al Señor
la muerte de sus fieles.
Señor, yo soy tu siervo,
hijo de tu esclava
rompiste mis cadenas. ℟

Te ofreceré un sacrificio de alabanza,
invocando tu nombre, Señor.
Cumpliré al Señor mis votos,
en presencia de todo el pueblo. ℟

SEGUNDA LECTURA

Cada vez que ustedes comen de este pan y beben de este cáliz, proclaman la muerte del Señor.

Lectura de la primera carta del apóstol san Pablo a los corintios
11, 23-26

Hermanos: Yo recibí del Señor lo mismo que les he trasmitido: que el Señor Jesús, la noche en que iba a ser entregado, tomó pan en sus manos, y pronunciando la acción de gracias, lo partió y dijo: "Esto es mi cuerpo, que se entrega por ustedes. Hagan esto en memoria mía".

Lo mismo hizo con el cáliz después de cenar, diciendo: "Este cáliz es la nueva alianza que se sella con mi sangre. Hagan esto en memoria mía siempre que beban de él".

Por eso, cada vez que ustedes comen de este pan y beben de este cáliz, proclaman la muerte del Señor, hasta que vuelva.

Palabra de Dios. Todos: **Te alabamos, Señor.**

ACLAMACIÓN ANTES DEL EVANGELIO

Jn 13, 34

℣ Honor y gloria a ti, Señor Jesús.
℟ **Honor y gloria a ti, Señor Jesús.**
℣ Les doy un mandamiento nuevo, dice el Señor,
que se amen los unos a los otros, como yo los he amado.
℟ **Honor y gloria a ti, Señor Jesús.**

RESPONSORIAL PSALM

Psalm 116:12-13, 15-16bc, 17-18 (Music setting can be found on p. 264)

℟ (*see* 1 Cor 10:16) **Our blessing-cup is a communion with the Blood of Christ.**

How shall I make a return to the LORD
    for all the good he has done for me?
The cup of salvation I will take up,
    and I will call upon the name of the LORD. ℟

Precious in the eyes of the LORD
    is the death of his faithful ones.
I am your servant, the son of your handmaid;
    you have loosed my bonds. ℟

To you will I offer sacrifice of thanksgiving,
    and I will call upon the name of the LORD.
My vows to the LORD I will pay
    in the presence of all his people. ℟

SECOND READING

For as often as you eat this bread and drink the cup, you proclaim the death of the Lord.

A reading from the first Letter of Saint Paul to the Corinthians
11:23-26

Brothers and sisters: I received from the Lord what I also handed on to you, that the Lord Jesus, on the night he was handed over, took bread, and, after he had given thanks, broke it and said, "This is my body that is for you. Do this in remembrance of me." In the same way also the cup, after supper, saying, "This cup is the new covenant in my blood. Do this, as often as you drink it, in remembrance of me." For as often as you eat this bread and drink the cup, you proclaim the death of the Lord until he comes.

The word of the Lord. All: **Thanks be to God.**

GOSPEL ACCLAMATION

John 13:34

℣   Praise to you, Lord Jesus Christ, king of endless glory!
℟   **Praise to you, Lord Jesus Christ, king of endless glory!**
℣   I give you a new commandment, says the Lord:
    love one another as I have loved you.
℟   **Praise to you, Lord Jesus Christ, king of endless glory!**

EVANGELIO

Los amó hasta el extremo.

✠ Lectura del santo Evangelio según san Juan
13, 1-15

Antes de la fiesta de la Pascua, sabiendo Jesús que había llegado la hora de pasar de este mundo al Padre y habiendo amado a los suyos, que estaban en el mundo, los amó hasta el extremo.

En el transcurso de la cena, cuando ya el diablo había puesto en el corazón de Judas Iscariote, hijo de Simón, la idea de entregarlo, Jesús, consciente de que el Padre había puesto en sus manos todas las cosas y sabiendo que había salido de Dios y a Dios volvía, se levantó de la mesa, se quitó el manto y tomando una toalla, se la ciñó; luego echó agua en una jofaina y se puso a lavarles los pies a los discípulos y a secárselos con la toalla que se había ceñido.

Cuando llegó a Simón Pedro, éste le dijo: "Señor, ¿me vas a lavar tú a mí los pies?" Jesús le replicó: "Lo que estoy haciendo tú no lo entiendes ahora, pero lo comprenderás más tarde". Pedro le dijo: "Tú no me lavarás los pies jamás". Jesús le contestó: "Si no te lavo, no tendrás parte conmigo". Entonces le dijo Simón Pedro: "En ese caso, Señor, no sólo los pies, sino también las manos y la cabeza". Jesús le dijo: "El que se ha bañado no necesita lavarse más que los pies, porque todo él está limpio. Y ustedes están limpios, aunque no todos". Como sabía quién lo iba a entregar, por eso dijo: 'No todos están limpios'.

Cuando acabó de lavarles los pies, se puso otra vez el manto, volvió a la mesa y les dijo: "¿Comprenden lo que acabo de hacer con ustedes? Ustedes me llaman Maestro y Señor, y dicen bien, porque lo soy. Pues si yo, que soy el Maestro y el Señor, les he lavado los pies, también ustedes deben lavarse los pies los unos a los otros. Les he dado ejemplo, para que lo que yo he hecho con ustedes, también ustedes lo hagan".

Palabra del Señor. Todos: **Gloria a ti, Señor Jesús.**

La Eucaristía es el Sacramento del amor fraterno. A partir de ella debemos alcanzar el espíritu de servicio amoroso hacia el prójimo. Si fracasamos en ello haremos fracasar a Cristo —quien nos dio el ejemplo en la última cena al lavar los pies de sus discípulos.

LAVATORIO DE LOS PIES

Después de la homilía, donde lo aconseje el bien pastoral, se lleva a cabo el lavatorio de los pies.

Mientras tanto, se canta antífonas o algún canto apropiado.

GOSPEL
Jesus loved them to the end.

✠ A reading from the holy Gospel according to John
13:1-15

Before the feast of Passover, Jesus knew that his hour had come to pass from this world to the Father. He loved his own in the world and he loved them to the end. The devil had already induced Judas, son of Simon the Iscariot, to hand him over. So, during supper, fully aware that the Father had put everything into his power and that he had come from God and was returning to God, he rose from supper and took off his outer garments. He took a towel and tied it around his waist. Then he poured water into a basin and began to wash the disciples' feet and dry them with the towel around his waist. He came to Simon Peter, who said to him, "Master, are you going to wash my feet?" Jesus answered and said to him, "What I am doing, you do not understand now, but you will understand later." Peter said to him, "You will never wash my feet." Jesus answered him, "Unless I wash you, you will have no inheritance with me." Simon Peter said to him, "Master, then not only my feet, but my hands and head as well." Jesus said to him, "Whoever has bathed has no need except to have his feet washed, for he is clean all over; so you are clean, but not all." For he knew who would betray him; for this reason, he said, "Not all of you are clean."

So when he had washed their feet and put his garments back on and reclined at table again, he said to them, "Do you realize what I have done for you? You call me 'teacher' and 'master,' and rightly so, for indeed I am. If I, therefore, the master and teacher, have washed your feet, you ought to wash one another's feet. I have given you a model to follow, so that as I have done for you, you should also do."

The Gospel of the Lord. All: **Praise to you, Lord Jesus Christ.**

THE WASHING OF FEET
Antiphons or other appropriate songs are sung.

PRAYER OVER THE OFFERINGS
Grant us, O Lord, we pray,
that we may participate worthily in these mysteries,
for whenever the memorial of this sacrifice is celebrated
the work of our redemption is accomplished.
Through Christ our Lord. All: **Amen.**

ORACIÓN SOBRE LAS OFRENDAS
Concédenos, Señor,
participar dignamente en esta Eucaristía,
porque cada vez que celebramos
el memorial de la muerte de tu Hijo,
se realiza la obra de nuestra redención.
Por Jesucristo, nuestro Señor. Todos: **Amén.**

ANTÍFONA DE LA COMUNIÓN   1 Cor 11, 24-25
Éste es mi Cuerpo, que se da por ustedes. Este cáliz es la nueva alianza establecida por mi Sangre; cuantas veces lo beban, háganlo en memoria mía, dice el Señor.

Después de distribuir la comunión, se deja sobre el altar un copón con hostias para la comunión del día siguiente, y se termina la misa con esta oración:

ORACIÓN DESPUÉS DE LA COMUNIÓN
Señor,
tú que nos permites disfrutar en esta vida
de la Cena instituida por tu Hijo,
concédenos participar también
del banquete celestial en tu Reino.
Por Jesucristo, nuestro Señor. Todos: **Amén.**

TRASLACIÓN DEL SANTÍSIMO SACRAMENTO
Se forma entonces la procesión para llevar al Santísimo Sacramento a través del templo, hasta el sitio donde se le va a guardar. Va adelante un acólito con la cruz alta; otros acólitos acompañan al Santísimo Sacramento con ciriales e incienso. El lugar de depósito debe estar preparado en alguna capilla convenientemente adornada. Durante la procesión, se canta el himno **Pange lingua** (excepto las dos últimas estrofas) o algún otro canto eucarístico.

Exhórtese a los fieles, según las circunstancias y costumbres del lugar, a dedicar alguna parte de su tiempo, en la noche, a la adoración delante del Santísimo Sacramento. Esta adoración, después de la media noche, hágase sin solemnidad.

COMMUNION ANTIPHON 1 Corinthians 11:24-25

**This is the Body that will be given up for you;
this is the Chalice of the new covenant in my Blood,
says the Lord;
do this, whenever you receive it, in memory of me.**

After the distribution of Communion, the ciborium with bread for Good Friday is left on the altar, and Mass concludes with the Prayer after Communion.

PRAYER AFTER COMMUNION
Grant, almighty God,
that, just as we are renewed
by the Supper of your Son in this present age,
so we may enjoy his banquet for all eternity.
Who lives and reigns for ever and ever. All: **Amen.**

TRANSFER OF THE HOLY EUCHARIST
The Blessed Sacrament is carried through the church in procession, led by a cross-bearer and accompanied by candles and incense, to the place of reposition prepared in a chapel suitably decorated for the occasion. During the procession the hymn Sing, My Tongue (exclusive of the last two stanzas) or some other eucharistic song is sung.

The faithful should be encouraged to continue adoration before the Blessed Sacrament for a suitable period of time during the night, according to local circumstances, but there should be no solemn adoration after midnight.

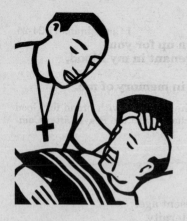

Viernes Santo

(Rojo)

CELEBRACIÓN DE LA PASIÓN DEL SEÑOR

El día de hoy y el de mañana, por una antiquísima tradición, la Iglesia omite por completo la celebración del sacrificio eucarístico.

El sacerdote y el diácono, revestidos de color rojo como para la misa, se dirigen al altar, y hecha la debida reverencia, se postran rostro en tierra o, si se juzga mejor, se arrodillan, y todos oran en silencio durante algún espacio de tiempo.

Después el sacerdote, con los ministros, se dirige a la sede, donde, vuelto hacia el pueblo, con las manos juntas, dice una de las siguientes oraciones:

ORACIÓN   (No se dice "Oremos")

Padre nuestro misericordioso,
santifica y protege siempre a esta familia tuya,
por cuya salvación
derramó su Sangre y resucitó glorioso
Jesucristo, tu Hijo.
El cual vive y reina por los siglos de los siglos. Todos: **Amén.**

O bien:

Tú que con la Pasión de Cristo,
Hijo tuyo y Señor nuestro,
nos libraste de la muerte, que heredamos todos
a consecuencia del primer pecado,
concédenos, Señor,
a cuantos por nacimiento somos pecadores,
asemejarnos plenamente, por tu gracia, a Jesucristo,
que vive y reina contigo por los siglos de los siglos. Todos: **Amén.**

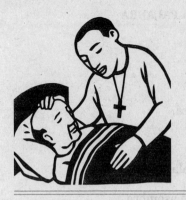

Friday of the Passion of the Lord
(Good Friday)

(Red)

CELEBRATION OF THE LORD'S PASSION

According to the Church's ancient tradition, the sacraments are not celebrated today or tomorrow, except for Penance and the Anointing of the Sick.

The Priest and Deacon, wearing red Mass vestments, go to the altar. There they make a reverence and prostrate themselves, or they may kneel. All pray silently for a while.

Then the Priest goes to the chair with the ministers. He faces the people and, with hands joined, says one of the following prayers.

PRAYER (**Let us pray** is not said)
Remember your mercies, O Lord,
and with your eternal protection sanctify your servants,
for whom Christ your Son,
by the shedding of his Blood,
established the Paschal Mystery.
Who lives and reigns for ever and ever. All: **Amen.**

Or:

O God, who by the Passion of Christ your Son, our Lord,
abolished the death inherited from ancient sin
by every succeeding generation,
grant that just as, being conformed to him,
we have borne by the law of nature
the image of the man of earth,
so by the sanctification of grace
we may bear the image of the Man of heaven.
Through Christ our Lord. All: **Amen.**

PRIMERA PARTE: LITURGIA DE LA PALABRA

PRIMERA LECTURA
Él fue traspasado por nuestros crímenes.

Lectura del libro del profeta Isaías
52, 13-53, 12

He aquí que mi siervo prosperará,
será engrandecido y exaltado,
será puesto en alto.
Muchos se horrorizaron al verlo,
porque estaba desfigurado su semblante,
que no tenía ya aspecto de hombre;
pero muchos pueblos se llenaron de asombro.
Ante él los reyes cerrarán la boca,
porque verán lo que nunca se les había contado
y comprenderán lo que nunca se habían imaginado.

¿Quién habrá de creer lo que hemos anunciado?
¿A quién se le revelará el poder del Señor?
Creció en su presencia como planta débil,
como una raíz en el desierto.
No tenía gracia ni belleza.
No vimos en él ningún aspecto atrayente;
despreciado y rechazado por los hombres,
varón de dolores, habituado al sufrimiento;
como uno del cual se aparta la mirada,
despreciado y desestimado.

El soportó nuestros sufrimientos
y aguantó nuestros dolores;
nosotros lo tuvimos por leproso,
herido por Dios y humillado,
traspasado por nuestras rebeliones,
triturado por nuestros crímenes.
El soportó el castigo que nos trae la paz.
Por sus llagas hemos sido curados.

Todos andábamos errantes como ovejas,
cada uno siguiendo su camino,
y el Señor cargó sobre él todos nuestros crímenes.
Cuando lo maltrataban, se humillaba y no abría la boca,
como un cordero llevado a degollar;
como oveja ante el esquilador,
enmudecía y no abría la boca.

Inicuamente y contra toda justicia se lo llevaron.
¿Quién se preocupó de su suerte?

FIRST PART: LITURGY OF THE WORD

FIRST READING
He himself was wounded for our sins.
(Fourth oracle of the Servant of the Lord.)

A reading from the Book of the Prophet Isaiah
52:13–53:12

See, my servant shall prosper,
    he shall be raised high and greatly exalted.
Even as many were amazed at him—
    so marred was his look beyond human semblance
    and his appearance beyond that of the sons of man—
so shall he startle many nations,
    because of him kings shall stand speechless;
for those who have not been told shall see,
    those who have not heard shall ponder it.

Who would believe what we have heard?
    To whom has the arm of the LORD been revealed?
He grew up like a sapling before him,
    like a shoot from the parched earth;
there was in him no stately bearing to make us look at him,
    nor appearance that would attract us to him.
He was spurned and avoided by people,
    a man of suffering, accustomed to infirmity,
one of those from whom people hide their faces,
    spurned, and we held him in no esteem.

Yet it was our infirmities that he bore,
    our sufferings that he endured,
while we thought of him as stricken,
    as one smitten by God and afflicted.
But he was pierced for our offenses,
    crushed for our sins;
upon him was the chastisement that makes us whole,
    by his stripes we were healed.
We had all gone astray like sheep,
    each following his own way;
but the LORD laid upon him
    the guilt of us all.

Though he was harshly treated, he submitted
    and opened not his mouth;
like a lamb led to the slaughter
    or a sheep before the shearers,
    he was silent and opened not his mouth.
Oppressed and condemned, he was taken away,
    and who would have thought any more of his destiny?

Lo arrancaron de la tierra de los vivos,
lo hirieron de muerte por los pecados de mi pueblo,
le dieron sepultura con los malhechores a la hora de su muerte,
aunque no había cometido crímenes, ni hubo engaño en su boca.

El Señor quiso triturarlo con el sufrimiento.
Cuando entregue su vida como expiación,
verá a sus descendientes, prolongará sus años
y por medio de él prosperarán los designios del Señor.
Por las fatigas de su alma, verá la luz y se saciará;
con sus sufrimientos justificará mi siervo a muchos,
cargando con los crímenes de ellos.

Por eso le daré una parte entre los grandes,
y con los fuertes repartirá despojos,
ya que indefenso se entregó a la muerte
y fue contado entre los malhechores,
cuando tomó sobre sí las culpas de todos
e intercedió por los pecadores.

Palabra de Dios. Todos: **Te alabamos, Señor.**

SALMO RESPONSORIAL
Del salmo 30 (La música se puede encontrar en p. 265)

℟   **Padre, a tus manos encomiendo mi espíritu.**

A ti, Señor, me acojo,
no quede yo nunca defraudado;
tú que eres justo, ponme a salvo.
A tus manos encomiendo mi espíritu:
tú, el Dios leal, me librarás. ℟

Soy la burla de todos mis enemigos,
la irrisión de mis vecinos,
el espanto de mis conocidos;
me ven por la calle y escapan de mí.
Me han olvidado como a un muerto,
me han desechado como a un cacharro inútil. ℟

Pero yo confío en ti, Señor.
te digo: "Tú eres mi Dios".
En tu mano están mis azares;
líbrame de los enemigos que me persiguen. ℟

When he was cut off from the land of the living,
　　and smitten for the sin of his people,
a grave was assigned him among the wicked
　　and a burial place with evildoers,
though he had done no wrong
　　nor spoken any falsehood.
But the LORD was pleased
　　to crush him in infirmity.

If he gives his life as an offering for sin,
　　he shall see his descendants in a long life,
　　and the will of the LORD shall be accomplished through him.

Because of his affliction
　　he shall see the light
　　　　in fullness of days;
through his suffering, my servant shall justify many,
　　and their guilt he shall bear.
Therefore I will give him his portion among the great,
　　and he shall divide the spoils with the mighty,
because he surrendered himself to death
　　and was counted among the wicked;
and he shall take away the sins of many,
　　and win pardon for their offenses.

The word of the Lord. All: **Thanks be to God.**

RESPONSORIAL PSALM
Psalm 31:2, 6, 12-13, 15-16, 17, 25 (Music setting can be found on p. 265)

℞ (Luke 23:46) **Father, into your hands I commend my spirit.**

In you, O LORD, I take refuge;
　　let me never be put to shame.
In your justice rescue me.
Into your hands I commend my spirit;
　　you will redeem me, O LORD, O faithful God. ℞

For all my foes I am an object of reproach,
　　a laughingstock to my neighbors, and a dread to my friends;
　　they who see me abroad flee from me.
I am forgotten like the unremembered dead;
　　I am like a dish that is broken. ℞

But my trust is in you, O LORD;
　　I say, "You are my God.
In your hands is my destiny; rescue me
　　from the clutches of my enemies and my persecutors." ℞

Has brillar tu rostro sobre tu siervo,
sálvame por tu misericordia.
Sean fuertes y valientes de corazón,
los que esperan en el Señor. ℟

SEGUNDA LECTURA

Aprendió a obedecer y se convirtió en la causa de la salvación eterna para todos los que lo obedecen.

Lectura de la carta a los hebreos
4, 14-16; 5, 7-9

Hermanos: Jesús, el Hijo de Dios, es nuestro sumo sacerdote, que ha entrado en el cielo. Mantengamos firme la profesión de nuestra fe. En efecto, no tenemos un sumo sacerdote que no sea capaz de compadecerse de nuestros sufrimientos, puesto que él mismo ha pasado por las mismas pruebas que nosotros, excepto el pecado. Acerquémonos, por tanto, con plena confianza al trono de la gracia, para recibir misericordia, hallar la gracia y obtener ayuda en el momento oportuno.

Precisamente por eso, Cristo, durante su vida mortal, ofreció oraciones y súplicas, con fuertes voces y lágrimas, a aquel que podía librarlo de la muerte, y fue escuchado por su piedad. A pesar de que era el Hijo, aprendió a obedecer padeciendo, y llegado a su perfección, se convirtió en la causa de la salvación eterna para todos los que lo obedecen.

Palabra de Dios. Todos: **Te alabamos, Señor.**

ACLAMACIÓN ANTES DEL EVANGELIO
Flp 2, 8-9

℣   Honor y gloria a ti, Señor Jesús.
℟   **Honor y gloria a ti, Señor Jesús.**
℣   Cristo se humilló por nosotros
    y por obediencia aceptó incluso la muerte
    y una muerte de cruz.
    Por eso Dios lo exaltó sobre todas las cosas
    y le otorgó el nombre que está sobre todo nombre.
℟   **Honor y gloria a ti, Señor Jesús.**

Let your face shine upon your servant;
> save me in your kindness.
Take courage and be stouthearted,
> all you who hope in the LORD. ℟

SECOND READING
Jesus learned obedience and became the source of salvation for all who obey him.

A reading from the Letter to the Hebrews
4:14-16; 5:7-9

Brothers and sisters: Since we have a great high priest who has passed through the heavens, Jesus, the Son of God, let us hold fast to our confession. For we do not have a high priest who is unable to sympathize with our weaknesses, but one who has similarly been tested in every way, yet without sin. So let us confidently approach the throne of grace to receive mercy and to find grace for timely help.

In the days when Christ was in the flesh, he offered prayers and supplications with loud cries and tears to the one who was able to save him from death, and he was heard because of his reverence. Son though he was, he learned obedience from what he suffered; and when he was made perfect, he became the source of eternal salvation for all who obey him.

The word of the Lord. All: **Thanks be to God.**

GOSPEL ACCLAMATION
Philippians 2:8-9

℣ Praise to you, Lord Jesus Christ, king of endless glory!
℟ **Praise to you, Lord Jesus Christ, king of endless glory!**
℣ Christ became obedient to the point of death,
> even death on a cross.
> Because of this, God greatly exalted him
> and bestowed on him the name which is above every other
> name.
℟ **Praise to you, Lord Jesus Christ, king of endless glory!**

EVANGELIO
Pasión de nuestro Señor Jesucristo

✠ Pasión de nuestro Señor Jesucristo según san Juan
18, 1–19, 42

En aquel tiempo, Jesús fue con sus discípulos al otro lado del torrente Cedrón, donde había un huerto, y entraron allí él y sus discípulos. Judas, el traidor, conocía también el sitio, porque Jesús se reunía a menudo allí con sus discípulos.

Entonces Judas tomó un batallón de soldados y guardias de los sumos sacerdotes y de los fariseos y entró en el huerto con linternas, antorchas y armas.

Jesús, sabiendo todo lo que iba a suceder, se adelantó y les dijo: "¿A quién buscan?" Le contestaron: "A Jesús, el nazareno". Les dijo Jesús: "Yo soy". Estaba también con ellos Judas, el traidor. Al decirles 'Yo soy', retrocedieron y cayeron a tierra. Jesús les volvió a preguntar: "¿A quién buscan?" Ellos dijeron: "A Jesús, el nazareno". Jesús contestó: "Les he dicho que soy yo. Si me buscan a mí, dejen que éstos se vayan". Así se cumplió lo que Jesús había dicho: 'No he perdido a ninguno de los que me diste'.

Entonces Simón Pedro, que llevaba una espada, la sacó e hirió a un criado del sumo sacerdote y le cortó la oreja derecha. Este criado se llamaba Malco. Dijo entonces Jesús a Pedro: "Mete la espada en la vaina. ¿No voy a beber el cáliz que me ha dado mi Padre?"

El batallón, su comandante y los criados de los judíos apresaron a Jesús, lo ataron y lo llevaron primero ante Anás, porque era suegro de Caifás, sumo sacerdote aquel año. Caifás era el que había dado a los judíos este consejo: 'Conviene que muera un solo hombre por el pueblo'.

Simón Pedro y otro discípulo iban siguiendo a Jesús. Este discípulo era conocido del sumo sacerdote y entró con Jesús en el palacio del sumo sacerdote, mientras Pedro se quedaba fuera, junto a la puerta. Salió el otro discípulo, el conocido del sumo sacerdote, habló con la portera e hizo entrar a Pedro. La portera dijo entonces a Pedro: "¿No eres tú también uno de los discípulos de ese hombre?" El dijo: "No lo soy". Los criados y los guardias habían encendido un brasero, porque hacía frío, y se calentaban. También Pedro estaba con ellos de pie, calentándose.

El sumo sacerdote interrogó a Jesús acerca de sus discípulos y de su doctrina. Jesús le contestó: "Yo he hablado abiertamente al mundo y he enseñado continuamente en la sinagoga y en el templo, donde se reúnen todos los judíos, y no he dicho nada a escondidas. ¿Por qué me interrogas a mí? Interroga a los que me han oído, sobre lo que les he hablado. Ellos saben lo que he dicho".

Apenas dijo esto, uno de los guardias le dio una bofetada a Jesús, diciéndole: "¿Así contestas al sumo sacerdote?" Jesús le

GOSPEL
The Passion of our Lord Jesus Christ.

✠ The Passion of our Lord Jesus Christ according to John
18:1–19:42

Jesus went out with his disciples across the Kidron valley to where there was a garden, into which he and his disciples entered. Judas his betrayer also knew the place, because Jesus had often met there with his disciples. So Judas got a band of soldiers and guards from the chief priests and the Pharisees and went there with lanterns, torches, and weapons. Jesus, knowing everything that was going to happen to him, went out and said to them, "Whom are you looking for?" They answered him, "Jesus the Nazorean." He said to them, "I AM." Judas his betrayer was also with them. When he said to them, "I AM," they turned away and fell to the ground. So he again asked them, "Whom are you looking for?" They said, "Jesus the Nazorean." Jesus answered, "I told you that I AM. So if you are looking for me, let these men go." This was to fulfill what he had said, "I have not lost any of those you gave me." Then Simon Peter, who had a sword, drew it, struck the high priest's slave, and cut off his right ear. The slave's name was Malchus. Jesus said to Peter, "Put your sword into its scabbard. Shall I not drink the cup that the Father gave me?"

So the band of soldiers, the tribune, and the Jewish guards seized Jesus, bound him, and brought him to Annas first. He was the father-in-law of Caiaphas, who was high priest that year. It was Caiaphas who had counseled the Jews that it was better that one man should die rather than the people.

Simon Peter and another disciple followed Jesus. Now the other disciple was known to the high priest, and he entered the courtyard of the high priest with Jesus. But Peter stood at the gate outside. So the other disciple, the acquaintance of the high priest, went out and spoke to the gatekeeper and brought Peter in. Then the maid who was the gatekeeper said to Peter, "You are not one of this man's disciples, are you?" He said, "I am not." Now the slaves and the guards were standing around a charcoal fire that they had made, because it was cold, and were warming themselves. Peter was also standing there keeping warm.

The high priest questioned Jesus about his disciples and about his doctrine. Jesus answered him, "I have spoken publicly to the world. I have always taught in a synagogue or in the temple area where all the Jews gather, and in secret I have said nothing. Why ask me? Ask those who heard me what I said to them. They know what I said." When he had said this, one of the temple guards standing there struck Jesus and said, "Is this the way you answer the high priest?" Jesus answered him, "If I

respondió: "Si he faltado al hablar, demuestra en qué he faltado; pero si he hablado como se debe, ¿por qué me pegas?" Entonces Anás lo envió atado a Caifás, el sumo sacerdote.

Simón Pedro estaba de pie, calentándose, y le dijeron: "¿No eres tú también uno de sus discípulos?" El lo negó diciendo: "No lo soy". Uno de los criados del sumo sacerdote, pariente de aquel a quien Pedro le había cortado la oreja, le dijo: "¿Qué no te vi yo con él en el huerto?" Pedro volvió a negarlo y en seguida cantó un gallo.

Llevaron a Jesús de casa de Caifás al pretorio. Era muy de mañana y ellos no entraron en el palacio para no incurrir en impureza y poder así comer la cena de Pascua.

Salió entonces Pilato a donde estaban ellos y les dijo: "¿De qué acusan a este hombre?" Le contestaron: "Si éste no fuera un malhechor, no te lo hubiéramos traído". Pilato les dijo: "Pues llévenselo y júzguenlo según su ley". Los judíos le respondieron: "No estamos autorizados para dar muerte a nadie". Así se cumplió lo que había dicho Jesús, indicando de qué muerte iba a morir.

Entró otra vez Pilato en el pretorio, llamó a Jesús y le dijo: "¿Eres tú el rey de los judíos?" Jesús le contestó: "¿Eso lo preguntas por tu cuenta o te lo han dicho otros?" Pilato le respondió: "¿Acaso soy yo judío? Tu pueblo y los sumos sacerdotes te han entregado a mí. ¿Qué es lo que has hecho?" Jesús le contestó: "Mi Reino no es de este mundo. Si mi Reino fuera de este mundo, mis servidores habrían luchado para que no cayera yo en manos de los judíos. Pero mi Reino no es de aquí". Pilato le dijo: "¿Conque tú eres rey?" Jesús le contestó: "Tú lo has dicho. Soy rey. Yo nací y vine al mundo para ser testigo de la verdad. Todo el que es de la verdad, escucha mi voz". Pilato le dijo: "¿Y qué es la verdad?"

Dicho esto, salió otra vez a donde estaban los judíos y les dijo: "No encuentro en él ninguna culpa. Entre ustedes es costumbre que por Pascua ponga en libertad a un preso. ¿Quieren que les suelte al rey de los judíos?" Pero todos ellos gritaron: "¡No, a ése no! ¡A Barrabás!" (El tal Barrabás era un bandido).

Entonces Pilato tomó a Jesús y lo mandó azotar. Los soldados trenzaron una corona de espinas, se la pusieron en la cabeza, le echaron encima un manto color púrpura, y acercándose a él, le decían: "¡Viva el rey de los judíos!", y le daban de bofetadas.

Pilato salió otra vez afuera y les dijo: "Aquí lo traigo para que sepan que no encuentro en él ninguna culpa". Salió, pues, Jesús, llevando la corona de espinas y el manto color púrpura. Pilato les dijo: "Aquí está el hombre". Cuando lo vieron los sumos sacerdotes y sus servidores, gritaron: "¡Crucifícalo, crucifícalo!" Pilato les dijo: "Llévenselo ustedes y crucifíquenlo, porque yo no encuentro culpa en él". Los judíos le contestaron: "Nosotros tenemos una ley y según esa ley tiene que morir, porque se ha declarado Hijo de Dios".

have spoken wrongly, testify to the wrong; but if I have spoken rightly, why do you strike me?" Then Annas sent him bound to Caiaphas the high priest.

Now Simon Peter was standing there keeping warm. And they said to him, "You are not one of his disciples, are you?" He denied it and said, "I am not." One of the slaves of the high priest, a relative of the one whose ear Peter had cut off, said, "Didn't I see you in the garden with him?" Again Peter denied it. And immediately the cock crowed.

Then they brought Jesus from Caiaphas to the praetorium. It was morning. And they themselves did not enter the praetorium, in order not to be defiled so that they could eat the Passover. So Pilate came out to them and said, "What charge do you bring against this man?" They answered and said to him, "If he were not a criminal, we would not have handed him over to you." At this, Pilate said to them, "Take him yourselves, and judge him according to your law." The Jews answered him, "We do not have the right to execute anyone," in order that the word of Jesus might be fulfilled that he said indicating the kind of death he would die. So Pilate went back into the praetorium and summoned Jesus and said to him, "Are you the King of the Jews?" Jesus answered, "Do you say this on your own or have others told you about me?" Pilate answered, "I am not a Jew, am I? Your own nation and the chief priests handed you over to me. What have you done?" Jesus answered, "My kingdom does not belong to this world. If my kingdom did belong to this world, my attendants would be fighting to keep me from being handed over to the Jews. But as it is, my kingdom is not here." So Pilate said to him, "Then you are a king?" Jesus answered, "You say I am a king. For this I was born and for this I came into the world, to testify to the truth. Everyone who belongs to the truth listens to my voice." Pilate said to him, "What is truth?"

When he had said this, he again went out to the Jews and said to them, "I find no guilt in him. But you have a custom that I release one prisoner to you at Passover. Do you want me to release to you the King of the Jews?" They cried out again, "Not this one but Barabbas!" Now Barabbas was a revolutionary.

Then Pilate took Jesus and had him scourged. And the soldiers wove a crown out of thorns and placed it on his head, and clothed him in a purple cloak, and they came to him and said, "Hail, King of the Jews!" And they struck him repeatedly. Once more Pilate went out and said to them, "Look, I am bringing him out to you, so that you may know that I find no guilt in him." So Jesus came out, wearing the crown of thorns and the purple cloak. And he said to them, "Behold, the man!" When the chief priests and the guards saw him they cried out, "Crucify him, crucify him!" Pilate said to them, "Take him yourselves and crucify him. I find no guilt in him." The Jews answered, "We have a law, and accord-

Cuando Pilato oyó estas palabras, se asustó aún más, y entrando otra vez en el pretorio, dijo a Jesús: "¿De dónde eres tú?" Pero Jesús no le respondió. Pilato le dijo entonces: "¿A mí no me hablas? ¿No sabes que tengo autoridad para soltarte y autoridad para crucificarte?" Jesús le contestó: "No tendrías ninguna autoridad sobre mí, si no te la hubieran dado de lo alto. Por eso, el que me ha entregado a ti tiene un pecado mayor".

Desde ese momento Pilato trataba de soltarlo, pero los judíos gritaban: "¡Si sueltas a ése, no eres amigo del César!; porque todo el que pretende ser rey, es enemigo del César". Al oír estas palabras, Pilato sacó a Jesús y lo sentó en el tribunal, en el sitio que llaman "el Enlosado" (en hebreo Gábbata). Era el día de la preparación de la Pascua, hacia el mediodía. Y dijo Pilato a los judíos: "Aquí tienen a su rey". Ellos gritaron: "¡Fuera, fuera! ¡Crucifícalo!" Pilato les dijo: "¿A su rey voy a crucificar?" Contestaron los sumos sacerdotes: "No tenemos más rey que el César". Entonces se lo entregó para que lo crucificaran.

Tomaron a Jesús y él, cargando con la cruz, se dirigió hacia el sitio llamado "la Calavera" (que en hebreo se dice Gólgota), donde lo crucificaron, y con él a otros dos, uno de cada lado, y en medio Jesús. Pilato mandó escribir un letrero y ponerlo encima de la cruz; en él estaba escrito: 'Jesús el nazareno, el rey de los judíos'. Leyeron el letrero muchos judíos, porque estaba cerca el lugar donde crucificaron a Jesús y estaba escrito en hebreo, latín y griego. Entonces los sumos sacerdotes de los judíos le dijeron a Pilato: "No escribas: 'El rey de los judíos', sino: 'Este ha dicho: soy rey de los judíos' ". Pilato les contestó: "Lo escrito, escrito está".

Cuando crucificaron a Jesús, los soldados cogieron su ropa e hicieron cuatro partes, una para cada soldado, y apartaron la túnica. Era una túnica sin costura, tejida toda de una pieza de arriba abajo. Por eso se dijeron: "No la rasguemos, sino echemos suertes para ver a quién le toca". Así se cumplió lo que dice la Escritura: *Se repartieron mi ropa y echaron a suerte mi túnica.* Y eso hicieron los soldados.

Junto a la cruz de Jesús estaban su madre, la hermana de su madre, María la de Cleofás, y María Magdalena. Al ver a su madre y junto a ella al discípulo que tanto quería, Jesús dijo a su madre: "Mujer, ahí está tu hijo". Luego dijo al discípulo: "Ahí está tu madre". Y desde entonces el discípulo se la llevó a vivir con él.

Después de esto, sabiendo Jesús que todo había llegado a su término, para que se cumpliera la Escritura dijo: "Tengo sed". Había allí un jarro lleno de vinagre. Los soldados sujetaron una

ing to that law he ought to die, because he made himself the Son of God." Now when Pilate heard this statement, he became even more afraid, and went back into the praetorium and said to Jesus, "Where are you from?" Jesus did not answer him. So Pilate said to him, "Do you not speak to me? Do you not know that I have power to release you and I have power to crucify you?" Jesus answered him, "You would have no power over me if it had not been given to you from above. For this reason the one who handed me over to you has the greater sin." Consequently, Pilate tried to release him; but the Jews cried out, "If you release him, you are not a Friend of Caesar. Everyone who makes himself a king opposes Caesar."

When Pilate heard these words he brought Jesus out and seated him on the judge's bench in the place called Stone Pavement, in Hebrew, Gabbatha. It was preparation day for Passover, and it was about noon. And he said to the Jews, "Behold, your king!" They cried out, "Take him away, take him away! Crucify him!" Pilate said to them, "Shall I crucify your king?" The chief priests answered, "We have no king but Caesar." Then he handed him over to them to be crucified.

So they took Jesus, and, carrying the cross himself, he went out to what is called the Place of the Skull, in Hebrew, Golgotha. There they crucified him, and with him two others, one on either side, with Jesus in the middle. Pilate also had an inscription written and put on the cross. It read, "Jesus the Nazorean, the King of the Jews." Now many of the Jews read this inscription, because the place where Jesus was crucified was near the city; and it was written in Hebrew, Latin, and Greek. So the chief priests of the Jews said to Pilate, "Do not write 'The King of the Jews,' but that he said, 'I am the King of the Jews.'" Pilate answered, "What I have written, I have written."

When the soldiers had crucified Jesus, they took his clothes and divided them into four shares, a share for each soldier. They also took his tunic, but the tunic was seamless, woven in one piece from the top down. So they said to one another, "Let's not tear it, but cast lots for it to see whose it will be," in order that the passage of Scripture might be fulfilled that says:
> They divided my garments among them,
> and for my vesture they cast lots.

This is what the soldiers did. Standing by the cross of Jesus were his mother and his mother's sister, Mary the wife of Clopas, and Mary of Magdala. When Jesus saw his mother and the disciple there whom he loved he said to his mother, "Woman, behold, your son." Then he said to the disciple, "Behold, your mother." And from that hour the disciple took her into his home.

After this, aware that everything was now finished, in order that the Scripture might be fulfilled, Jesus said, "I thirst." There was a vessel filled with common wine. So they put a sponge

esponja empapada en vinagre a una caña de hisopo y se la acercaron a la boca. Jesús probó el vinagre y dijo: "Todo está cumplido", e inclinando la cabeza, entregó el espíritu.

Aquí se arrodillan todos y se hace una breve pausa.

Entonces, los judíos, como era el día de la preparación de la Pascua, para que los cuerpos de los ajusticiados no se quedaran en la cruz el sábado, porque aquel sábado era un día muy solemne, pidieron a Pilato que les quebraran las piernas y los quitaran de la cruz. Fueron los soldados, le quebraron las piernas a uno y luego al otro de los que habían sido crucificados con él. Pero al llegar a Jesús, viendo que ya había muerto, no le quebraron las piernas, sino que uno de los soldados le traspasó el costado con una lanza e inmediatamente salió sangre y agua.

El que vio da testimonio de esto y su testimonio es verdadero y él sabe que dice la verdad, para que también ustedes crean. Esto sucedió para que se cumpliera lo que dice la Escritura: *No le quebrarán ningún hueso:* y en otro lugar la Escritura dice: *Mirarán al que traspasaron.*

Después de esto, José de Arimatea, que era discípulo de Jesús, pero oculto por miedo a los judíos, pidió a Pilato que lo dejara llevarse el cuerpo de Jesús. Y Pilato lo autorizó. El fue entonces y se llevó el cuerpo.

Llegó también Nicodemo, el que había ido a verlo de noche, y trajo unas cien libras de una mezcla de mirra y áloe.

Tomaron el cuerpo de Jesús y lo envolvieron en lienzos con esos aromas, según se acostumbra enterrar entre los judíos. Había un huerto en el sitio donde lo crucificaron, y en el huerto, un sepulcro nuevo, donde nadie había sido enterrado todavía. Y como para los judíos era el día de la preparación de la Pascua y el sepulcro estaba cerca, allí pusieron a Jesús.

Palabra del Señor. Todos: **Gloria a ti, Señor Jesús.**

ORACIÓN UNIVERSAL

Si así se desea, puede seguirse la invitación tradicional del diácono de arrodillarse después de las oraciones.

I. POR LA SANTA IGLESIA

Oremos, hermanos,
por la santa Iglesia de Dios,
para que el Señor le conceda
la paz y la unidad, la proteja en todo el mundo
y nos conceda una vida serena,
para alabar a Dios Padre todopoderoso.

soaked in wine on a sprig of hyssop and put it up to his mouth. When Jesus had taken the wine, he said, "It is finished." And bowing his head, he handed over the spirit.

Here all kneel and pause for a short time.

Now since it was preparation day, in order that the bodies might not remain on the cross on the sabbath, for the sabbath day of that week was a solemn one, the Jews asked Pilate that their legs be broken and that they be taken down. So the soldiers came and broke the legs of the first and then of the other one who was crucified with Jesus. But when they came to Jesus and saw that he was already dead, they did not break his legs, but one soldier thrust his lance into his side, and immediately blood and water flowed out. An eyewitness has testified, and his testimony is true; he knows that he is speaking the truth, so that you also may come to believe. For this happened so that the Scripture passage might be fulfilled:

Not a bone of it will be broken.

And again another passage says:

They will look upon him whom they have pierced.

After this, Joseph of Arimathea, secretly a disciple of Jesus for fear of the Jews, asked Pilate if he could remove the body of Jesus. And Pilate permitted it. So he came and took his body. Nicodemus, the one who had first come to him at night, also came bringing a mixture of myrrh and aloes weighing about one hundred pounds. They took the body of Jesus and bound it with burial cloths along with the spices, according to the Jewish burial custom. Now in the place where he had been crucified there was a garden, and in the garden a new tomb, in which no one had yet been buried. So they laid Jesus there because of the Jewish preparation day; for the tomb was close by.

The Gospel of the Lord. All: **Praise to you, Lord Jesus Christ.**

THE SOLEMN INTERCESSIONS

If desired, the traditional period of kneeling at each of the prayers (at the invitation of the Deacon) may be continued: Let us kneel—let us stand.

I. FOR HOLY CHURCH

Let us pray, dearly beloved, for the holy Church of God, that our God and Lord be pleased to give her peace, to guard her and to unite her throughout the whole world and grant that, leading our life in tranquility and quiet, we may glorify God the Father almighty.

Se ora un momento en silencio. Luego prosigue el sacerdote:

Dios todopoderoso y eterno,
que en Cristo, revelaste tu gloria
a todas las naciones,
conserva la obra de tu amor,
para que tu Iglesia, extendida por todo el mundo,
persevere con fe inquebrantable
en la confesión de tu nombre.
Por Jesucristo, nuestro Señor. ℟ **Amén.**

II. POR EL PAPA

Oremos también por nuestro santo Padre
el Papa N., para que Dios nuestro Señor,
que lo eligió entre los obispos,
lo asista y proteja para bien de su Iglesia,
como guía y pastor del pueblo santo de Dios.

Se ora un momento en silencio. Luego prosigue el sacerdote:

Dios todopoderoso y eterno,
cuya providencia gobierna todas las cosas,
atiende a nuestras súplicas y protege con tu amor
al Papa que nos has elegido, para que el pueblo cristiano,
confiado por ti a su guía pastoral,
progrese siempre en la fe.
Por Jesucristo, nuestro Señor. Todos: **Amén.**

III. POR EL PUEBLO DE DIOS Y SUS MINISTROS

Oremos también por nuestro obispo N.,
por todos los obispos, presbíteros, diáconos,
por todos los que ejercen
algún ministerio en la Iglesia
y por todo el pueblo de Dios.

Se ora un momento en silencio. Luego prosigue el sacerdote:

Dios todopoderoso y eterno,
que con tu Espíritu santificas
y gobiernas a toda tu Iglesia,
escucha nuestras súplicas y
concédenos tu gracia,
para que todos, según nuestra vocación,
podamos servirte con fidelidad.
Por Jesucristo, nuestro Señor. Todos: **Amén.**

Prayer in silence. Then the Priest sings or says:

Almighty ever-living God,
who in Christ revealed your glory to all the nations,
watch over the works of your mercy,
that your Church, spread throughout all the world,
may persevere with steadfast faith in confessing your name.
Through Christ our Lord. All: **Amen.**

II. FOR THE POPE

Let us pray also for our most Holy Father Pope N.,
that our God and Lord,
who chose him for the Order of Bishops,
may keep him safe and unharmed for the Lord's holy Church,
to govern the holy People of God.

Prayer in silence. Then the Priest sings or says:

Almighty ever-living God,
by whose decree all things are founded,
look with favor on our prayers
and in your kindness protect the Pope chosen for us,
that, under him, the Christian people,
governed by you their maker,
may grow in merit by reason of their faith.
Through Christ our Lord. All: **Amen.**

III. FOR ALL ORDERS AND DEGREES OF THE FAITHFUL

Let us pray also for our Bishop N.,*
for all Bishops, Priests, and Deacons of the Church
and for the whole of the faithful people.

Prayer in silence. Then the Priest sings or says:

Almighty ever-living God,
by whose Spirit the whole body of the Church
is sanctified and governed,
hear our humble prayer for your ministers,
that, by the gift of your grace,
all may serve you faithfully.
Through Christ our Lord. All: **Amen.**

---

* Mention may be made here of the Coadjutor Bishop, or Auxiliary Bishops, as
noted in the *General Instruction of the Roman Missal*, no. 149.

IV. POR LOS CATECÚMENOS

Oremos también por los (nuestros) catecúmenos,
para que Dios nuestro Señor los ilumine interiormente
y les comunique su amor; y para que,
mediante el bautismo,
se les perdonen todos sus pecados
y queden incorporados a Cristo nuestro Señor.

Se ora un momento en silencio. Luego prosigue el sacerdote:

Dios todopoderoso y eterno,
que sin cesar concedes nuevos hijos a tu Iglesia,
aumenta en los (nuestros) catecúmenos
el conocimiento de su fe, para que puedan renacer
por el bautismo a la vida nueva
de tus hijos de adopción.
Por Jesucristo, nuestro Señor. Todos: **Amén.**

V. POR LA UNIDAD DE LOS CRISTIANOS

Oremos también
por todos los hermanos
que creen en Cristo, para que Dios nuestro Señor
les conceda vivir sinceramente lo que profesan y se digne
reunirlos para siempre en un solo rebaño, bajo un solo pastor.

Se ora un momento en silencio. Luego prosigue el sacerdote:

Dios todopoderoso y eterno,
tú que reúnes a los que están dispersos
y los mantienes en la unidad,
mira con amor a todos los cristianos,
a fin de que, cuantos están consagrados por un solo bautismo,
formen una sola familia, unida por el amor
y la integridad de la fe.
Por Jesucristo, nuestro Señor. Todos: **Amén.**

VI. POR LOS JUDÍOS

Oremos también
por el pueblo judío,
al que Dios se dignó hablar por medio de los profetas,
para que el Señor le conceda progresar continuamente
en el amor a su nombre y en la fidelidad a su alianza.

Se ora un momento en silencio. Luego prosigue el sacerdote:

Dios todopoderoso y eterno,
que prometiste llenar de bendiciones
a Abraham y a su descendencia,
escucha las súplicas de tu Iglesia,
y concede al pueblo de la primitiva alianza
alcanzar la plenitud de la redención.
Por Jesucristo, nuestro Señor. Todos: **Amén.**

IV. FOR CATECHUMENS

Let us pray also for (our) catechumens,
that our God and Lord
may open wide the ears of their inmost hearts
and unlock the gates of his mercy,
that, having received forgiveness of all their sins
through the waters of rebirth,
they, too, may be one with Christ Jesus our Lord.

Prayer in silence. Then the Priest sings or says:

Almighty ever-living God,
who make your Church ever fruitful with new offspring,
increase the faith and understanding of (our) catechumens,
that, reborn in the font of Baptism,
they may be added to the number of your adopted children.
Through Christ our Lord. All: **Amen.**

V. FOR THE UNITY OF CHRISTIANS

Let us pray also for all our brothers and sisters who believe in
Christ,
that our God and Lord may be pleased,
as they live the truth,
to gather them together and keep them in his one Church.

Prayer in silence. Then the Priest sings or says:

Almighty ever-living God,
who gather what is scattered
and keep together what you have gathered,
look kindly on the flock of your Son,
that those whom one Baptism has consecrated
may be joined together by integrity of faith
and united in the bond of charity.
Through Christ our Lord. All: **Amen.**

VI. FOR THE JEWISH PEOPLE

Let us pray also for the Jewish people,
to whom the Lord our God spoke first,
that he may grant them to advance in love of his name
and in faithfulness to his covenant.

Prayer in silence. Then the priest sings or says:

Almighty ever-living God,
who bestowed your promises on Abraham and his descendants,
graciously hear the prayers of your Church,
that the people you first made your own
may attain the fullness of redemption.
Through Christ our Lord. All: **Amen.**

VII. POR LOS QUE NO CREEN EN CRISTO

Oremos también
por los que no creen en Cristo,
para que, iluminados por el Espíritu Santo,
puedan encontrar el camino de la salvación.

Se ora un momento en silencio. Luego prosigue el sacerdote:

Dios todopoderoso y eterno,
concede a quienes no creen en Cristo
buscar sinceramente agradarte,
para que encuentren la verdad;
y a nosotros, tus fieles, concédenos
progresar en el amor fraterno
y en el deseo de conocerte más,
para dar al mundo un testimonio creíble de tu amor.
Por Jesucristo, nuestro Señor. Todos: **Amén.**

VIII. POR LOS QUE NO CREEN EN DIOS

Oremos también
por los que no conocen a Dios,
para que obren siempre con bondad y rectitud
y puedan llegar así a conocer a Dios.

Se ora un momento en silencio. Luego prosigue el sacerdote:

Dios todopoderoso y eterno,
que has hecho a los hombres en tal forma
que en todo, aun sin saberlo,
te busquen y sólo al encontrarte
hallen descanso, concédenos que,
en medio de las adversidades
de este mundo, todos reconozcan las señales
de tu amor y, estimulados por el testimonio
de nuestra vida, tengan por fin la alegría de creer en ti,
único Dios verdadero y Padre de todos los hombres.
Por Jesucristo, nuestro Señor. Todos: **Amén.**

IX. POR LOS GOBERNANTES

Oremos también por los jefes de Estado
y todos los responsables de los asuntos públicos,
para que Dios nuestro Señor les inspire decisiones
que promuevan el bien común, en un ambiente de paz y libertad.

VII. FOR THOSE WHO DO NOT BELIEVE IN CHRIST

Let us pray also for those who do not believe in Christ,
that, enlightened by the Holy Spirit,
they, too, may enter on the way of salvation.

Prayer in silence. Then the priest sings or says:

Almighty ever-living God,
grant to those who do not confess Christ
that, by walking before you with a sincere heart,
they may find the truth
and that we ourselves, being constant in mutual love
and striving to understand more fully the mystery of your life,
may be made more perfect witnesses to your love in the world.
Through Christ our Lord. All: **Amen.**

VIII. FOR THOSE WHO DO NOT BELIEVE IN GOD

Let us pray also for those who do not acknowledge God,
that, following what is right in sincerity of heart,
they may find the way to God himself.

Prayer in silence. Then the priest sings or says:

Almighty ever-living God,
who created all people
to seek you always by desiring you
and, by finding you, come to rest,
grant, we pray,
that, despite every harmful obstacle,
all may recognize the signs of your fatherly love
and the witness of the good works
done by those who believe in you,
and so in gladness confess you,
the one true God and Father of our human race.
Through Christ our Lord. All: **Amen.**

IX. FOR ALL IN PUBLIC OFFICE

Let us pray also for those in public office,
that our God and Lord
may direct their minds and hearts according to his will
for the true peace and freedom of all.

Se ora un momento en silencio. Luego prosigue el sacerdote:

Dios todopoderoso y eterno,
en cuya mano está mover el corazón de los hombres
y defender los derechos de los pueblos,
mira con bondad a nuestros gobernantes,
para que, con tu ayuda, promuevan una paz duradera,
un auténtico progreso social
y una verdadera libertad religiosa.
Por Jesucristo, nuestro Señor. Todos: **Amén.**

X. POR LOS QUE SE ENCUENTRAN EN ALGUNA TRIBULACIÓN

Oremos, hermanos, a Dios Padre todopoderoso, para que libre al mundo de todas sus miserias, dé salud a los enfermos y pan a los que tienen hambre, libere a los encarcelados y haga justicia a los oprimidos, conceda seguridad a los que viajan, un pronto retorno a los que se encuentran lejos del hogar y la vida eterna a los moribundos.

Se ora un momento en silencio. Luego prosigue el sacerdote:

Dios todopoderoso y eterno,
consuelo de los afligidos
y fortaleza de los que sufren,
escucha a los que te invocan en su tribulación,
para que experimenten todos la alegría de tu misericordia.
Por Jesucristo, nuestro Señor. Todos: **Amén.**

SEGUNDA PARTE:
ADORACIÓN DE LA SANTA CRUZ

℣ Mirad el árbol de la cruz donde estuvo clavado Cristo,
   el Salvador del mundo.
℞ **Venid y adoremos.**

Acompañado por dos acólitos con velas encendidas, el sacerdote lleva la Cruz a la entrada del presbiterio o a otro sitio adecuado y la coloca ahí, o la entrega a los ministros o acólitos para que la sostengan, y se colocan las dos velas encendidas a los lados de la cruz. Se hace luego la adoración de la santa Cruz.

ADORACIÓN DE LA CRUZ
CANTOS DE ADORACIÓN A LA CRUZ

Durante el rito de adoración, el coro entona los "improperios" donde Dios enumera los beneficios que ha concedido a su pueblo elegido. Cristo nos reprocha a nosotros, su pueblo, nuestra ingratitud y rebeldía pecaminosa. Hoy no podemos pasar por alto sus palabras. En algunas frases brilla la luz de la alegría de la Pascua que se nos ganó por la cruz.

Prayer in silence. Then the priest sings or says:

Almighty ever-living God,
in whose hand lies every human heart
and the rights of peoples,
look with favor, we pray,
on those who govern with authority over us,
that throughout the whole world,
the prosperity of peoples,
the assurance of peace,
and freedom of religion
may through your gift be made secure.
Through Christ our Lord. All: **Amen.**

X. FOR THOSE IN TRIBULATION

Let us pray, dearly beloved,
to God the Father almighty,
that he may cleanse the world of all errors,
banish disease, drive out hunger,
unlock prisons, loosen fetters,
granting to travelers safety, to pilgrims return,
health to the sick, and salvation to the dying.

Prayer in silence. Then the priest sings or says:

Almighty ever-living God,
comfort of mourners, strength of all who toil,
may the prayers of those who cry out in any tribulation
come before you,
that all may rejoice,
because in their hour of need
your mercy was at hand.
Through Christ our Lord. All: **Amen.**

SECOND PART: THE ADORATION OF THE HOLY CROSS

THE SHOWING OF THE HOLY CROSS

℣ Behold the wood of the Cross,
on which hung the salvation of the world.
℟ **Come, let us adore.**

During the rite of adoration the choir sings the "reproaches": quoting Psalm
135, in which God had enumerated the benefits he had heaped on his chosen race, Christ reproaches us, his people, for our ingratitude and sinful
rebellion. His words cannot today leave us unmoved. In some phrases, the
joy of Easter, gained for us by the Cross, already shines through.

TERCERA PARTE:
SAGRADA COMUNIÓN

Sacerdote:
Fieles a la recomendación del Salvador,
y siguiendo su divina enseñanza,
nos atrevemos a decir:

Todos:
Padre nuestro, que estás en el cielo,
santificado sea tu Nombre;
venga a nosotros tu reino;
hágase tu voluntad en la tierra como en el cielo.
Danos hoy nuestro pan de cada día;
perdona nuestras ofensas,
como también nosotros perdonamos
a los que nos ofenden;
no nos dejes caer en la tentación, y líbranos del mal.

El sacerdote, con las manos extendidas, prosigue él solo en voz alta:
Líbranos de todos los males, Señor,
y concédenos la paz en nuestros días,
para que, ayudados por tu misericordia,
vivamos siempre libres de pecado y protegidos
de toda perturbación, mientras esperamos
la gloriosa venida de nuestro Salvador Jesucristo.

Todos:
Tuyo es el reino,
tuyo el poder y la gloria por siempre, Señor.

A continuación el sacerdote, con las manos juntas, dice en secreto:
Señor Jesucristo,
la comunión de tu Cuerpo
no sea para mí un motivo de juicio y condenación,
sino que, por tu piedad, me aproveche para defensa
de alma y cuerpo y como remedio saludable.

En seguida hace genuflexión, toma una partícula, la mantiene un poco elevada sobre la patena, y vuelto hacia el pueblo, dice en voz alta:
Éste es el Cordero de Dios
que quita el pecado del mundo.
Dichosos los invitados a la cena del Señor.

Y, juntamente con el pueblo, añade una sola vez:
Señor, no soy digno de que entres en mi casa,
pero una palabra tuya bastará para sanarme.

Comulga reverentemente el Cuerpo de Cristo. Después distribuye la comunión a los fieles. Durante la comunión se pueden entonar cantos apropiados.

Acabada la comunión, un ministro idóneo lleva el pixis (o copón) a algún lugar especialmente preparado fuera de la iglesia, o bien, si lo exigen las circunstancias, lo reserva en el sagrario.

THIRD PART: HOLY COMMUNION

At the Savior's command
and formed by divine teaching,
we dare to say:

The Priest, with hands extended says, and all present continue:

Our Father, who art in heaven,
hallowed be thy name;
thy kingdom come;
thy will be done
on earth as it is in heaven.
Give us this day our daily bread;
and forgive us our trespasses
as we forgive those who trespass against us;
and lead us not into temptation,
but deliver us from evil.

With hands extended, the Priest continues alone:
Deliver us, Lord, we pray, from every evil,
graciously grant peace in our days,
that, by the help of your mercy,
we may be always free from sin
and safe from all distress,
as we await the blessed hope
and the coming of our Savior, Jesus Christ.

He joins his hands. The people conclude the prayer, acclaming:
For the kingdom, the power, and the glory are yours
now and for ever.

Then the Priest, with hands joined, says quietly:
May the receiving of your Body and Blood,
Lord Jesus Christ,
not bring me to judgment and condemnation,
but through your loving mercy
be for me protection in mind and body
and a healing remedy.

The Priest then genuflects, takes a particle, and, holding it slightly raised
over the ciborium, while facing the people, says aloud:
Behold the Lamb of God,
behold him who takes away the sins of the world.
Blessed are those called to the supper of the Lamb.

And together with the people he adds once:
Lord, I am not worthy
that you should enter under my roof,
but only say the word
and my soul shall be healed.

Después el sacerdote, guarda si lo cree oportuno un breve silencio, dice la siguiente oración:

Oremos.

Dios todopoderoso y eterno,
que nos has redimido con la gloriosa muerte
y resurrección de Jesucristo,
por medio de nuestra participación en este sacramento
prosigue en nosotros la obra de tu amor
y ayúdanos a vivir entregados siempre a tu servicio.
Por Jesucristo, nuestro Señor. Todos: **Amén.**

ORACION SOBRE EL PUEBLO

Envía, Señor, tu bendición
sobre estos fieles tuyos
que han conmemorado al muerte de tu Hijo
y esperan resucitar con él;
concédeles tu perdón y tu consuelo,
fortalice su fe
y condúcelos a su eternal salvación.
Por Jesucristo, nuestro Señor. Todos: **Amén.**

Y todos se retiran en silencio. A su debido tiempo se desnuda el altar.

PRAYER AFTER COMMUNION
Almighty ever-living God,
who have restored us to life
by the blessed Death and Resurrection of your Christ,
preserve in us the work of your mercy,
that, by partaking of this mystery,
we may have a life unceasingly devoted to you.
Through Christ our Lord. All: **Amen.**

PRAYER OVER THE PEOPLE
May abundant blessing, O Lord, we pray,
descend upon your people,
who have honored the Death of your Son
in the hope of their resurrection:
may pardon come,
comfort be given,
holy faith increase,
and everlasting redemption be made secure.
Through Christ our Lord. All: **Amen.**

All depart in silence. The altar is stripped; the Cross remains, however, with
four candles.

Vigilia Pascual

(Blanco)

Esta noche santa constituye el memorial de mayor solemnidad de todo el año, del misterio central de nuestra redención: la muerte salvadora de Cristo y su gloriosa resurrección. Con gratitud y alegría participemos entregando lo mejor de nosotros. Puede considerarse que la comunión será nuestra más intima entrega en esta festividad.

Primera Parte: Lucernario o Solemne Comienzo de la Vigilia

La primera parte de la Vigilia Pascual se centra alrededor del fuego o la luz, la muestra visible de Cristo quien se proclamó la Luz del mundo. La mañana de Pascua se levanta resplandeciente como la aurora, conquistando para siempre la oscuridad de la noche del pecado. Teniendo en mente esto asistimos a:

a) la bendición del fuego nuevo,
b) la bendición y encendimiento del Cirio Pascual,
c) la procesión y distribución del Cirio a lo largo de la iglesia,
d) el pregón pascual.

El primero de estos cuatro ritos representa la resurrección de Cristo; el segundo, la gloria y esplendor de su elevada presencia entre nosotros, el tercero, nuestra participación gozosa de su triunfo; y el cuarto, nuestra sincera gratitud por bendiciones tan grandes.

El sacerdote saluda, como de costumbre, al pueblo congregado y le hace una breve exhortación, con estas palabras u otras semejantes:

Hermanos: En esta noche santa,
en que nuestro Señor Jesucristo
pasó de la muerte a la vida,
la Iglesia invita a todos sus hijos, diseminados por el mundo,
a que se reúnan para velar en oración.
Conmemoremos, pues, juntos,
la Pascua del Señor, escuchando su palabra
y participando en sus sacramentos,
con la esperanza cierta de participar
también en su triunfo sobre la muerte
y de vivir con él para siempre en Dios.

The Easter Vigil in the Holy Night

(White)

This holy night is the most solemn memorial, in the entire year, of the central mystery of our redemption: Christ's saving death and glorious resurrection. With gratitude and joy we should take part in it to the best of our ability. It may be presumed that reception of Holy Communion will constitute our most intimate sharing in the feast.

First Part: The Solemn Beginning of the Vigil or Lucernarium

THE BLESSING OF THE FIRE AND PREPARATION OF THE CANDLE

The Priest and faithful sign themselves while the Priest says: **In the name of the Father, and of the Son, and of the Holy Spirit,** and then he greets the assembled people in the usual way and briefly instructs them about the night vigil in these or similar words:

Dear brethren (brothers and sisters),
on this most sacred night,
in which our Lord Jesus Christ
passed over from death to life,
the Church calls upon her sons and daughters,
scattered throughout the world,
to come together to watch and pray.
If we keep the memorial
of the Lord's paschal solemnity in this way,
listening to his word and celebrating his mysteries,
then we shall have the sure hope
of sharing his triumph over death
and living with him in God.

El paso de la muerte a la vida está representado principalmente por el cambio de la oscuridad a la luz. En su camino hacia la tierra prometida los hebreos fueron guiados por una nube luminosa. Cristo resucitó cuando el alba empezaba a disipar la oscuridad de la noche. La Vigilia Pascual, nos lleva al Bautismo o a la renovación del compromiso bautismal. Comienza la liturgia que se centra en el fuego.

BENDICIÓN DEL FUEGO

Oremos.
Dios nuestro,
que por medio de tu Hijo
nos has comunicado el fuego de tu vida divina,
bendice ✛ este fuego nuevo
y haz que estas fiestas pascuales
enciendan en nosotros el deseo del cielo,
para que podamos llegar con un espíritu renovado
a la fiesta gloriosa de tu Reino.
Por Jesucristo, nuestro Señor. Todos: **Amén.**

Con el fuego nuevo se enciende el Cirio Pascual.

PREPARACIÓN DEL CIRIO

Una vez bendecido el fuego nuevo, un acólito o uno de los ministros lleva el cirio pascual ante el celebrante. Éste, con un punzón, graba una cruz en el cirio. Después, traza sobre él la letra griega Alfa y, debajo, la letra Omega; entre los brazos de la cruz traza los cuatro números del año en curso, mientras dice:

(1) Cristo ayer y hoy,	
(2) Principio y fin,	
(3) Alfa	A
(4) y Omega.	
(5) Suyo es el tiempo	2 │ 0
(6) y la eternidad.	1 │ N
(7) A él la gloria y el poder	Ω
(8) por los siglos de los siglos. Amén.	

Después de haber trazado la cruz y los demás signos, el sacerdote puede incrustar en el cirio cinco granos de incienso, en forma de cruz, diciendo al mismo tiempo:

(1) Por sus santas llagas
(2) gloriosas,
(3) nos proteja
(4) y nos guarde
(5) Jesucristo nuestro Señor. Amén.

El celebrante enciende el cirio pascual con el fuego nuevo, diciendo:

Que la luz de Cristo, resucitado y glorioso,
disipe las tinieblas de nuestro corazón y de nuestro espíritu.

Let us pray.
O God, who through your Son
bestowed upon the faithful the fire of your glory,
sanctify ✝ this new fire, we pray,
and grant that,
by these paschal celebrations,
we may be so inflamed with heavenly desires,
that with minds made pure
we may attain festivities of unending splendor.
Through Christ our Lord. All: **Amen.**

PREPARATION OF THE CANDLE

(1) CHRIST YESTERDAY AND TODAY (he cuts a vertical line);

(2) THE BEGINNING AND THE END (he cuts a horizontal line);

(3) THE ALPHA (he cuts the letter Alpha above the vertical line);

(4) AND THE OMEGA (he cuts the letter Omega below the vertical line).

(5) ALL TIME BELONGS TO HIM (he cuts the first numeral of the current year in the upper left corner of the cross);

(6) AND ALL THE AGES (he cuts the second numeral of the current year in the upper right corner of the cross).

(7) TO HIM BE GLORY AND POWER (he cuts the third numeral of the current year in the lower left corner of the cross);

(8) THROUGH EVERY AGE AND FOR EVER. AMEN. (he cuts the fourth numeral of the current year in the lower right corner of the cross).

$$
\begin{array}{c}
\text{A} \\
2 \mid 0 \\
\overline{1 \mid \text{N}} \\
\Omega
\end{array}
$$

(1) BY HIS HOLY
(2) AND GLORIOUS WOUNDS   1
(3) MAY CHRIST OUR LORD   4   2   5
(4) GUARD US   3
(5) AND PROTECT US. AMEN.

May the light of Christ rising in glory
dispel the darkness of our hearts and minds.

PROCESIÓN

℣ Cristo, luz del mundo.

℟ **Demos gracias a Dios.**

Todos entran en la iglesia, precedidos por el diácono (o el sacerdote) que lleva el cirio pascual. Si se emplea el incienso, el turiferario precederá al diácono.

En la puerta de la iglesia, el diácono se detiene y elevando el cirio, canta por segunda vez:

℣ Cristo, luz del mundo.

℟ **Demos gracias a Dios.**

En este momento todos encienden sus velas en la llama del cirio y avanzan de nuevo.

Al llegar ante el altar, el diácono, vuelto hacia el pueblo, canta por tercera vez.

℣ Cristo, luz del mundo.

℟ **Demos gracias a Dios.**

Entonces se encienden las luces del templo.

PREGÓN PASCUAL (EXSULTET)

Alégrense, por fin los coros de los ángeles,
    alégrense las jerarquías del cielo y,
    por la victoria de rey tan poderoso,
    que las trompetas anuncien la salvación.
Goce también la tierra,
    inundada de tanta claridad y que,
    radiante con el fulgor del rey eterno,
    se sienta libre de la tiniebla que cubría el orbe entero.
Alégrese también nuestra madre la Iglesia,
    revestida de luz tan brillante;
    resuene este templo
    con las aclamaciones del pueblo.
(Por eso, queridos hermanos, que asisten a la admirable claridad de esta luz santa, invoquen conmigo la misericordia de Dios omnipotente para que aquel que, sin mérito mío, me agregó al número de los diáconos, complete mi alabanza a este cirio, infundiendo el resplandor de su luz).

(℣ El Señor esté con ustedes.

℟ **Y con tu espíritu).**

℣ Levantemos el corazón.

℟ **Lo tenemos levantado hacia el Señor.**

℣ Demos gracias al Señor, nuestro Dios.

℟ **Es justo y necesario.**

En verdad es justo y necesario
aclamar con nuestras voces y con todo el afecto del corazón,
a Dios invisible, el Padre todopoderoso,
y a su único Hijo, nuestro Señor Jesucristo.

PROCESSION

℣ The Light of Christ. ℟ Thanks be to God.
℣ The Light of Christ. ℟ Thanks be to God.
℣ The Light of Christ. ℟ Thanks be to God.

EASTER PROCLAMATION (EXSULTET)
Longer Form of the Easter Proclamation
[ ] omitted in **Shorter Form** ( ) to be sung by Priest or Deacon

Exult, let them exult, the hosts of heaven,
exult, let Angel ministers of God exult,
let the trumpet of salvation
sound aloud our mighty King's triumph!
Be glad, let earth be glad, as glory floods her,
ablaze with light from her eternal King,
let all corners of the earth be glad,
knowing an end to gloom and darkness.
Rejoice, let Mother Church also rejoice,
arrayed with the lightning of his glory,
let this holy building shake with joy,
filled with the mighty voices of the peoples.

[(Therefore, dearest friends,
standing in the awesome glory of this holy light,
invoke with me, I ask you,
the mercy of God almighty,
that he, who has been pleased to number me,
though unworthy, among the Levites,
may pour into me his light unshadowed,
that I may sing this candle's perfect praises)].

(℣ The Lord be with you.
℟ **And with your spirit.**)

℣ Lift up your hearts.
℟ **We lift them up to the Lord.**

℣ Let us give thanks to the Lord our God.
℟ **It is right and just.**

It is truly right and just,
with ardent love of mind and heart
and with devoted service of our voice,
to acclaim our God invisible, the almighty Father,
and Jesus Christ, our Lord, his Son, his Only Begotten.

Porque él ha pagado por nosotros al eterno Padre
    la deuda de Adán y ha borrado con su sangre inmaculada
    la condena del antiguo pecado.
Porque éstas son las fiestas de Pascua,
    en las que se inmola el verdadero Cordero,
    cuya sangre consagra las puertas de los fieles.
Ésta es la noche en que sacaste de Egipto
    a los israelitas, nuestros padres,
    y los hiciste pasar a pie el mar Rojo.
Ésta es la noche en que la columna de fuego
    esclareció las tinieblas del pecado.
Ésta es la noche que a todos los que creen en Cristo,
    por toda la tierra, los arranca de los vicios del mundo
    y de la oscuridad del pecado,
    los restituye a la gracia y los agrega a los santos.
Ésta es la noche en que,
    rotas las cadenas de la muerte,
    Cristo asciende victorioso del abismo.
¿De qué nos serviría haber nacido
    si no hubiéramos sido rescatados?
¡Qué asombroso beneficio de tu amor por nosotros!
    ¡Qué incomparable ternura y caridad!
    ¡Para rescatar al esclavo
    entregaste al Hijo!
Necesario fue el pecado de Adán, que ha sido borrado
    por la muerte de Cristo.
    ¡Feliz la culpa que mereció tal Redentor!
¡Qué noche tan dichosa! Sólo ella conoció
    el momento en que Cristo resucitó del abismo.
Ésta es la noche de la que estaba escrito:
    "Será la noche clara como el día,
    la noche iluminada por mi gozo".
Y así, esta noche santa
    ahuyenta los pecados, lava las culpas,
    devuelve la inocencia a los caídos,
    la alegría a los tristes, expulsa el odio,
    trae la concordia, doblega a los poderosos.
En esta noche de gracia, acepta,
    Padre santo, el sacrificio vespertino
    de esta llama, que la santa Iglesia
    te ofrece en la solemne ofrenda
    de este cirio, obra de las abejas.
Sabemos ya lo que anuncia esta columna de fuego,
    que arde en llama viva para la gloria de Dios.
    Y aunque distribuye su luz, no mengua al repartirla,
    porque se alimenta de cera fundida
    que elaboró la abeja fecunda
    para hacer esta lámpara preciosa.

Who for our sake paid Adam's debt to the eternal Father,
and, pouring out his own dear Blood,
wiped clean the record of our ancient sinfulness.

These, then, are the feasts of Passover,
in which is slain the Lamb, the one true Lamb,
whose Blood anoints the doorposts of believers.

This is the night,
when once you led our forebears, Israel's children,
from slavery in Egypt
and made them pass dry-shod through the Red Sea.

This is the night
that with a pillar of fire
banished the darkness of sin.

This is the night
that even now, throughout the world,
sets Christian believers apart from worldly vices
and from the gloom of sin,
leading them to grace
and joining them to his holy ones.

This is the night,
when Christ broke the prison-bars of death
and rose victorious from the underworld.

[Our birth would have been no gain,
had we not been redeemed.]
O wonder of your humble care for us!
O love, O charity beyond all telling,
to ransom a slave you gave away your Son!

O truly necessary sin of Adam,
destroyed completely by the Death of Christ!

O happy fault
that earned so great, so glorious a Redeemer!

[O truly blessed night,
worthy alone to know the time and hour
when Christ rose from the underworld!

This is the night
of which it is written:
The night shall be as bright as day,
dazzling is the night for me,
and full of gladness.]

The sanctifying power of this night
dispels wickedness, washes faults away,
restores innocence to the fallen, and joy to mourners,
[drives out hatred, fosters concord, and brings down the mighty.]

¡Qué noche tan dichosa,
en que se une el cielo con la tierra,
lo humano con lo divino!
Te rogamos, Señor,
que este cirio consagrado a tu nombre
para destruir la oscuridad de esta noche,
arda sin apagarse y, aceptado como perfume,
se asocie a las lumbreras del cielo.
Que el lucero matinal lo encuentre ardiendo,
ese lucero que no conoce ocaso,
Jesucristo, tu Hijo,
que volviendo del abismo,
brilla sereno para el linaje humano
y vive y reina por los siglos de los siglos. Todos: **Amén.**

Segunda Parte: Liturgia de la Palabra

Terminado el pregón, todos apagan sus velas y se sientan. Antes de comenzar las lecturas, el sacerdote exhorta a la asamblea con estas palabras u otras semejantes:

Hermanos: Con el pregón solemne de la Pascua, hemos entrado ya en la noche santa de la resurrección del Señor. Escuchemos con recogimiento la Palabra de Dios. Meditemos cómo, en la antigua alianza, Dios salvó a su pueblo y, en la plenitud de los tiempos, envió al mundo a su Hijo para que nos redimiera.

Oremos para que Dios, nuestro Padre, conduzca a su plenitud esta obra de salvación, iniciada con la muerte y resurrección de Jesucristo.

Siguen luego las lecturas. Un lector va al ambón y lee la primera lectura. Después el salmista o cantor dice el salmo, alternando con las respuestas del pueblo. Enseguida todos se levantan, el sacerdote dice Oremos y después de que todos han orado en silencio durante unos momentos, dice la oración colecta.

**On this, your night of grace, O holy Father,
accept this candle, a solemn offering,
the work of bees and of your servants' hands,
an evening sacrifice of praise,
this gift from your most holy Church.

[But now we know the praises of this pillar,
which glowing fire ignites for God's honor,
a fire into many flames divided,
yet never dimmed by sharing of its light,
for it is fed by melting wax,
drawn out by mother bees
to build a torch so precious.]

O truly blessed night,
when things of heaven are wed to those of earth,
and divine to the human.**

Therefore, O Lord,
we pray you that this candle,
hallowed to the honor of your name,
may persevere undimmed,
to overcome the darkness of this night.
Receive it as a pleasing fragrance,
and let it mingle with the lights of heaven.
May this flame be found still burning
by the Morning Star:
the one Morning Star who never sets,
Christ your Son,
who, coming back from death's domain,
has shed his peaceful light on humanity,
and lives and reigns for ever and ever. All: **Amen.**

Second Part: The Liturgy of the Word

Dear brethren (brothers and sisters),
now that we have begun our solemn Vigil,
let us listen with quiet hearts to the Word of God.
Let us meditate on how God in times past saved his people
and in these, the last days, has sent us his Son as our Redeemer.
Let us pray that our God may complete this paschal work of salvation
by the fullness of redemption.

The readings follow. A reader goes to the lectern and proclaims the first
reading. Then the cantor leads the psalm and the people respond. All rise
and the priest sings or says **Let us pray**. When all have prayed silently for a
while, he sings or says the prayer.

PRIMERA LECTURA

Vio Dios todo lo que había hecho y lo encontró muy bueno.

Lectura del libro del Génesis

1, 1–2, 2 o bien la forma breve [ ] 1, 1. 26-31

[En el principio creó Dios el cielo y la tierra.] La tierra era soledad y caos; y las tinieblas cubrían la faz del abismo. El espíritu de Dios se movía sobre la superficie de las aguas.

Dijo Dios: "Que exista la luz", y la luz existió. Vio Dios que la luz era buena, y separó la luz de las tinieblas. Llamó a la luz "día" y a las tinieblas, "noche". Fue la tarde y la mañana del primer día.

Dijo Dios: "Que haya una bóveda entre las aguas, que separe unas aguas de otras". E hizo Dios una bóveda y separó con ella las aguas de arriba, de las aguas de abajo. Y así fue. Llamó Dios a la bóveda "cielo". Fue la tarde y la mañana del segundo día.

Dijo Dios: "Que se junten las aguas de debajo del cielo en un solo lugar y que aparezca el suelo seco". Y así fue. Llamó Dios "tierra" al suelo seco y "mar" a la masa de las aguas. Y vio Dios que era bueno.

Dijo Dios: "Verdee la tierra con plantas que den semilla y árboles que den fruto y semilla, según su especie, sobre la tierra". Y así fue. Brotó de la tierra hierba verde, que producía semilla, según su especie, y árboles que daban fruto y llevaban semilla, según su especie. Y vio Dios que era bueno. Fue la tarde y la mañana del tercer día.

Dijo Dios: "Que haya lumbreras en la bóveda del cielo, que separen el día de la noche, señalen las estaciones, los días y los años, y luzcan en la bóveda del cielo para iluminar la tierra". Y así fue. Hizo Dios las dos grandes lumbreras: la lumbrera mayor para regir el día y la menor, para regir la noche; y también hizo las estrellas. Dios puso las lumbreras en la bóveda del cielo para iluminar la tierra, para regir el día y la noche, y separar la luz de las tinieblas. Y vio Dios que era bueno. Fue la tarde y la mañana del cuarto día.

Dijo Dios: "Agítense las aguas con un hervidero de seres vivientes y revoloteen sobre la tierra las aves, bajo la bóveda del cielo". Creó Dios los grandes animales marinos y los vivientes que en el agua se deslizan y la pueblan, según su especie. Creó también el mundo de las aves, según sus especies. Vio Dios que era bueno y los bendijo, diciendo: "Sean fecundos y multiplíquense; llenen las aguas del mar; que las aves se multipliquen en la tierra". Fue la tarde y la mañana del quinto día.

Dijo Dios: "Produzca la tierra vivientes, según sus especies: animales domésticos, reptiles y fieras, según sus especies". Y así fue. Hizo Dios las fieras, los animales domésticos y los reptiles, cada uno según su especie. Y vio Dios que era bueno.

[Dijo Dios: "Hagamos al hombre a nuestra imagen y semejanza; que domine a los peces del mar, a las aves del cielo, a los

FIRST READING
God looked at everything he had made, and he found it very good.

A reading from the Book of Genesis
Longer Form (1:1–2:2) [Shorter Form (1:1, 26-31a)]

[In the beginning, when God created the heavens and the earth,] the earth was a formless wasteland, and darkness covered the abyss, while a mighty wind swept over the waters.

Then God said, "Let there be light," and there was light. God saw how good the light was. God then separated the light from the darkness. God called the light "day," and the darkness he called "night." Thus evening came, and morning followed—the first day.

Then God said, "Let there be a dome in the middle of the waters, to separate one body of water from the other." And so it happened: God made the dome, and it separated the water above the dome from the water below it. God called the dome "the sky." Evening came, and morning followed—the second day.

Then God said, "Let the water under the sky be gathered into a single basin, so that the dry land may appear." And so it happened: the water under the sky was gathered into its basin, and the dry land appeared. God called the dry land "the earth," and the basin of the water he called "the sea." God saw how good it was. Then God said, "Let the earth bring forth vegetation: every kind of plant that bears seed and every kind of fruit tree on earth that bears fruit with its seed in it." And so it happened: the earth brought forth every kind of plant that bears seed and every kind of fruit tree on earth that bears fruit with its seed in it. God saw how good it was. Evening came, and morning followed—the third day.

Then God said: "Let there be lights in the dome of the sky, to separate day from night. Let them mark the fixed times, the days and the years, and serve as luminaries in the dome of the sky, to shed light upon the earth." And so it happened: God made the two great lights, the greater one to govern the day, and the lesser one to govern the night; and he made the stars. God set them in the dome of the sky, to shed light upon the earth, to govern the day and the night, and to separate the light from the darkness. God saw how good it was. Evening came, and morning followed—the fourth day.

Then God said, "Let the water teem with an abundance of living creatures, and on the earth let birds fly beneath the dome of the sky." And so it happened: God created the great sea monsters and all kinds of swimming creatures with which the water teems, and all kinds of winged birds. God saw how good it was, and God blessed them, saying, "Be fertile, multiply, and fill the water of the seas; and let the birds multiply on the earth." Evening came, and morning followed—the fifth day.

animales domésticos y a todo animal que se arrastra sobre la tierra".

Y creó Dios al hombre a su imagen;
a imagen suya lo creó;
hombre y mujer los creó.

Y los bendijo Dios y les dijo: "Sean fecundos y multiplíquense, llenen la tierra y sométanla; dominen a los peces del mar, a las aves del cielo y a todo ser viviente que se mueve sobre la tierra".

Y dijo Dios: "He aquí que les entrego todas las plantas de semilla que hay sobre la faz de la tierra, y todos los árboles que producen fruto y semilla, para que les sirvan de alimento. Y a todas las fieras de la tierra, a todas las aves del cielo, a todos los reptiles de la tierra, a todos los seres que respiran, también les doy por alimento las verdes plantas". Y así fue. Vio Dios todo lo que había hecho y lo encontró muy bueno.] Fue la tarde y la mañana del sexto día.

Así quedaron concluidos el cielo y la tierra con todos sus ornamentos, y terminada su obra, descansó Dios el séptimo día de todo cuanto había hecho.

Palabra de Dios.

SALMO RESPONSORIAL

Del salmo 103 (La música se puede encontrar en p. 265)

℟ **Envía tu espíritu, Señor, y renueva la faz de la tierra.**

Bendice, alma mía, al Señor,
¡Dios mío, que grande eres!
Te vistes de belleza y majestad,
la luz te envuelve como un manto. ℟

Asentaste la tierra sobre sus cimientos,
y no vacilará jamás;
la cubriste con el manto del océano,
y las aguas se posaron sobre montañas. ℟

De los manantiales sacas los ríos
para que fluyan entre los montes;
junto a ellos habitan las aves del cielo,
y entre las frondas se oye su canto. ℟

Then God said, "Let the earth bring forth all kinds of living creatures: cattle, creeping things, and wild animals of all kinds." And so it happened: God made all kinds of wild animals, all kinds of cattle, and all kinds of creeping things of the earth. God saw how good it was. Then [God said: "Let us make man in our image, after our likeness. Let them have dominion over the fish of the sea, the birds of the air, and the cattle, and over all the wild animals and all the creatures that crawl on the ground."

God created man in his image;
>in the image of God he created him;
>male and female he created them.

God blessed them, saying: "Be fertile and multiply; fill the earth and subdue it. Have dominion over the fish of the sea, the birds of the air, and all the living things that move on the earth." God also said: "See, I give you every seed-bearing plant all over the earth and every tree that has seed-bearing fruit on it to be your food; and to all the animals of the land, all the birds of the air, and all the living creatures that crawl on the ground, I give all the green plants for food." And so it happened. God looked at everything he had made, and he found it very good.] Evening came, and morning followed—the sixth day.

Thus the heavens and the earth and all their array were completed. Since on the seventh day God was finished with the work he had been doing, he rested on the seventh day from all the work he had undertaken.

The word of the Lord.

RESPONSORIAL PSALM

Psalm 104:1-2, 5-6, 10, 12, 13-14, 24, 35 (Music setting can be found on p. 265)

℞ (30) **Lord, send out your Spirit, and renew the face of the earth.**

Bless the LORD, O my soul!
>O LORD, my God, you are great indeed!
You are clothed with majesty and glory,
>robed in light as with a cloak. ℞

You fixed the earth upon its foundation,
>not to be moved forever;
with the ocean, as with a garment, you covered it;
>above the mountains the waters stood. ℞

You send forth springs into the watercourses
>that wind among the mountains.
Beside them the birds of heaven dwell;
>from among the branches they send forth their song. ℞

Desde tu morada riegas los montes
y la tierra se sacias de tu acción fecunda;
haces brotar hierba para los ganados
y forraje para los que sirven al hombre. ℟

¡Cuántas son tus obras, Señor!
y todas las hiciste con sabiduría,
la tierra está llena de tus criaturas.
¡Bendice alma mía al Señor. ℟

O bien:

SALMO RESPONSORIAL

Del salmo 32 (La música se puede encontrar en p. 265)

℟ **La misericordia del Señor llena la tierra.**

La palabra del Señor es sincera,
y todas sus acciones son leales.
El ama la justicia y el derecho,
y su misericordia llena la tierra. ℟

La palabra del Señor hizo el cielo,
el aliento de su boca, sus ejércitos;
encierra en un odre las agues marinas,
mete en un depósito el océano. ℟

Dichosa la nación cuyo Dios es el Señor,
el pueblo que El se escogió como heredad.
El Señor mira desde el cielo,
se fija en todos los hombres. ℟

Nosotros aguardamos al Señor:
él es nuestro auxilio y escudo.
Que tu misericordia, Señor, venga sobre nosotros,
como lo esperamos de ti. ℟

ORACIÓN

Oremos.
Dios todopoderoso y eterno,
que en todas las obras de tu amor
te muestras admirable,
concédenos comprender que la redención
realizada por Cristo, nuestra Pascua,
es una obra más maravillosa todavía
que la misma creación del universo.
Por Jesucristo, nuestro Señor. Todos: **Amén.**

You water the mountains from your palace;
    the earth is replete with the fruit of your works.
You raise grass for the cattle,
    and vegetation for man's use,
producing bread from the earth. ℟

How manifold are your works, O LORD!
    In wisdom you have wrought them all—
the earth is full of your creatures.
    Bless the LORD, O my soul! ℟

Or:

RESPONSORIAL PSALM

Psalm 33:4-5, 6-7, 12-13, 20 and 22 (Music setting be found on p. 265)

℟ (5b) **The earth is full of the goodness of the Lord.**

Upright is the word of the LORD,
    and all his works are trustworthy.
He loves justice and right;
    of the kindness of the LORD the earth is full. ℟

By the word of the LORD the heavens were made;
    by the breath of his mouth all their host.
He gathers the waters of the sea as in a flask;
    in cellars he confines the deep. ℟

Blessed the nation whose God is the LORD,
    the people he has chosen for his own inheritance.
From heaven the LORD looks down;
    he sees all mankind. ℟

Our soul waits for the LORD,
    who is our help and our shield.
May your kindness, O LORD, be upon us
    who have put our hope in you. ℟

PRAYER
Let us pray.

Almighty ever-living God,
who are wonderful in the ordering of all your works,
may those you have redeemed understand
that there exists nothing more marvelous
than the world's creation in the beginning
except that, at the end of the ages,
Christ our Passover has been sacrificed.
Who lives and reigns for ever and ever. All: **Amen.**

O bien:

Oremos.
Dios nuestro, que de un modo admirable
nos creaste a tu imagen y semejanza
y de un modo más admirable todavía
nos redimiste, concédenos sabiduría de espíritu,
para resistir los atractivos del pecado
y poder llegar así a los gozos del cielo.
Por Jesucristo, nuestro Señor. Todos: **Amén.**

SEGUNDA LECTURA
El sacrificio de nuestro patriarca Abraham.

Lectura del libro del Génesis
22, 1-18 o bien forma breve [ ] 22, 1-2. 9-13. 15-18

[En aquel tiempo, Dios le puso una prueba a Abraham y le dijo: "¡Abraham, Abraham!" El respondió: "Aquí estoy". Y Dios le dijo: "Toma a tu hijo único, Isaac, a quien tanto amas; vete a la región de Moria y ofrécemelo en sacrificio, en el monte que yo te indicaré".]

Abraham madrugó, aparejó su burro, tomó consigo a dos de sus criados y a su hijo Isaac; cortó leña para el sacrificio y se encaminó al lugar que Dios le había indicado. Al tercer día divisó a lo lejos el lugar. Les dijo entonces a sus criados; "Quédense aquí con el burro; yo iré con el muchacho hasta allá, para adorar a Dios y después regresaremos".

Abraham tomó la leña para el sacrificio, se la cargó a su hijo Isaac y tomó en su mano el fuego y el cuchillo. Los dos caminaban juntos. Isaac dijo a su padre Abraham; "¡Padre!" El respondió: "¿Qué quieres, hijo?" El muchacho contestó: "Ya tenemos fuego y leña, pero, ¿dónde está el cordero para el sacrificio?" Abraham le contestó: "Dios nos dará el cordero para el sacrificio, hijo mío". Y siguieron caminando juntos.

[Cuando llegaron al sitio que Dios le había señalado, Abraham levantó un altar y acomodó la leña. Luego ató a su hijo Isaac, lo puso sobre el altar, encima de la leña, y tomó el cuchillo para degollarlo.

Pero el ángel del Señor lo llamó desde el cielo y le dijo: "¡Abraham, Abraham!" El contestó: "Aquí estoy". El ángel le dijo: "No descargues la mano contra tu hijo, ni le hagas daño. Ya veo que temes a Dios, porque no le has negado a tu hijo único".

Abraham levantó los ojos y vio un carnero, enredado por los cuernos en la maleza. Atrapó el carnero y lo ofreció en sacrificio, en lugar de su hijo.] Abraham puso por nombre a aquel sitio "el Señor provee", por lo que aun el día de hoy se dice: "el monte donde el Señor provee".

[El ángel del Señor volvió a llamar a Abraham desde el cielo y le dijo: "Juro por mí mismo, dice el Señor, que por haber hecho

Or, On the creation of man:

O God, who wonderfully created human nature
and still more wonderfully redeemed it,
grant us, we pray,
to set our minds against the enticements of sin,
that we may merit to attain eternal joys.
Through Christ our Lord. All: **Amen.**

SECOND READING
The sacrifice of Abraham, our father in faith.

A reading from the Book of Genesis
Longer Form (22:1-18) [Shorter Form (22:1-2, 9a, 10-13, 15-18)]

[God put Abraham to the test. He called to him, "Abraham!"
"Here I am," he replied. Then God said: "Take your son
Isaac, your only one, whom you love, and go to the land of Mo-
riah. There you shall offer him up as a holocaust on a height
that I will point out to you."] Early the next morning Abraham
saddled his donkey, took with him his son Isaac and two of his
servants as well, and with the wood that he had cut for the holocaust, set out for the place of which God had told him.

On the third day Abraham got sight of the place from afar.
Then he said to his servants: "Both of you stay here with the donkey, while the boy and I go on over yonder. We will worship and
then come back to you." Thereupon Abraham took the wood for the
holocaust and laid it on his son Isaac's shoulders, while he himself
carried the fire and the knife. As the two walked on together, Isaac
spoke to his father Abraham: "Father!" Isaac said. "Yes, son," he
replied. Isaac continued, "Here are the fire and the wood, but
where is the sheep for the holocaust?" "Son," Abraham answered,
"God himself will provide the sheep for the holocaust." Then the
two continued going forward.

[When they came to the place of which God had told him,
Abraham built an altar there and arranged the wood on it.] Next
he tied up his son Isaac, and put him on top of the wood on the
altar. [Then he reached out and took the knife to slaughter his son.
But the LORD's messenger called to him from heaven, "Abraham,
Abraham!" "Here I am!" he answered. "Do not lay your hand on the
boy," said the messenger. "Do not do the least thing to him. I know
now how devoted you are to God, since you did not withhold from
me your own beloved son." As Abraham looked about, he spied a
ram caught by its horns in the thicket. So he went and took the
ram and offered it up as a holocaust in place of his son.] Abraham
named the site Yahweh-yireh; hence people now say, "On the
mountain the LORD will see."

[Again the LORD's messenger called to Abraham from heaven
and said: "I swear by myself, declares the LORD, that because you
acted as you did in not withholding from me your beloved son, I

esto y no haberme negado a tu hijo único, yo te bendeciré y multiplicaré tu descendencia como las estrellas del cielo y las arenas del mar. Tus descendientes conquistarán las ciudades enemigas. En tu descendencia serán bendecidos todos los pueblos de la tierra, porque obedeciste a mis palabras".]

Palabra de Dios.

SALMO RESPONSORIAL
Del salmo 15 (La música se puede encontrar en p. 266)

℞ **Protégeme, Señor, protégeme, Dios mío, que me refugio en ti.**

El Señor es el lote de me heredad y mi copa,
mi suerte está en tu mano.
Tengo siempre presente al Señor,
con él a mi derecha no vacilaré. ℞

Por eso se me alegra el corazón,
se gozan mis entrañas,
y mi carne descansa serena:
porque no me entregarás a la muerte
ni dejarás a tu fiel conocer la corrupción. ℞

Me enseñarás el sendero de la vida,
me saciarás de gozo en tu presencia
de alegría perpetua a tu derecha. ℞

ORACIÓN
Oremos.
Señor Dios,
Padre de los creyentes,
que por medio del sacramento
pascual del bautismo, sigues cumpliendo
la promesa hecha a Abraham,
de multiplicar su descendencia
por toda la tierra y de hacerlo
el padre de todas las naciones, concede a tu pueblo
responder dignamente a la gracia de tu llamado.
Por Jesucristo, nuestro Señor. Todos: **Amén.**

TERCERA LECTURA
Los israelitas entraron en el mar sin mojarse.

Lectura del libro del Éxodo
14, 15–15, 1

En aquellos días, dijo el Señor a Moisés: "¿Por qué sigues clamando a mí? Diles a los israelitas que se pongan en marcha. Y tú, alza tu bastón, extiende tu mano sobre el mar y divídelo, para que los israelitas entren en el mar sin mojarse. Yo voy a

will bless you abundantly and make your descendants as countless as the stars of the sky and the sands of the seashore; your
descendants shall take possession of the gates of their enemies,
and in your descendants all the nations of the earth shall find
blessing—all this because you obeyed my command."]

The word of the Lord.

RESPONSORIAL PSALM
Psalm 16:5, 8, 9-10, 11 (Music setting can be found on p. 266)

℟ (1) **You are my inheritance, O Lord.**

O LORD, my allotted portion and my cup,
    you it is who hold fast my lot.
I set the LORD ever before me;
    with him at my right hand I shall not be disturbed. ℟

Therefore my heart is glad and my soul rejoices,
    my body, too, abides in confidence;
because you will not abandon my soul to the netherworld,
    nor will you suffer your faithful one to undergo corruption. ℟

You will show me the path to life,
    fullness of joys in your presence,
    the delights at your right hand forever. ℟

PRAYER
Let us pray.

O God, supreme Father of the faithful,
who increase the children of your promise
by pouring out the grace of adoption
throughout the whole world
and who through the Paschal Mystery
make your servant Abraham father of nations,
as once you swore,
grant, we pray,
that your peoples may enter worthily
into the grace to which you call them.
Through Christ our Lord. All: **Amen.**

THIRD READING
The Israelites marched on dry land through the midst of the sea.

A reading from the Book of Exodus
14:15–15:1

The LORD said to Moses, "Why are you crying out to me? Tell
the Israelites to go forward. And you, lift up your staff and,
with hand outstretched over the sea, split the sea in two, that the
Israelites may pass through it on dry land. But I will make the

endurecer el corazón de los egipcios para que los persigan, y me cubriré de gloria a expensas del faraón y de todo su ejército, de sus carros y jinetes. Cuando me haya cubierto de gloria a expensas del faraón, de sus carros y jinetes, los egipcios sabrán que yo soy el Señor".

El ángel del Señor, que iba al frente de las huestes de Israel, se colocó tras ellas. Y la columna de nubes que iba adelante, también se desplazó y se puso a sus espaldas, entre el campamento de los israelitas y el campamento de los egipcios. La nube era tinieblas para unos y claridad para otros, y así los ejércitos no trabaron contacto durante toda la noche.

Moisés extendió la mano sobre el mar, y el Señor hizo soplar durante toda la noche un fuerte viento del este, que secó el mar, y dividió las aguas. Los israelitas entraron en el mar y no se mojaban, mientras las aguas formaban una muralla a su derecha y a su izquierda. Los egipcios se lanzaron en su persecución y toda la caballería del faraón, sus carros y jinetes, entraron tras ellos en el mar.

Hacia el amanecer, el Señor miró desde la columna de fuego y humo al ejército de los egipcios y sembró entre ellos el pánico. Trabó las ruedas de sus carros, de suerte que no avanzaban sino pesadamente. Dijeron entonces los egipcios: "Huyamos de Israel, porque el Señor lucha en su favor contra Egipto".

Entonces el Señor le dijo a Moisés: "Extiende tu mano sobre el mar, para que vuelvan las aguas sobre los egipcios, sus carros y sus jinetes". Y extendió Moisés su mano sobre el mar, y al amanecer, las aguas volvieron a su sitio, de suerte que al huir, los egipcios se encontraron con ellas, y el Señor los derribó en medio del mar. Volvieron las aguas y cubrieron los carros, a los jinetes y a todo el ejército del faraón, que se había metido en el mar para perseguir a Israel. Ni uno solo se salvó.

Pero los hijos de Israel caminaban por lo seco en medio del mar. Las aguas les hacían muralla a derecha e izquierda. Aquel día salvó el Señor a Israel de las manos de Egipto. Israel vio a los egipcios, muertos en la orilla del mar. Israel vio la mano fuerte del Señor sobre los egipcios, y el pueblo temió al Señor y creyó en el Señor y en Moisés, su siervo. Entonces Moisés y los hijos de Israel cantaron este cántico al Señor:

Palabra de Dios.

Egyptians so obstinate that they will go in after them. Then I will receive glory through Pharaoh and all his army, his chariots and charioteers. The Egyptians shall know that I am the LORD, when I receive glory through Pharaoh and his chariots and charioteers."

The angel of God, who had been leading Israel's camp, now moved and went around behind them. The column of cloud also, leaving the front, took up its place behind them, so that it came between the camp of the Egyptians and that of Israel. But the cloud now became dark, and thus the night passed without the rival camps coming any closer together all night long. Then Moses stretched out his hand over the sea, and the LORD swept the sea with a strong east wind throughout the night and so turned it into dry land. When the water was thus divided, the Israelites marched into the midst of the sea on dry land, with the water like a wall to their right and to their left.

The Egyptians followed in pursuit; all Pharaoh's horses and chariots and charioteers went after them right into the midst of the sea. In the night watch just before dawn the LORD cast through the column of the fiery cloud upon the Egyptian force a glance that threw it into a panic; and he so clogged their chariot wheels that they could hardly drive. With that the Egyptians sounded the retreat before Israel, because the LORD was fighting for them against the Egyptians.

Then the LORD told Moses, "Stretch out your hand over the sea, that the water may flow back upon the Egyptians, upon their chariots and their charioteers." So Moses stretched out his hand over the sea, and at dawn the sea flowed back to its normal depth. The Egyptians were fleeing head on toward the sea, when the LORD hurled them into its midst. As the water flowed back, it covered the chariots and the charioteers of Pharaoh's whole army which had followed the Israelites into the sea. Not a single one of them escaped. But the Israelites had marched on dry land through the midst of the sea, with the water like a wall to their right and to their left. Thus the LORD saved Israel on that day from the power of the Egyptians. When Israel saw the Egyptians lying dead on the seashore and beheld the great power that the LORD had shown against the Egyptians, they feared the LORD and believed in him and in his servant Moses.

Then Moses and the Israelites sang this song to the LORD: / I will sing to the LORD, for he is gloriously triumphant; / horse and chariot he has cast into the sea.

The word of the Lord.

SALMO RESPONSORIAL
Éxodo 15 (La música se puede encontrar en p. 266)

℟ **Cantemos al Señor, sublime es su victoria.**

Cantemos al Señor, sublime es su victoria:
caballo y jinete ha arrojado en el mar.
Mi fuerza y mi poder es el Señor, él fue mi salvación.
El es mi Dios: yo lo alabaré,
el Dios de mis padres: yo le ensalzaré. ℟

El Señor es un guerrero,
su nombre es el Señor.
Los carros del Faraón los lanzó al mar,
ahogó en el Mar Rojo a sus mejores capitanes. ℟.

Las olas los cubrieron,
bajaron hasta el fondo como piedras.
Tu diestra, Señor es fuerte y terrible;
tu diestra, Señor, tritura al enemigo. ℟

Los introduces y los plantas en el monte de tu heredad,
lugar del que hiciste tu trono, Señor;
santuario, Señor, que fundaron tus manos.
El Señor reina por siempre jamás. ℟

ORACIÓN
Oremos.
Tus antiguos prodigios se renuevan, Señor,
también en nuestros tiempos, pues lo que tu poder
hizo con las aguas para librar a un solo pueblo
de la esclavitud del faraón, lo repites ahora, por medio
del agua del bautismo, para salvar a todas las naciones.
Concede a todos los hombres del mundo entero
contarse entre los hijos de Abraham
y participar de la dignidad del pueblo elegido.
Por Jesucristo, nuestro Señor. Todos: **Amén.**

RESPONSORIAL PSALM

Exodus 15:1-2, 3-4, 5-6, 17-18 (Music setting can be found on p. 266)

℟ (1b) **Let us sing to the Lord; he has covered himself in glory.**

I will sing to the LORD, for he is gloriously triumphant;
    horse and chariot he has cast into the sea.
My strength and my courage is the LORD,
    and he has been my savior.
He is my God, I praise him;
    the God of my father, I extol him. ℟

The LORD is a warrior,
    LORD is his name!
Pharaoh's chariots and army he hurled into the sea;
    the elite of his officers were submerged in the Red Sea. ℟

The flood waters covered them,
    they sank into the depths like a stone.
Your right hand, O LORD, magnificent in power,
    your right hand, O LORD, has shattered the enemy. ℟

You brought in the people you redeemed
    and planted them on the mountain of your inheritance—
the place where you made your seat, O LORD,
    the sanctuary, LORD, which your hands established.
The LORD shall reign forever and ever. ℟

PRAYER

Let us pray.

O God, whose ancient wonders
remain undimmed in splendor even in our day,
for what you once bestowed on a single people,
freeing them from Pharaoh's persecution
by the power of your right hand
now you bring about as the salvation of the nations
through the waters of rebirth,
grant, we pray, that the whole world
may become children of Abraham
and inherit the dignity of Israel's birthright.
Through Christ our Lord. All: **Amen.**

O bien:

Oremos.
Señor, que con el Evangelio nos has hecho comprender
el sentido profundo del Antiguo Testamento,
dejándonos ver en el paso del mar Rojo
una imagen del bautismo
y en el pueblo liberado de la esclavitud,
un símbolo del pueblo cristiano,
haz que todos los hombres, mediante la fe,
participen del privilegio del pueblo elegido
y sean regenerados por la acción santificadora de tu Espíritu.
Por Jesucristo, nuestro Señor. Todos: **Amén.**

CUARTA LECTURA
Con amor eterno se ha apiadado de ti tu redentor.

Lectura del libro del profeta Isaías
54, 5-14

"El que te creó, te tomará por esposa;
su nombre es 'Señor de los ejércitos'.
Tu redentor es el Santo de Israel;
será llamado 'Dios de toda la tierra'.
Como a una mujer abandonada y abatida
te vuelve a llamar el Señor.
¿Acaso repudia uno a la esposa de la juventud?,
dice tu Dios.
    Por un instante te abandoné,
pero con inmensa misericordia te volveré a tomar.
En un arrebato de ira
te oculté un instante mi rostro,
pero con amor eterno me he apiadado de ti,
dice el Señor, tu redentor.
    Me pasa ahora como en los días de Noé:
entonces juré que las aguas del diluvio
no volverían a cubrir la tierra;
ahora juro no enojarme ya contra ti
ni volver a amenazarte.
Podrán desaparecer los montes
y hundirse las colinas,
pero mi amor por ti no desaparecerá
y mi alianza de paz quedará firme para siempre.
Lo dice el Señor, el que se apiada de ti.
    Tú, la afligida, la zarandeada por la tempestad,
la no consolada:
He aquí que yo mismo coloco tus piedras sobre piedras finas,
tus cimientos sobre zafiros;
te pondré almenas de rubí
y puertas de esmeralda
y murallas de piedras preciosas.

Or:

O God, who by the light of the New Testament
have unlocked the meaning
of wonders worked in former times,
so that the Red Sea prefigures the sacred font
and the nation delivered from slavery
foreshadows the Christian people,
grant, we pray, that all nations,
obtaining the privilege of Israel by merit of faith,
may be reborn by partaking of your Spirit.
Through Christ our Lord. All: **Amen.**

FOURTH READING

With enduring love, the Lord your redeemer takes pity on you.

A reading from the Book of the Prophet Isaiah

54:5-14

The One who has become your husband is your Maker;
his name is the LORD of hosts;
your redeemer is the Holy One of Israel,
    called God of all the earth.
The LORD calls you back,
    like a wife forsaken and grieved in spirit,
    a wife married in youth and then cast off,
    says your God.
For a brief moment I abandoned you,
    but with great tenderness I will take you back.
In an outburst of wrath, for a moment
    I hid my face from you;
but with enduring love I take pity on you,
    says the LORD, your redeemer.
This is for me like the days of Noah,
    when I swore that the waters of Noah
    should never again deluge the earth;
so I have sworn not to be angry with you,
    or to rebuke you.
Though the mountains leave their place
    and the hills be shaken,
my love shall never leave you
    nor my covenant of peace be shaken,
    says the LORD, who has mercy on you.
O afflicted one, storm-battered and unconsoled,
    I lay your pavements in carnelians,
    and your foundations in sapphires;
I will make your battlements of rubies,
    your gates of carbuncles,
    and all your walls of precious stones.

Todos tus hijos serán discípulos del Señor,
y será grande su prosperidad.
Serás consolidada en la justicia.
Destierra la angustia,
pues ya nada tienes que temer;
olvida tu miedo,
porque ya no se acercará a ti".

Palabra de Dios.

SALMO RESPONSORIAL
Del salmo 29 (La música se puede encontrar en p. 267)

℞ **Te ensalzaré, Señor, porque me has librado.**

Te ensalzaré, Señor, porque me has librado
y no has dejado que mis enemigos se rían de mí.
Sacaste mi vida del abismo,
y me hiciste revivir cuando bajaba a la fosa. ℞

Tañan para el Señor, fieles suyos,
den gracias a su nombre santo;
su cólera dura un instante,
su bondad de por vida;
al atardecer nos visita el llanto,
por la mañana, el júbilo. ℞

Escucha, Señor, y ten piedad de mí,
Señor, socórreme.
Cambiaste mi luto en danzas.
Señor, Dios mío, te daré gracias por siempre. ℞

ORACIÓN
Oremos.
Señor Dios, siempre fiel a tus promesas, aumenta,
por medio del bautismo, el número de tus hijos y multiplica
la descendencia prometida a la fe de los patriarcas,
para que tu Iglesia vea que se va cumpliendo tu voluntad
de salvar a todos los hombres, como los patriarcas
lo creyeron y esperaron.
Por Jesucristo, nuestro Señor. Todos: **Amén.**

La oración anterior puede sustituirse por algunas de las que siguen, cuando
sus lecturas correspondientes vayan a omitirse.

QUINTA LECTURA
Vengan a mí y vivirán. Sellaré con ustedes una alianza perpetua.

Lectura del libro del profeta Isaías
55, 1-11

E sto dice el Señor:
"Todos ustedes, los que tienen sed, vengan por agua;

All your children shall be taught by the LORD,
>and great shall be the peace of your children.
In justice shall you be established,
>far from the fear of oppression,
>where destruction cannot come near you.

The word of the Lord.

RESPONSORIAL PSALM

Psalm 30:2, 4, 5-6, 11-12, 13 (Music setting can be found on p. 267)

℟ (2a) **I will praise you, Lord, for you have rescued me.**

I will extol you, O LORD, for you drew me clear
>and did not let my enemies rejoice over me.
O LORD, you brought me up from the netherworld;
>you preserved me from among those going down into the pit. ℟

Sing praise to the LORD, you his faithful ones,
>and give thanks to his holy name.
For his anger lasts but a moment;
>a lifetime, his good will.
At nightfall, weeping enters in,
>but with the dawn, rejoicing. ℟

Hear, O LORD, and have pity on me;
>O LORD, be my helper.
You changed my mourning into dancing;
>O LORD, my God, forever will I give you thanks. ℟

PRAYER

Let us pray.

Almighty ever-living God,
surpass, for the honor of your name,
what you pledged to the Patriarchs by reason of their faith,
and through sacred adoption increase the children of your promise,
so that what the Saints of old never doubted would come to pass
your Church may now see in great part fulfilled.
Through Christ our Lord. All: **Amen.**

Prayers may also be chosen from those given after the following readings, if the readings are omitted.

FIFTH READING

Come to me that you may have life. I will renew with you an everlasting covenant.

A reading from the Book of the Prophet Isaiah

55:1-11

Thus says the LORD:
All you who are thirsty,
come to the water!

y los que no tienen dinero,
vengan, tomen trigo y coman;
tomen vino y leche sin pagar.
¿Por qué gastar el dinero en lo que no es pan
y el salario, en lo que no alimenta?
Escúchenme atentos y comerán bien,
saborearán platillos sustanciosos.
Préstenme atención, vengan a mí,
escúchenme y vivirán.
Sellaré con ustedes una alianza perpetua,
cumpliré las promesas que hice a David.
Como a él lo puse por testigo ante los pueblos,
como príncipe y soberano de las naciones,
así tú reunirás a un pueblo desconocido,
y las naciones que no te conocían acudirán a ti,
por amor del Señor, tu Dios,
por el Santo de Israel, que te ha honrado.
Busquen al Señor mientras lo pueden encontrar,
invóquenlo mientras está cerca;
que el malvado abandone su camino,
y el criminal, sus planes;
que regrese al Señor, y él tendrá piedad;
a nuestro Dios, que es rico en perdón.
Mis pensamientos no son los pensamientos de ustedes,
sus caminos no son mis caminos.
Porque así como aventajan los cielos a la tierra,
así aventajan mis caminos a los de ustedes
y mis pensamientos a sus pensamientos.
Como bajan del cielo la lluvia y la nieve
y no vuelven allá, sino después de empapar la tierra,
de fecundarla y hacerla germinar,
a fin de que dé semilla para sembrar y pan para comer,
así será la palabra que sale de mi boca:
no volverá a mí sin resultado,
sino que hará mi voluntad
y cumplirá su misión".

Palabra de Dios.

You who have no money,
  come, receive grain and eat;
come, without paying and without cost,
  drink wine and milk!
Why spend your money for what is not bread,
  your wages for what fails to satisfy?
Heed me, and you shall eat well,
  you shall delight in rich fare.
Come to me heedfully,
  listen, that you may have life.
I will renew with you the everlasting covenant,
  the benefits assured to David.
As I made him a witness to the peoples,
  a leader and commander of nations,
so shall you summon a nation you knew not,
  and nations that knew you not shall run to you,
because of the LORD, your God,
  the Holy One of Israel, who has glorified you.

Seek the LORD while he may be found,
  call him while he is near.
Let the scoundrel forsake his way,
  and the wicked man his thoughts;
let him turn to the LORD for mercy;
  to our God, who is generous in forgiving.
For my thoughts are not your thoughts,
  nor are your ways my ways, says the LORD.
As high as the heavens are above the earth,
  so high are my ways above your ways
  and my thoughts above your thoughts.

For just as from the heavens
  the rain and snow come down
and do not return there
  till they have watered the earth,
  making it fertile and fruitful,
giving seed to the one who sows
  and bread to the one who eats,
so shall my word be
  that goes forth from my mouth;
my word shall not return to me void,
  but shall do my will,
  achieving the end for which I sent it.

The word of the Lord.

SALMO RESPONSORIAL
Isaías 12 (La música se puede encontrar en p. 267)

℞ **Ustedes sacarán agua con alegría de las vertientes de la salvación.**

¡Vean cómo es El, el Dios que me salva,
me siento seguro y no tengo más miedo,
pues el Señor es mi fuerza y mi canción,
El es mi salvación.
Y ustedes sacarán agua con alegría
de los manantiales de la salvación. ℞

¡Denle las gracias al Señor; vitoreen su nombre!
Publiquen entre los pueblos sus hazañas.
Repitan que su nombre es sublime. ℞

¡Canten al Señor porque ha hecho marvillas
que toda la tierra debe conocer!
¡Griten de contento y de alegría, habitantes de Sión,
porque grande se ha portado contigo el Santo de Israel! ℞

ORACIÓN
Oremos.
Dios todopoderoso y eterno,
única esperanza del mundo,
tú que anunciaste por la voz de tus profetas
los misterios que estamos celebrando esta noche,
infunde en nuestros corazones la gracia de tu Espíritu,
para que podamos vivir
una vida digna de tu redención.
Por Jesucristo, nuestro Señor. Todos: **Amén.**

SEXTA LECTURA
Sigue el camino que te conduce a la luz del Señor.

Lectura del libro del profeta Baruc
3, 9-15. 32—4, 4

Escucha, Israel, los mandatos de vida,
presta oído para que adquieras prudencia.
¿A qué se debe, Israel, que estés aún en país enemigo,
que envejezcas en tierra extranjera,
que te hayas contaminado por el trato con los muertos,
que te veas contado entre los que descienden al abismo?

Es que abandonaste la fuente de la sabiduría.
Si hubieras seguido los senderos de Dios,
habitarías en paz eternamente.

Aprende dónde están la prudencia,
la inteligencia y la energía,

RESPONSORIAL PSALM

Isaiah 12:2-3, 4, 5-6 (Music setting can be found on p. 267)

℟ (3) **You will draw water joyfully from the springs of salvation.**

God indeed is my savior;
    I am confident and unafraid.
My strength and my courage is the LORD,
    and he has been my savior.
With joy you will draw water
    at the fountain of salvation. ℟

Give thanks to the LORD, acclaim his name;
    among the nations make known his deeds,
    proclaim how exalted is his name. ℟

Sing praise to the LORD for his glorious achievement;
    let this be known throughout all the earth.
Shout with exultation, O city of Zion,
    for great in your midst
    is the Holy One of Israel! ℟

PRAYER

Let us pray.

Almighty ever-living God,
sole hope of the world,
who by the preaching of your Prophets
unveiled the mysteries of this present age,
graciously increase the longing of your people,
for only at the prompting of your grace
do the faithful progress in any kind of virtue.
Through Christ our Lord. All: **Amen.**

SIXTH READING

Walk toward the splendor of the Lord.

A reading from the Book of the Prophet Baruch
3:9-15, 32—4:4

Hear, O Israel, the commandments of life:
    listen, and know prudence!
How is it, Israel,
        that you are in the land of your foes,
        grown old in a foreign land,
    defiled with the dead,
        accounted with those destined for the netherworld?
You have forsaken the fountain of wisdom!
        Had you walked in the way of God,
        you would have dwelt in enduring peace.
    Learn where prudence is,
        where strength, where understanding;

así aprenderás dónde se encuentra el secreto de vivir larga vida,
y dónde la luz de los ojos y la paz.
¿Quién es el que halló el lugar de la sabiduría
y tuvo acceso a sus tesoros?
El que todo lo sabe, la conoce;
con su inteligencia la ha escudriñado.
El que cimentó la tierra para todos los tiempos,
y la pobló de animales cuadrúpedos;
el que envía la luz, y ella va,
la llama, y temblorosa le obedece;
llama a los astros, que brillan jubilosos
en sus puestos de guardia,
y ellos le responden: "Aquí estamos",
y refulgen gozosos para aquel que los hizo.
Él es nuestro Dios
y no hay otro como él;
él ha escudriñado los caminos de la sabiduría
y se la dio a su hijo Jacob,
a Israel, su predilecto.
Después de esto, ella apareció en el mundo
y convivió con los hombres.

La sabiduría es el libro de los mandatos de Dios,
la ley de validez eterna;
los que la guardan, vivirán,
los que la abandonan, morirán.

Vuélvete a ella, Jacob, y abrázala;
camina hacia la claridad de su luz;
no entregues a otros tu gloria,
ni tu dignidad a un pueblo extranjero.
Bienaventurados nosotros, Israel,
porque lo que agrada al Señor
nos ha sido revelado.

Palabra de Dios.

SALMO RESPONSORIAL

Del salmo 18 (La música se puede encontrar en p. 268)

℟   **Señor, tú tienes, palabras de vida eterna.**

La ley del Señor es perfecta
y es descanso del alma;
el precepto del Señor es fiel
e instruye al ignorante. ℟

Los mandatos del Señor son rectos
y alegran el corazón;
la norma del Señor es límpida
y da luz a los ojos. ℟

that you may know also
    where are length of days, and life,
    where light of the eyes, and peace.
Who has found the place of wisdom,
    who has entered into her treasuries?

The One who knows all things knows her;
    he has probed her by his knowledge—
the One who established the earth for all time,
    and filled it with four-footed beasts;
    he who dismisses the light, and it departs,
    calls it, and it obeys him trembling;
before whom the stars at their posts
    shine and rejoice;
when he calls them, they answer, "Here we are!"
    shining with joy for their Maker.
Such is our God;
    no other is to be compared to him:
he has traced out the whole way of understanding,
    and has given her to Jacob, his servant,
    to Israel, his beloved son.

Since then she has appeared on earth,
    and moved among people.
She is the book of the precepts of God,
    the law that endures forever;
all who cling to her will live,
    but those will die who forsake her.
Turn, O Jacob, and receive her:
    walk by her light toward splendor.
Give not your glory to another,
    your privileges to an alien race.
Blessed are we, O Israel;
    for what pleases God is known to us!

The word of the Lord.

RESPONSORIAL PSALM

Psalm 19:8, 9, 10, 11 (Music setting can be found on p. 268)

℞ (John 6:68c) **Lord, you have the words of everlasting life.**

The law of the LORD is perfect,
    refreshing the soul;
the decree of the LORD is trustworthy,
    giving wisdom to the simple. ℞

The precepts of the LORD are right,
    rejoicing the heart;
the command of the LORD is clear,
    enlightening the eye. ℞

La voluntad del Señor es pura
y eternamente estable;
los mandamientos del Señor son verdaderos
y enteramente justos. ℞

Más preciosos que el oro,
más que el oro fino;
más dulce que la miel
de un panal que destila. ℞

ORACIÓN

Oremos.
Dios nuestro,
que haces crecer continuamente a tu Iglesia
con hijos llamados de todos los pueblos,
dígnate proteger siempre con tu gracia
a quienes has hecho renacer en el bautismo.
Por Jesucristo, nuestro Señor. Todos: **Amén.**

SÉPTIMA LECTURA

Los rociaré con agua pura y les daré un corazón nuevo.

Lectura del libro del profeta Ezequiel
36, 16-28

En aquel tiempo, me fue dirigida la palabra del Señor en estos términos: "Hijo de hombre, cuando los de la casa de Israel habitaban en su tierra, la mancharon con su conducta y con sus obras; como inmundicia fue su proceder ante mis ojos. Entonces descargué mi furor contra ellos, por la sangre que habían derramado en el país y por haberlo profanado con sus idolatrías. Los dispersé entre las naciones y anduvieron errantes por todas las tierras. Los juzgué según su conducta, según sus acciones los sentencié. Y en las naciones a las que se fueron, desacreditaron mi santo nombre, haciendo que de ellos se dijera: 'Este es el pueblo del Señor, y ha tenido que salir de su tierra'.

Pero, por mi santo nombre, que la casa de Israel profanó entre las naciones a donde llegó, me he compadecido. Por eso, dile a la casa de Israel: 'Esto dice el Señor: no lo hago por ustedes, casa de Israel. Yo mismo mostraré la santidad de mi nombre excelso, que ustedes profanaron entre las naciones. Entonces ellas reconocerán que yo soy el Señor, cuando, por medio de ustedes les haga ver mi santidad.

Los sacaré a ustedes de entre las naciones, los reuniré de todos los países y los llevaré a su tierra. Los rociaré con agua pura y quedarán purificados; los purificaré de todas sus inmundicias e idolatrías.

Les daré un corazón nuevo y les infundiré un espíritu nuevo; arrancaré de ustedes el corazón de piedra y les daré un corazón de carne. Les infundiré mi espíritu y los haré vivir según mis precep-

The fear of the LORD is pure,
　　enduring forever;
the ordinances of the LORD are true,
　　all of them just. ℟

They are more precious than gold,
　　than a heap of purest gold;
sweeter also than syrup
　　or honey from the comb. ℟

PRAYER
Let us pray.

O God, who constantly increase your Church
by your call to the nations,
graciously grant
to those you wash clean in the waters of Baptism
the assurance of your unfailing protection.
Through Christ our Lord. All: **Amen.**

SEVENTH READING
I shall sprinkle clean water upon you and I shall give you a new heart.

A reading from the Book of the Prophet Ezekiel
36:16-17a, 18-28

The word of the LORD came to me, saying: Son of man, when the house of Israel lived in their land, they defiled it by their conduct and deeds. Therefore I poured out my fury upon them because of the blood that they poured out on the ground, and because they defiled it with idols. I scattered them among the nations, dispersing them over foreign lands; according to their conduct and deeds I judged them. But when they came among the nations wherever they came, they served to profane my holy name, because it was said of them: "These are the people of the LORD, yet they had to leave their land." So I have relented because of my holy name which the house of Israel profaned among the nations where they came. Therefore say to the house of Israel: Thus says the Lord GOD: Not for your sakes do I act, house of Israel, but for the sake of my holy name, which you profaned among the nations to which you came. I will prove the holiness of my great name, profaned among the nations, in whose midst you have profaned it. Thus the nations shall know that I am the LORD, says the Lord GOD, when in their sight I prove my holiness through you. For I will take you away from among the nations, gather you from all the foreign lands, and bring you back to your own land. I will sprinkle clean water upon you to cleanse you from all your impurities, and from all your idols I will cleanse you. I will give you a new heart and place a new spirit within you, taking from your bodies your stony hearts and giving you natural hearts. I will put my spirit within you and

tos y guardar y cumplir mis mandamientos. Habitarán en la tierra que di a sus padres; ustedes serán mi pueblo y yo seré su Dios'".

Palabra de Dios.

SALMO RESPONSORIAL
De los salmos 41 y 42 (La música se puede encontrar en p. 269)

℟ **Como busca la cierva corrientes de agua, así mi alma te busca a ti, Dios mío.**

Mi alma tiene sed de Dios, del Dios vivo:
¿cuándo entraré a ver el rostro de Dios? ℟

Como marchaba a la cabeza del grupo
hacia la casa de Dios,
entre cantos de júbilo y alabanza,
en el bullicio de la fiesta. ℟

Envía tu luz y tu verdad;
que ellas me guíen
y me conduzcan hasta tu monte santo,
hasta tu morada. ℟

Que yo me acerque al altar de Dios,
al Dios de mi alegría;
que te dé gracias al son de la cítara,
Dios, Dios mío. ℟

O bien, cuando hay bautizos:

SALMO RESPONSORIAL
Del Isaías 12

℟ **Ustedes sacarán agua con alegría de las vertientes de la salvación.**

¡Vean cómo es El, el Dios que me salva,
me siento seguro y no tengo más miedo,
pues el Señor es mi fuerza y mi canción,
El es mi salvación.
Y ustedes sacarán agua con alegría
de los manantiales de la salvación. ℟

¡Denle las gracias al Señor; vitoreen su nombre!
Publiquen entre los pueblos sus hazañas.
Repitan que su nombre es sublime. ℟

¡Canten al Señor porque ha hecho maravillas
que toda la tierra debe conocer!
¡Griten de contento y de alegría, habitantes de Sión,
porque grande se ha portado contigo el Santo de Israel! ℟

make you live by my statutes, careful to observe my decrees. You shall live in the land I gave your fathers; you shall be my people, and I will be your God.

The word of the Lord.

RESPONSORIAL PSALM
Psalm 42:3, 5; 43:3, 4 [When baptism is celebrated] (Music setting can be found on p. 269)

℟ (42:2) **Like a deer that longs for running streams, my soul longs for you, my God.**

Athirst is my soul for God, the living God.
>When shall I go and behold the face of God? ℟

I went with the throng
>and led them in procession to the house of God,
amid loud cries of joy and thanksgiving,
>with the multitude keeping festival. ℟

Send forth your light and your fidelity;
>they shall lead me on
And bring me to your holy mountain,
>to your dwelling-place. ℟

Then will I go in to the altar of God,
>the God of my gladness and joy;
then will I give you thanks upon the harp,
>O God, my God! ℟

Or when baptism is not celebrated:

RESPONSORIAL PSALM
Isaiah 12:2-3, 4bcd, 5-6

℟ (3) **You will draw water joyfully from the springs of salvation.**

God indeed is my savior;
>I am confident and unafraid.
My strength and my courage is the LORD,
>and he has been my savior.
With joy you will draw water
>at the fountain of salvation. ℟

Give thanks to the LORD, acclaim his name;
>among the nations make known his deeds,
>proclaim how exalted is his name. ℟

Sing praise to the LORD for his glorious achievement;
>let this be known throughout all the earth.
Shout with exultation, O city of Zion,
>for great in your midst
>is the Holy One of Israel! ℟

O bien:

SALMO RESPONSORIAL

Del salmo 50 (La música se puede encontrar en p. 270)

℞   **Oh Dios, crea en mí un corazón puro.**

Oh Dios, crea en mí un corazón puro,
renuévame por dentro con espíritu firme;
no me arrojes lejos de tu rostro,
no me quites tu santo Espíritu. ℞

Devuélveme la alegría de tu salvación,
afiánzame con espíritu generoso.
Enseñaré a los malvados tus caminos
los pecadores volverán a ti. ℞

Los sacrificios no te satisfacen,
si te ofreciera un holocausto, no te querrías.
Mi sacrificio es un espíritu quebrantado,
un corazón quebrantado y humillado tú no lo desprecias. ℞

ORACIÓN

Oremos.
Señor, Dios nuestro, poder inmutable y luz sin ocaso,
prosigue bondadoso a través de tu Iglesia,
sacramento de salvación,
la obra que tu amor dispuso desde la eternidad;
que todo el mundo vea y reconozca
que los caídos se levantan, que se renueva lo que había
envejecido y que todo se integra en aquel que es el principio
de todo, Jesucristo, nuestro Señor, que vive y reina
contigo por los siglos de los siglos. Todos: **Amén.**

O bien:

Oremos.
Señor Dios nuestro, que con las enseñanzas
del Antiguo y del Nuevo Testamento nos has preparado
a celebrar el misterio de la Pascua, haz que comprendamos
tu amor, para que los dones que hoy recibimos
confirmen en nosotros la esperanza de los bienes futuros.
Por Jesucristo, nuestro Señor. Todos: **Amén.**

Terminada la oración de la última lectura del Antiguo Testamento, con el
responsorio y la oración correspondiente, se encienden las velas del altar. El
sacerdote entona solemnemente el **Gloria**, que todos prosiguen. Se tocan las
campanas, de acuerdo con las costumbres de cada lugar.

Después del Gloria, el sacerdote dice la oración colecta, como de ordinario.

Or when baptism is not celebrated:

RESPONSORIAL PSALM

Psalm 51:12-13, 14-15, 18-19 (Music setting can be found on p. 270).

℟ (12a) **Create a clean heart in me, O God.**

A clean heart create for me, O God,
and a steadfast spirit renew within me.
Cast me not out from your presence,
and your Holy Spirit take not from me. ℟

Give me back the joy of your salvation,
and a willing spirit sustain in me.
I will teach transgressors your ways,
and sinners shall return to you. ℟

For you are not pleased with sacrifices;
should I offer a holocaust, you would not accept it.
My sacrifice, O God, is a contrite spirit;
a heart contrite and humbled, O God, you will not spurn. ℟

PRAYER

Let us pray.
O God of unchanging power and eternal light,
look with favor on the wondrous mystery of the whole Church
and serenely accomplish the work of human salvation,
which you planned from all eternity;
may the whole world know and see
that what was cast down is raised up,
what had become old is made new,
and all things are restored to integrity through Christ,
just as by him they came into being.
Who lives and reigns for ever and ever. All: **Amen.**

Or:

O God, who by the pages of both Testaments
instruct and prepare us to celebrate the Paschal Mystery,
grant that we may comprehend your mercy,
so that the gifts we receive from you this night
may confirm our hope of the gifts to come.
Through Christ our Lord. All: **Amen.**

GLORIA (See page 9)

ORACIÓN COLECTA

Oremos.

Dios nuestro,
que haces resplandecer esta noche santa con la gloria
del Señor resucitado, aviva en tu Iglesia
el espíritu filial, para que,
renovados en cuerpo y alma,
nos entreguemos plenamente a tu servicio.
Por nuestro Señor Jesucristo. Todos: **Amén.**

EPÍSTOLA

Cristo, una vez resucitado de entre los muertos, ya no morirá nunca.

Lectura de la carta del apóstol san Pablo a los romanos
6, 3-11

Hermanos: ¿No saben ustedes que todos los que hemos sido
incorporados a Cristo Jesús por medio del bautismo, hemos
sido incorporados a su muerte? En efecto, por el bautismo fui-
mos sepultados con él en su muerte, para que, así como Cristo
resucitó de entre los muertos por la gloria del Padre, así también
nosotros llevemos una vida nueva.

Porque, si hemos estado íntimamente unidos a él por una
muerte semejante a la suya, también lo estaremos en su resurrección. Sabemos que nuestro viejo yo fue crucificado con Cristo, para
que el cuerpo del pecado quedara destruido, a fin de que ya no
sirvamos al pecado, pues el que ha muerto queda libre del pecado.

Por lo tanto, si hemos muerto con Cristo, estamos seguros de
que también viviremos con él; pues sabemos que Cristo, una vez
resucitado de entre los muertos, ya no morirá nunca. La muerte
ya no tiene dominio sobre él, porque al morir, murió al pecado
de una vez para siempre; y al resucitar, vive ahora para Dios.
Lo mismo ustedes, considérense muertos al pecado y vivos para
Dios en Cristo Jesús, Señor nuestro.

Palabra de Dios.

Terminada la epístola todos se ponen de pie y el sacerdote entona solemnemente el Aleluya, que todos repiten.

SALMO RESPONSORIAL

Del salmo 117 (La música se puede encontrar en p. 270)

℟ **Aleluya, aleuya, aleuya.**

Den gracias al Señor porque es bueno,
porque es eternal su misericordia.
Diga la casa de Israel:
eterna es su misericordia. ℟

La diestra del Señor es poderosa,
la diestra del Señor es excelsa.
No he de morir, viviré,
para contar lo hazañas del Señor. ℟

COLLECT

Let us pray.

O God, who make this most sacred night radiant
with the glory of the Lord's Resurrection,
stir up in your Church a spirit of adoption,
so that, renewed in body and mind,
we may render you undivided service.
Through our Lord Jesus Christ, your Son,
who lives and reigns with you in the unity of the Holy Spirit,
one God, for ever and ever. All: **Amen.**

EPISTLE

Christ, raised from the dead, dies no more.

A reading from the Letter of Saint Paul to the Romans

6:3-11

Brothers and sisters: Are you unaware that we who were baptized into Christ Jesus were baptized into his death? We were indeed buried with him through baptism into death, so that, just as Christ was raised from the dead by the glory of the Father, we too might live in newness of life.

For if we have grown into union with him through a death like his, we shall also be united with him in the resurrection. We know that our old self was crucified with him, so that our sinful body might be done away with, that we might no longer be in slavery to sin. For a dead person has been absolved from sin. If, then, we have died with Christ, we believe that we shall also live with him. We know that Christ, raised from the dead, dies no more; death no longer has power over him. As to his death, he died to sin once and for all; as to his life, he lives for God. Consequently, you too must think of yourselves as being dead to sin and living for God in Christ Jesus.

The word of the Lord.

After the Epistle all rise, and the Priest solemnly intones the *Alleluia,* which is repeated by all present.

RESPONSORIAL PSALM

Psalm 118:1-2, 16-17, 22-23 (Music setting can be found on p. 270)

℟ **Alleluia, alleluia, alleluia.**

Give thanks to the LORD, for he is good,
    for his mercy endures forever.
Let the house of Israel say,
    "His mercy endures forever." ℟

"The right hand of the LORD has struck with power;
    the right hand of the LORD is exalted.
I shall not die, but live,
    and declare the works of the LORD." ℟

La piedra que desecharon los arquitectos,
es ahora la piedra angular.
Es el Señor quien lo ha hecho,
es un milagro patente. ℟

Ciclo A   EVANGELIO
Ha resucitado e irá delante de ustedes a Galilea.

✠ Lectura del santo Evangelio según san Mateo
Mt 28, 1-10

Transcurrido el sábado, al amanecer del primer día de la semana, María Magdalena y la otra María fueron a ver el sepulcro. De pronto se produjo un gran temblor, porque el ángel del Señor bajó del cielo y acercándose al sepulcro, hizo rodar la piedra que lo tapaba y se sentó encima de ella. Su rostro brillaba como el relámpago y sus vestiduras eran blancas como la nieve. Los guardias, atemorizados ante él, se pusieron a temblar y se quedaron como muertos. El ángel se dirigió a las mujeres y les dijo: "No teman. Ya sé que buscan a Jesús, el crucificado. No está aquí; ha resucitado, como lo había dicho. Vengan a ver el lugar donde los habían puesto. Y ahora, vayan de prisa a decir a sus discípulos: 'Ha resucitado de entre los muertos e irá delante de ustedes a Galilea; allá lo verán'. Eso es todo".

Ellas se alejaron a toda prisa del sepulcro, y llenas de temor y de gran alegría, corrieron a dar la noticia a los discípulos. Pero de repente Jesús les salió al encuentro y las saludó. Ellas se le acercaron, le abrazaron los pies y lo adoraron. Entonces les dijo Jesús: "No tengan miedo. Vayan a decir a mis hermanos que se dirijan a Galilea. Allá me verán".

Palabra del Señor. Todos: **Gloria a ti, Señor Jesús.**

Ciclo B   EVANGELIO
Jesús de Nazaret, que fue crucificado, resucitó.

✠ Lectura del santo Evangelio según san Marcos
16, 1-7

Transcurrido el sábado, María Magdalena, María (la madre de Santiago) y Salomé, compraron perfumes para ir a embalsamar a Jesús. Muy de madrugada, el primer día de la semana, a la salida del sol, se dirigieron al sepulcro. Por el camino se decían unas a otras: "¿Quién nos quitará la piedra de la entrada

The stone which the builders rejected
   has become the cornerstone.
By the LORD has this been done;
   it is wonderful in our eyes. ℟

Year A: 2014, 2017, 2020, etc. (p. 215)
Year B: 2012, 2015, 2018, etc. (p. 215)
Year C: 2013, 2016, 2019, etc. (p. 217)

Year A GOSPEL
He has been raised from the dead and is going before you to Galilee.

✠ A reading from the holy Gospel according to Matthew
28:1-10

After the sabbath, as the first day of the week was dawning, Mary Magdalene and the other Mary came to see the tomb. And behold, there was a great earthquake; for an angel of the Lord descended from heaven, approached, rolled back the stone, and sat upon it. His appearance was like lightning and his clothing was white as snow. The guards were shaken with fear of him and became like dead men. Then the angel said to the women in reply, "Do not be afraid! I know that you are seeking Jesus the crucified. He is not here, for he has been raised just as he said. Come and see the place where he lay. Then go quickly and tell his disciples, 'He has been raised from the dead, and he is going before you to Galilee; there you will see him.' Behold, I have told you." Then they went away quickly from the tomb, fearful yet overjoyed, and ran to announce this to his disciples. And behold, Jesus met them on their way and greeted them. They approached, embraced his feet, and did him homage. Then Jesus said to them, "Do not be afraid. Go tell my brothers to go to Galilee, and there they will see me."

The Gospel of the Lord. All: **Praise to you, Lord Jesus Christ.**

Year B GOSPEL
Jesus of Nazareth, the crucified, has been raised.

✠ A reading from the holy Gospel according to Mark
16:1-7

When the sabbath was over, Mary Magdalene, Mary, the mother of James, and Salome bought spices so that they might go and anoint him. Very early when the sun had risen, on the first day of the week, they came to the tomb. They were saying to one another, "Who will roll back the stone for us from the entrance to the tomb?" When they looked up, they saw that

del sepulcro?" Al llegar, vieron que la piedra ya estaba quitada, a pesar de ser muy grande.

Entraron en el sepulcro y vieron a un joven, vestido con una túnica blanca, sentado en el lado derecho, y se llenaron de miedo. Pero él les dijo: "No se espanten. Buscan a Jesús de Nazaret, el que fue crucificado. No está aquí; ha resucitado. Miren el sitio donde lo habían puesto. Ahora vayan a decirles a sus discípulos y a Pedro: 'El irá delante de ustedes a Galilea. Allá lo verán, como él les dijo'".

Palabra del Señor. Todos: **Gloria a ti, Señor Jesús.**

Ciclo C   EVANGELIO
¿Por qué buscan entre los muertos al que está vivo?

✠ Lectura Lectura del santo Evangelio según san Lucas 24, 1-12

El primer día después del sábado, muy de mañana, llegaron las mujeres al sepulcro, llevando los perfumes que habían preparado. Encontraron que la piedra ya había sido retirada del sepulcro y entraron, pero no hallaron el cuerpo del Señor Jesús.

Estando ellas todas desconcertadas por esto, se les presentaron dos varones con vestidos resplandecientes. Como ellas se llenaron de miedo e inclinaron el rostro a tierra, los varones les dijeron: "¿Por qué buscan entre los muertos al que está vivo? No está aquí; ha resucitado. Recuerden que cuando estaba todavía en Galilea les dijo: 'Es necesario que el Hijo del hombre sea entregado en manos de los pecadores y sea crucificado y al tercer día resucite'". Y ellas recordaron sus palabras.

Cuando regresaron del sepulcro, las mujeres anunciaron todas estas cosas a los Once y a todos los demás. Las que decían estas cosas a los apóstoles eran María Magdalena, Juana, María (la madre de Santiago) y las demás que estaban con ellas. Pero todas estas palabras les parecían desvaríos y no les creían.

Pedro se levantó y corrió al sepulcro. Se asomó, pero sólo vio los lienzos y se regresó a su casa, asombrado por lo sucedido.

Palabra del Señor. Todos: **Gloria a ti, Señor Jesús.**

TERCERA PARTE: LITURGIA BAUTISMAL
Después, el sacerdote exhorta a los presentes, con estas u otras palabras semejantes.
Si están presentes los que se van a bautizar:

Hermanos,
acompañemos con nuestra oración
a estos catecúmenos que anhelan renacer a una nueva vida
en la fuente del bautismo, para que Dios,
nuestro Padre, les otorgue su protección y su amor.

the stone had been rolled back; it was very large. On entering the tomb they saw a young man sitting on the right side, clothed in a white robe, and they were utterly amazed. He said to them, "Do not be amazed! You seek Jesus of Nazareth, the crucified. He has been raised; he is not here. Behold the place where they laid him. But go and tell his disciples and Peter, 'He is going before you to Galilee; there you will see him, as he told you.'"

The Gospel of the Lord. All: **Praise to you, Lord Jesus Christ.**

Year C   GOSPEL
Why do you seek the Living One among the dead?

✠ A reading from the holy Gospel according to Luke
24:1-12

At daybreak on the first day of the week the women who had come from Galilee with Jesus took the spices they had prepared and went to the tomb. They found the stone rolled away from the tomb; but when they entered, they did not find the body of the Lord Jesus. While they were puzzling over this, behold, two men in dazzling garments appeared to them. They were terrified and bowed their faces to the ground. They said to them, "Why do you seek the living one among the dead? He is not here, but he has been raised. Remember what he said to you while he was still in Galilee, that the Son of Man must be handed over to sinners and be crucified, and rise on the third day." And they remembered his words. Then they returned from the tomb and announced all these things to the eleven and to all the others. The women were Mary Magdalene, Joanna, and Mary the mother of James; the others who accompanied them also told this to the apostles, but their story seemed like nonsense and they did not believe them. But Peter got up and ran to the tomb, bent down, and saw the burial cloths alone; then he went home amazed at what had happened.

The Gospel of the Lord. All: **Praise to you, Lord Jesus Christ.**

THIRD PART: BAPTISMAL LITURGY
If there are candidates to be baptized:

Dearly beloved,
with one heart and one soul, let us by our prayers
come to the aid of these our brothers and sisters in their blessed hope,
so that, as they approach the font of rebirth,
the almighty Father may bestow on them
all his merciful help.

Si se bendice la fuente, pero no va a haber bautizos:

Hermanos,
pidamos a Dios todopoderoso
que con su poder santifique esta fuente bautismal,
para que cuantos en el bautismo van a ser regenerados en Cristo,
sean acogidos en la familia de Dios.

En las letanías se pueden añadir algunos nombres de santos, especialmente el del titular de la iglesia, el de los patronos del lugar y el de los que van a ser bautizados.

LETANÍAS DE LOS SANTOS

Si hay bautizos, el sacerdote con las manos juntas, dice la siguiente oración:

Derrama, Señor,
tu infinita bondad en este sacramento del bautismo
y envía tu santo Espíritu,
para que haga renacer de la fuente bautismal
a estos nuevos hijos tuyos,
que van a ser santificados por tu gracia,
mediante la colaboración de nuestro ministerio.
Por Jesucristo, nuestro Señor. Todos: **Amén.**

BENDICIÓN DEL AGUA BAUTISMAL

Enseguida el sacerdote bendice el agua bautismal.

Dios nuestro, que con tu poder invisible realizas obras admirables por medio de los signos de los sacramentos y has hecho que tu creatura, el agua, signifique de muchas maneras la gracia del bautismo.

Dios nuestro, cuyo Espíritu aleteaba sobre la superficie de las aguas en los mismos principios del mundo, para que ya desde entonces el agua recibiera el poder de dar la vida.

Dios nuestro, que incluso en las aguas torrenciales del diluvio prefiguraste el nuevo nacimiento de los hombres, al hacer que de una manera misteriosa, un mismo elemento diera fin al pecado y origen a la virtud.

Dios nuestro, que hiciste pasar a pie enjuto por el mar Rojo a los hijos de Abraham, a fin de que el pueblo liberado de la esclavitud del faraón, prefigurara al pueblo de los bautizados.

Dios nuestro, cuyo Hijo, al ser bautizado por el precursor en el agua del Jordán, fue ungido por el Espíritu Santo; suspendido en la cruz, quiso que brotaran de su costado sangre y agua; y después de su resurrección mandó a sus apóstoles: "Id y enseñad a todas las naciones, bautizándolas en el nombre del Padre, y del Hijo y del Espíritu Santo."

If the font is to be blessed, but there is no one to be baptized:

Dearly beloved,
let us humbly invoke upon this font
the grace of God the almighty Father,
that those who from it are born anew
may be numbered among the children of adoption in Christ.

The Litany is sung by two cantors, with all standing (because it is Easter Time) and responding.

THE LITANY OF THE SAINTS

If there are candidates to be baptized, the priest says the following prayer:

Almighty ever-living God,
be present by the mysteries of your great love
and send forth the spirit of adoption
to create the new peoples
brought to birth for you in the font of Baptism,
so that what is to be carried out by our humble service
may be brought to fulfillment by your mighty power.
Through Christ our Lord. All: **Amen.**

BLESSING OF BAPTISMAL WATER

O God, who by invisible power
accomplish a wondrous effect
through sacramental signs
and who in many ways have prepared water, your creation,
to show forth the grace of Baptism;

O God, whose Spirit
in the first moments of the world's creation
hovered over the waters,
so that the very substance of water
would even then take to itself the power to sanctify;

O God, who by the outpouring of the flood
foreshadowed regeneration,
so that from the mystery of one and the same element of water
would come an end to vice and a beginning of virtue;

O God, who caused the children of Abraham
to pass dry-shod through the Red Sea,
so that the chosen people,
set free from slavery to Pharaoh,
would prefigure the people of the baptized;

Mira ahora a tu Iglesia en oración
y abre para ella la fuente del bautismo.
Que por la obra del Espíritu Santo esta agua adquiera la gracia
de tu Unigénito,
para que el hombre, creado a tu imagen,
limpio de su antiguo pecado
por el sacramento del bautismo,
renazca a la vida nueva
por el agua y el Espíritu Santo.

Si lo cree oportuno, introduce el cirio pascual en el agua una o tres veces,
diciendo:

Te pedimos, Señor, que el poder del Espíritu Santo,
por tu Hijo, descienda sobre el agua de esta fuente,
para que todos los que en ella reciban el bautismo, sepultados
con Cristo en su muerte, resuciten también con él a la vida.
Por Jesucristo, nuestro Señor. Todos: **Amén.**

Enseguida saca el cirio del agua y el pueblo dice la siguiente aclamación o
alguna otra adecuada:
Fuentes del Señor, bendigan al Señor,
alábenlo y glorifíquenlo por los siglos.

CELEBRACION DEL BAUTISMO

Las partes del rito que anteceden a la celebración del sacramento se ce-
lebran en tiempo y lugar convenientes antes de la Vigilia Pascual. La celebración del sacramento tiene lugar después de la bendición del agua.

RENUNCIA Y PROFESIÓN DE FE

El celebrante pregunta a los elegidos:
Sacerdote: ¿Renuncian ustedes a Satanás?
Elegidos: **–Sí, renuncio.**

Sacerdote: ¿Renuncian a todas sus obras?
Elegidos: **–Sí, renuncio.**

Sacerdote: ¿Renuncian a todas sus seducciones?
Elegidos: **–Sí, renuncio.**

O bien:
Sacerdote: ¿Renuncian ustedes al pecado para vivir en la libertad
de los hijos de Dios?
Elegidos: **–Sí, renuncio.**

Sacerdote: ¿Renuncian a todas las seducciones del mal para que
el pecado no los esclavice?
Elegidos: **–Sí, renuncio.**

Sacerdote: ¿Renuncian a Satanás, padre y autor de todo pecado?
Elegidos: **–Sí, renuncio.**

O God, whose Son,
baptized by John in the waters of the Jordan,
was anointed with the Holy Spirit,
and, as he hung upon the Cross,
gave forth water from his side along with blood,
and after his Resurrection, commanded his disciples:
"Go forth, teach all nations, baptizing them
in the name of the Father and of the Son and of the Holy Spirit,"
look now, we pray, upon the face of your Church
and graciously unseal for her the fountain of Baptism.

May this water receive by the Holy Spirit
the grace of your Only Begotten Son,
so that human nature, created in your image
and washed clean through the Sacrament of Baptism
from all the squalor of the life of old,
may be found worthy to rise to the life of newborn children
through water and the Holy Spirit.

May the power of the Holy Spirit,
O Lord, we pray,
come down through your Son
into the fullness of this font,
so that all who have been buried with Christ
by Baptism into death
may rise again to life with him.
Who lives and reigns with you in the unity of the Holy Spirit,
one God, for ever and ever. All: **Amen.**

The Priest sprinkles the people with the blessed water while all sing a song
which is baptismal in character, especially **Springs of Water.**

CELEBRATION OF BAPTISM

RENUNCIATION OF SIN AND PROFESSION OF FAITH

Dear parents and godparents: You have come here to present these
children for Baptism. By water and the Holy Spirit they are to receive the gift of new life from God, who is love.

On your part, you must make it your constant care to bring them up
in the practice of the faith. See that the divine life which God gives
them is kept safe from the poison of sin, to grow always stronger in
their hearts.

If your faith makes you ready to accept this responsibility, renew
now the vows of your own Baptism. Reject sin; profess your faith
in Christ Jesus. This is the faith of the Church. This is the faith in
which these children are about to be baptized.

The celebrant in a series of questions to which the candidates and the parents and godparents reply I DO, asks the candidates and parents and godparents to renounce sin and profess their faith.

El celebrante solicita luego la triple profesión de fe de los elegidos.

Sacerdote: ¿Creen ustedes en Dios, Padre todopoderoso, creador del cielo y de la tierra?

Elegidos: –Sí, creo.

Sacerdote: ¿Creen en Jesucristo, su Hijo único y Señor nuestro, que nació de la Virgen María, padeció y murió por nosotros, resucitó y está sentado a la derecha del Padre?

Elegidos: –Sí, creo.

Sacerdote: ¿Creen en el Espíritu Santo, en la santa Iglesia católica, en la comunión de los santos, en el perdón de los pecados, en la resurrección de los muertos y en la vida eterna?

Elegidos: –Sí, creo.

BAUTISMO DE ADULTOS

El sacerdote invita al primero de los elegidos a la pila bautismal con sus padrinos. Usando el nombre del elegido, lo interroga.

Sacerdote: ¿Quieres ser bautizado(a) en esta fe de la Iglesia, que todos juntos acabamos de profesar?

Elegidos: –Sí, quiero.

El sacerdote bautiza al elegido, diciendo:

N., yo te bautizo en el nombre del Padre,
y del Hijo,
y del Espíritu Santo.

Después de cada bautismo es apropiado que el pueblo cante una pequeña aclamación:

Ésta es la fuente de vida
que brotó del costado de Cristo y lavó al mundo entero.
Esperen el reino de los cielos, ustedes, los que de esta
fuente han renacido.

BAPTISM OF ADULTS

Celebrant: Is it your will to be baptized in the faith of the Church, which we have all professed with you?
Candidate: It is.

He baptizes the candidate, saying:
N., I baptize you in the name of the Father,

He immerses the candidate or pours water upon him.
and of the Son,

He immerses the candidate or pours water upon him a second time.
and of the Holy Spirit.

He immerses the candidate or pours water upon him a third time. He asks the same question and performs the same action for each candidate.

After each baptism it is appropriate for the people to sing a short acclamation:
This is the fountain of life,
water made holy by the suffering of Christ, washing all the world.
You who are washed in this water have hope of heaven's kingdom.

BAPTISM OF CHILDREN

Celebrant: Is it your will that N. should be baptized in the faith of the Church, which we have all professed with you?
Parents and godparents: It is.

He baptizes the child, saying:
N., I baptize you in the name of the Father,

He immerses the child or pours water upon it.
and of the Son,

He immerses the child or pours water upon it a second time.
and of the Holy Spirit.

He immerses the child or pours water upon it a third time.

He asks the same question and performs the same action for each child.

After each baptism it is appropriate for the people to sing a short acclamation:
This is the fountain of life,
water made holy by the suffering of Christ, washing all the world.
You who are washed in this water have hope of heaven's kingdom.

UNCIÓN CON EL CRISMA
IMPOSICIÓN DE LA VESTIDURA BLANCA
CELEBRACIÓN DE LA CONFIRMACIÓN
INVITACIÓN

El celebrante se dirige al pueblo:

Oremos, hermanos, a Dios, Padre todopoderoso, por estos hijos suyos, que renacieron ya a la vida eterna por el bautismo, para que envíe abundantemente sobre ellos al Espíritu Santo, a fin de que este mismo Espíritu los fortalezca con la abundancia de sus dones y, con su unción, los configure perfectamente con Cristo, el Hijo de Dios.

ANOINTING WITH CHRISM

God the Father of our Lord Jesus Christ has freed you from sin, given you a new birth by water and the Holy Spirit, and welcomed you into his holy people. He now anoints you with the Chrism of salvation. As Christ was anointed Priest, Prophet, and King, so may you live always as members of his body, sharing everlasting life. All: **Amen.**

CLOTHING WITH THE WHITE GARMENT

(N., N.,) you have become a new creation, and have clothed yourselves in Christ. See in this white garment the outward sign of your Christian dignity. With your family and friends to help you by word and example, bring that dignity unstained into the everlasting life of heaven. All: **Amen.**

CELEBRATION OF CONFIRMATION*

If the Bishop has conferred Baptism, he should now also confer Confirmation. If the Bishop is not present, the Priest who conferred Baptism and received the candidates into full communion is authorized to confirm. The infants who were baptized during this celebration are not confirmed. However, the newly baptized children who have gone through the RCIA process are confirmed.

*From the RCIA, nos. 588-591.

INVITATION

My dear friends, let us pray to God our Father, that he will pour out the Holy Spirit on these candidates for confirmation to strengthen them with his gifts and anoint them to be more like Christ, the Son of God.

LAYING ON OF HANDS

All-powerful God, Father of our Lord Jesus Christ,
by water and the Holy Spirit
you freed your sons
and daughters from sin and gave them new life.
Send your Holy Spirit upon them to be their helper and guide.
Give them the spirit of wisdom and understanding,
the spirit of right judgment and courage,
the spirit of knowledge and reverence.
Fill them with the spirit of wonder and awe in your presence.
Through Christ our Lord. All: **Amen.**

IMPOSICIÓN DE MANOS
UNCIÓN CON EL CRISMA

N., recibe por esta señal el Don del Espíritu Santo.

℟   **Amén.**

La paz esté contigo.

℟   **Y con tu espíritu.**

ANOINTING WITH CHRISM

N., be sealed with the Gift of the Holy Spirit.

Newly confirmed: **Amen.**

The minister of the sacrament adds: **Peace be with you.**

Newly confirmed: **And also with you.**

If no one is to be baptized and the font is not to be blessed, the Priest blesses the water with the following prayer:

Dear brothers and sisters,
let us humbly beseech the Lord our God
to bless this water he has created,
which will be sprinkled upon us
as a memorial of our Baptism.
May he graciously renew us,
that we may remain faithful to the Spirit
whom we have received.

And after a brief pause in silence, he proclaims the following prayer, with hands extended:

Lord our God,
in your mercy be present to your people
who keep vigil on this most sacred night,
and, for us who recall the wondrous work of our creation
and the still greater work of our redemption,
graciously bless this water.
For you created water to make the fields fruitful
and to refresh and cleanse our bodies.
You also made water the instrument of your mercy:
for through water you freed your people from slavery
and quenched their thirst in the desert;
through water the Prophets proclaimed the new covenant
you were to enter upon with the human race;
and last of all,
through water, which Christ made holy in the Jordan,
you have renewed our corrupted nature
in the bath of regeneration.
Therefore, may this water be for us
a memorial of the Baptism we have received,
and grant that we may share
in the gladness of our brothers and sisters,
who at Easter have received their Baptism.
Through Christ our Lord. All: **Amen.**

RENOVACIÓN DE LAS PROMESAS DEL BAUTISMO

El sacerdote se dirige a la comunidad con estas palabras u otras parecidas:

Hermanos, por medio del bautismo,
hemos sido hechos partícipes del misterio pascual de Cristo;
es decir, por medio del bautismo, hemos sido sepultados con él en su
muerte para resucitar con él a una vida nueva.
Por eso, después de haber terminado el tiempo de Cuaresma, que
nos preparó a la Pascua, es muy conveniente
que renovemos las promesas de nuestro bautismo,
en las cuales un día renunciamos a Satanás y a sus obras
y nos comprometimos a servir a Dios en la santa Iglesia católica.
Así que:
Sacerdote: ¿Renuncian ustedes a Satanás? Todos: **Sí, renuncio.**
Sacerdote: ¿Renuncian a todas sus obras? Todos: **Sí, renuncio.**
Sacerdote: ¿Renuncian a todas sus seducciones? Todos: **Sí, renuncio.**

O bien:
Sacerdote: ¿Renuncian ustedes al pecado para vivir en la libertad
de los hijos de Dios? Todos: **Sí, renuncio.**
Sacerdote: ¿Renuncian a todas las seducciones del mal para que el
pecado no los esclavice? Todos: **Sí, renuncio.**
Sacerdote: ¿Renuncian a Satanás, padre y autor de todo pecado?
Todos: **Sí, renuncio.**

Prosigue el sacerdote:
Sacerdote: ¿Creen ustedes en Dios, Padre todopoderoso, creador del
cielo y de la tierra? Todos: **Sí, creo.**
Sacerdote: ¿Creen en Jesucristo, su Hijo único y Señor nuestro, que
nació de la Virgen María, padeció y murió por nosotros, resucitó y
está sentado a la derecha del Padre? Todos: **Sí, creo.**
Sacerdote: ¿Creen en el Espíritu Santo, en la santa Iglesia católica,
en la comunión de los santos, en el perdón de los pecados, en la resurrección de los muertos y en la vida eterna? Todos: **Sí, creo.**

Y el sacerdote concluye:
Que Dios todopoderoso, Padre de nuestro Señor Jesucristo,
que nos liberó del pecado
y nos ha hecho renacer por el agua y el Espíritu Santo,
nos conserve con su gracia unidos a Jesucristo nuestro Señor,
hasta la vida eterna. Todos: **Amén.**

El sacerdote rocía al pueblo con el agua bendita, mientras todos entonan
algún canto bautismal.

CUARTA PARTE: LITURGIA EUCARÍSTICA

RENEWAL OF BAPTISMAL PROMISES

Dear brethren (brothers and sisters), through the Paschal Mystery
we have been buried with Christ in Baptism,
so that we may walk with him in newness of life.
And so, now that our Lenten observance is concluded,
let us renew the promises of Holy Baptism,
by which we once renounced Satan and his works
and promised to serve God in the holy Catholic Church.
And so I ask you:

Priest: Do you renounce Satan? All: **I do.**

Priest: And all his works? All: **I do.**

Priest: And all his empty show? All: **I do.**

Or:

Priest: Do you renounce sin,
   so as to live in the freedom of the children of God?
   All: **I do.**

Priest: Do you renounce the lure of evil,
   so that sin may have no mastery over you? All: **I do.**

Priest: Do you renounce Satan,
   the author and prince of sin? All: **I do.**

Then the priest continues:

Priest: Do you believe in God,
   the Father almighty, Creator of heaven and earth?
   All: **I do.**

Priest: Do you believe in Jesus Christ, his only Son, our Lord,
   who was born of the Virgin Mary,
   suffered death and was buried,
   rose from the dead
   and is seated at the right hand of the Father? All: **I do.**

Priest: Do you believe in the Holy Spirit,
   the holy Catholic Church,
   the communion of saints,
   the forgiveness of sins,
   the resurrection of the body,
   and life everlasting? All: **I do.**

And may almighty God, the Father of our Lord Jesus Christ,
who has given us new birth by water and the Holy Spirit
and bestowed on us forgiveness of our sins,
keep us by his grace,
in Christ Jesus our Lord,
for eternal life. All: **Amen.**

PRAYER OF THE FAITHFUL

PART FOUR: LITURGY OF THE EUCHARIST

ORACIÓN SOBRE LAS OFRENDAS

Acepta, Señor,
los dones que te presentamos y concédenos
que el memorial de la muerte
y resurrección de Jesucristo,
que estamos celebrando,
nos obtenga la fuerza para llegar a la vida eterna.
Por Jesucristo, nuestro Señor. Todos: **Amén.**

ANTÍFONA DE LA COMUNIÓN   1 Cor 5, 7-8

Cristo, nuestro Cordero pascual, ha sido inmolado. Celebremos, pues, la Pascua, con una vida de rectitud y santidad. Aleluya.

ORACIÓN DESPUÉS DE LA COMUNIÓN

Infúndenos, Señor,
tu espíritu de caridad para que vivamos siempre unidos
en tu amor los que hemos participado en este sacramento
de la muerte y resurrección de Jesucristo,
que vive y reina por los siglos de los siglos. Todos: **Amén.**

El diácono (o el sacerdote) canta o dice la despedida:
Pueden ir en paz, aleluya, aleluya.
Todos: **Demos gracias a Dios, aleluya, aleluya.**

PRAYER OVER THE OFFERINGS

Accept, we ask, O Lord,
the prayers of your people
with the sacrificial offerings,
that what has begun in the paschal mysteries
may, by the working of your power,
bring us to the healing of eternity.
Through Christ our Lord. All: **Amen.**

COMMUNION ANTIPHON   1 Corinthians 5:7-8

**Christ our Passover has been sacrificed;
therefore let us keep the feast
with the unleavened bread of purity and truth, alleluia.**

PRAYER AFTER COMMUNION

Pour out on us, O Lord, the Spirit of your love,
and in your kindness make those you have nourished
by this paschal Sacrament
one in mind and heart.
Through Christ our Lord. All: **Amen.**

DISMISSAL

To dismiss the people the Deacon or, if there is no Deacon, the Priest himself sings or says:

Go forth, the Mass is ended, alleluia, alleluia.
All reply: **Thanks be to God, alleluia, alleluia.**

Or:

Go in peace, alleluia, alleluia.
All reply: **Thanks be to God, alleluia, alleluia.**

Domingo de Pascua

DE LA RESURRECCIÓN DEL SEÑOR

(Blanco)

Los textos de esta Misa acentúan el hecho histórico de la resurrección de Cristo de entre los muertos. Pero también nos muestran cómo la resurrección del Señor es un hecho con un significado para nosotros aquí y ahora: como miembros del Cristo resucitado, tenemos acceso a una nueva vida, la verdadera vida de Dios.

ANTÍFONA DE ENTRADA 1   Salmo 138, 18. 5-6
He resucitado y viviré siempre contigo; has puesto tu mano sobre mí, tú sabiduría ha sido maravillosa. Aleluya.

ANTÍFONA DE ENTRADA 2   Lc 24, 34; Cfr Ap 1, 6
El Señor ha resucitado. Aleluya. A él la gloria y el poder por toda la eternidad.

ORACIÓN COLECTA
Dios nuestro,
que por medio de tu Hijo venciste a la muerte
y nos has abierto las puertas de la vida eterna,
concede a quienes celebramos hoy la Pascua de Resurrección,
resucitar también a una nueva vida,
renovados por la gracia del Espíritu Santo.
Por nuestro Señor Jesucristo. Todos: **Amén.**

PRIMERA LECTURA
Hemos comido y bebido con Cristo resucitado.

Lectura del libro de los Hechos de los Apóstoles
10, 34. 37-43

En aquellos días, Pedro tomó la palabra y dijo: "Ya saben ustedes lo sucedido en toda Judea, que tuvo principio en Galilea, después del bautismo predicado por Juan: cómo Dios ungió con el poder del Espíritu Santo a Jesús de Nazaret y cómo éste pasó haciendo el bien, sanando a todos los oprimidos por el diablo, porque Dios estaba con él.

Easter Sunday

OF THE
RESURRECTION
OF THE LORD

(White)

The texts of this Mass stress the historical fact that Christ has risen from the dead. But they also show how the Lord's Resurrection is a fact with a meaning for us here and now: as members of the risen Christ, we have access to a new life, the very life of God.

ENTRANCE ANTIPHON   Psalm 139:18, 5-6

I have risen, and I am with you still, alleluia.
You have laid your hand upon me, alleluia.
Too wonderful for me, this knowledge, alleluia, alleluia.

Or: Luke 24:34; cf. Revelation 1:6

The Lord is truly risen, alleluia.
To him be glory and power
for all the ages of eternity, alleluia, alleluia.

COLLECT
O God, who on this day,
through your Only Begotten Son,
have conquered death
and unlocked for us the path to eternity,
grant, we pray, that we who keep
the solemnity of the Lord's Resurrection
may, through the renewal brought by your Spirit,
rise up in the light of life.
Through our Lord Jesus Christ, your Son,
who lives and reigns with you in the unity of the Holy Spirit,
one God, for ever and ever. All: **Amen.**

FIRST READING
We ate and drank with him after he rose from the dead.

A reading from the Acts of the Apostles
10:34a, 37-43

Peter proceeded to speak and said: "You know what has happened all over Judea, beginning in Galilee after the baptism that John preached, how God anointed Jesus of Nazareth with

Nosotros somos testigos de cuanto él hizo en Judea y en Jerusalén. Lo mataron colgándolo de la cruz, pero Dios lo resucitó al tercer día y concedió verlo, no a todo el pueblo, sino únicamente a los testigos que él, de antemano, había escogido: a nosotros, que hemos comido y bebido con él después de que resucitó de entre los muertos.

El nos mandó predicar al pueblo y dar testimonio de que Dios lo ha constituido juez de vivos y muertos. El testimonio de los profetas es unánime: que cuantos creen en él reciben, por su medio, el perdón de los pecados".

Palabra de Dios. Todos: **Te alabamos, Señor.**

SALMO RESPONSORIAL

Del salmo 117 (La música se puede encontrar en p. 271)

℟ **Este es el día en que actuó el Señor: sea nuestra alegría y nuestro gozo.** *O bien:* **Aleluya, aleluya, aleluya.**

Den gracias al Señor porque es bueno,
porque es eterna su misericordia.
Diga la casa de Israel:
eterna es su misericordia. ℟

La diestra del Señor es poderosa,
la diestra del Señor es excelsa.
No he de morir, viviré
para contar las hazañas del Señor. ℟

La piedra que desecharon los arquitectos,
es ahora la piedra angular.
Es el Señor quien lo ha hecho,
ha sido un milagro patente. ℟

SEGUNDA LECTURA
Busquen los bienes del cielo, donde está Cristo.

Lectura de la carta del apóstol san Pablo a los colosenses
3, 1-4

Hermanos: Puesto que ustedes han resucitado con Cristo, busquen los bienes de arriba, donde está Cristo, sentado a la derecha de Dios. Pongan todo el corazón en los bienes del cielo, no en los de la tierra, porque han muerto y su vida está escondida con Cristo en Dios. Cuando se manifieste Cristo, vida de ustedes, entonces también ustedes se manifestarán gloriosos, juntamente con él.

Palabra de Dios. Todos: **Te alabamos, Señor.**

the Holy Spirit and power. He went about doing good and healing all those oppressed by the devil, for God was with him. We are witnesses of all that he did both in the country of the Jews and in Jerusalem. They put him to death by hanging him on a tree. This man God raised on the third day and granted that he be visible, not to all the people, but to us, the witnesses chosen by God in advance, who ate and drank with him after he rose from the dead. He commissioned us to preach to the people and testify that he is the one appointed by God as judge of the living and the dead. To him all the prophets bear witness, that everyone who believes in him will receive forgiveness of sins through his name."

The word of the Lord. All: **Thanks be to God.**

RESPONSORIAL PSALM

Psalm 118:1-2, 16-17, 22-23 (Music setting can be found on p. 271)

℞ (24) **This is the day the Lord has made; let us rejoice and be glad.** *or:* **Alleluia.**

Give thanks to the LORD, for he is good,
    for his mercy endures forever.
Let the house of Israel say,
    "His mercy endures forever." ℞

"The right hand of the LORD has struck with power;
    the right hand of the LORD is exalted.
I shall not die, but live,
    and declare the works of the LORD." ℞

The stone which the builders rejected
    has become the cornerstone.
By the LORD has this been done;
    it is wonderful in our eyes. ℞

SECOND READING A
Seek what is above, where Christ is.

A reading from the Letter of Saint Paul to the Colossians
3:1-4

B rothers and sisters: If then you were raised with Christ, seek what is above, where Christ is seated at the right hand of God. Think of what is above, not of what is on earth. For you have died, and your life is hidden with Christ in God. When Christ your life appears, then you too will appear with him in glory.

The word of the Lord. All: **Thanks be to God.**

O bien:

Tiren la antigua levadura, pues Cristo, nuestro cordero pascual, ha sido inmolado.

Lectura de la primera carta del apóstol san Pablo a los corintios
5, 6-8

Hermanos: ¿No saben ustedes que un poco de levadura hace fermentar toda la masa? Tiren la antigua levadura, para que sean ustedes una masa nueva, ya que son pan sin levadura, pues Cristo, nuestro cordero pascual, ha sido inmolado.

Celebremos, pues, la fiesta de la Pascua, no con la antigua levadura, que es de vicio y maldad, sino con el pan sin levadura, que es de sinceridad y verdad.

Palabra de Dios. Todos: **Te alabamos, Señor.**

SECUENCIA
Victimae paschali laudes

Ofrezcan los cristianos
ofrendas de alabanza
a gloria de la Víctima
propicia de la Pascua.

Cordero sin pecado,
que a las ovejas salva,
a Dios y a los culpables
unió con nueva alianza.

Lucharon vida y muerte
en singular batalla,
y, muerto el que es la vida,
triunfante se levanta.

"¿Qué has visto de camino,
María, en la mañana?"
"A mi Señor glorioso,
la tumba abandonada,

los ángeles testigos,
sudarios y mortaja.
¡Resucitó de veras
mi amor y mi esperanza!

Venid a Galilea,
allí el Señor aguarda;
allí veréis los suyos
la gloria de la Pascua".

Or:

B

Clear out the old yeast, so that you may become a fresh batch of dough.

A reading from the first Letter of Saint Paul to the Corinthians
5:6b-8

Brothers and sisters: Do you not know that a little yeast leavens all the dough? Clear out the old yeast, so that you may become a fresh batch of dough, inasmuch as you are unleavened. For our paschal lamb, Christ, has been sacrificed. Therefore, let us celebrate the feast, not with the old yeast, the yeast of malice and wickedness, but with the unleavened bread of sincerity and truth.

The word of the Lord. All: **Thanks be to God.**

SEQUENCE
Victimae paschali laudes

Christians, to the Paschal Victim
 Offer your thankful praises!
A Lamb the sheep redeems;
 Christ, who only is sinless,
 Reconciles sinners to the Father.
Death and life have contended in that combat stupendous:
 The Prince of life, who died, reigns immortal.
Speak, Mary, declaring
 What you saw, wayfaring.
"The tomb of Christ, who is living,
 The glory of Jesus' resurrection;
Bright angels attesting,
 The shroud and napkin resting.
Yes, Christ my hope is arisen;
 To Galilee he goes before you."

Primicia de los muertos,
sabemos por tu gracia
que estás resucitado;
la muerte en ti no manda.

Rey vencedor, apiádate
de la miseria humana
y da a tus fieles parte
en tu victoria santa.

ACLAMACIÓN ANTES DEL EVANGELIO
Cfr 1 Cor 5, 7-8

℣ Aleluya, aleluya.

℟ **Aleluya, aleluya.**

℣ Cristo, nuestro cordero pascual, ha sido inmolado;
celebremos, pues, la Pascua.

℟ **Aleluya, aleluya.**

EVANGELIO
Él debía resucitar de entre los muertos.

✠ Lectura del santo Evangelio según san Juan
20, 1-9 (o bien el evangelio de la vigilia pascual, Marco 16, 1-7, pág. 214)

El primer día después del sábado, estando todavía oscuro, fue María Magdalena al sepulcro y vio removida la piedra que lo cerraba. Echó a correr, llegó a la casa donde estaban Simón Pedro y el otro discípulo, a quien Jesús amaba, y les dijo: "Se han llevado del sepulcro al Señor y no sabemos dónde lo habrán puesto".

Salieron Pedro y el otro discípulo camino del sepulcro. Los dos iban corriendo juntos, pero el otro discípulo corrió más aprisa que Pedro y llegó primero al sepulcro, e inclinándose, miró los lienzos puestos en el suelo, pero no entró.

En eso llegó también Simón Pedro, que lo venía siguiendo, y entró en el sepulcro. Contempló los lienzos puestos en el suelo y el sudario, que había estado sobre la cabeza de Jesús, puesto no con los lienzos en el suelo, sino doblado en sitio aparte. Entonces entró también el otro discípulo, el que había llegado primero al sepulcro, y vio y creyó, porque hasta entonces no habían entendido las Escrituras, según las cuales Jesús debía resucitar de entre los muertos.

Palabra del Señor. Todos: **Gloria a ti, Señor Jesús.**

Christ indeed from death is risen, our new life obtaining.
Have mercy, victor King, ever reigning!
Amen. Alleluia.

GOSPEL ACCLAMATION

See 1 Corinthians 5:7b-8a

℣ Alleluia, alleluia.
℟ **Alleluia, alleluia.**
℣ Christ, our paschal lamb, has been sacrificed;
let us then feast with joy in the Lord.
℟ **Alleluia, alleluia.**

GOSPEL

He had to rise from the dead.

✠ A reading from the holy Gospel according to John
John 20:1-9 (or the Gospel from the Easter Vigil, Mark 16:1-7, page 215)

On the first day of the week, Mary of Magdala came to the tomb early in the morning, while it was still dark, and saw the stone removed from the tomb. So she ran and went to Simon Peter and to the other disciple whom Jesus loved, and told them, "They have taken the Lord from the tomb, and we don't know where they put him." So Peter and the other disciple went out and came to the tomb. They both ran, but the other disciple ran faster than Peter and arrived at the tomb first; he bent down and saw the burial cloths there, but did not go in. When Simon Peter arrived after him, he went into the tomb and saw the burial cloths there, and the cloth that had covered his head, not with the burial cloths but rolled up in a separate place. Then the other disciple also went in, the one who had arrived at the tomb first, and he saw and believed. For they did not yet understand the Scripture that he had to rise from the dead.

The Gospel of the Lord. All: **Praise to you, Lord Jesus Christ.**

O bien:

Quédate con nosotros, porque ya es tarde.

✠ Lectura del santo Evangelio según san Lucas
24, 13-35

El mismo día de la resurrección, iban dos de los discípulos hacia un pueblo llamado Emaús, situado a unos once kilómetros de Jerusalén, y comentaban todo lo que había sucedido.

Mientras conversaban y discutían, Jesús se les acercó y comenzó a caminar con ellos; pero los ojos de los dos discípulos estaban velados y no lo reconocieron. Él les preguntó: "¿De qué cosas vienen hablando, tan llenos de tristeza?"

Uno de ellos, llamado Cleofás, le respondió: "¿Eres tú el único forastero que no sabe lo que ha sucedido estos días en Jerusalén?" Él les preguntó: "¿Qué cosa?" Ellos le respondieron: "Lo de Jesús el nazareno, que era un profeta poderoso en obras y palabras, ante Dios y ante todo el pueblo. Cómo los sumos sacerdotes y nuestros jefes lo entregaron para que lo condenaran a muerte, y lo crucificaron. Nosotros esperábamos que él sería el libertador de Israel, y sin embargo, han pasado ya tres días desde que estas cosas sucedieron. Es cierto que algunas mujeres de nuestro grupo nos han desconcertado, pues fueron de madrugada al sepulcro, no encontraron el cuerpo y llegaron contando que se les habían aparecido unos ángeles, que les dijeron que estaba vivo. Algunos de nuestros compañeros fueron al sepulcro y hallaron todo como habían dicho las mujeres, pero a él no lo vieron".

Entonces Jesús les dijo: "¡Qué insensatos son ustedes y qué duros de corazón para creer todo lo anunciado por los profetas! ¿Acaso no era necesario que el Mesías padeciera todo esto y así entrara en su gloria?" Y comenzando por Moisés y siguiendo con todos los profetas, les explicó todos los pasajes de la Escritura que se referían a él.

Ya cerca del pueblo a donde se dirigían, él hizo como que iba más lejos; pero ellos le insistieron, diciendo: "Quédate con nosotros, porque ya es tarde y pronto va a oscurecer". Y entró para quedarse con ellos. Cuando estaban a la mesa, tomó un pan, pronunció la bendición, lo partió y se lo dio. Entonces se les abrieron los ojos y lo reconocieron, pero él se les desapareció. Y ellos se decían el uno al otro: "¡Con razón nuestro corazón ardía, mientras nos hablaba por el camino y nos explicaba las Escrituras!"

Se levantaron inmediatamente y regresaron a Jerusalén, donde encontraron reunidos a los Once con sus compañeros, los cuales les dijeron: "De veras ha resucitado el Señor y se le ha aparecido a Simón". Entonces ellos contaron lo que les había pasado por el camino y cómo lo habían reconocido al partir el pan.

Palabra del Señor. Todos: **Gloria a ti, Señor Jesús.**

Or, at an afternoon or evening Mass:
They recognized Jesus in the breaking of bread.

✠ A reading from the holy Gospel according to Luke
24:13-35

That very day, the first day of the week, two of Jesus' disciples were going to a village seven miles from Jerusalem called Emmaus, and they were conversing about all the things that had occurred. And it happened that while they were conversing and debating, Jesus himself drew near and walked with them, but their eyes were prevented from recognizing him. He asked them, "What are you discussing as you walk along?" They stopped, looking downcast. One of them, named Cleopas, said to him in reply, "Are you the only visitor to Jerusalem who does not know of the things that have taken place there in these days?" And he replied to them, "What sort of things?" They said to him, "The things that happened to Jesus the Nazarene, who was a prophet mighty in deed and word before God and all the people, how our chief priests and rulers both handed him over to a sentence of death and crucified him. But we were hoping that he would be the one to redeem Israel; and besides all this, it is now the third day since this took place. Some women from our group, however, have astounded us: they were at the tomb early in the morning and did not find his body; they came back and reported that they had indeed seen a vision of angels who announced that he was alive. Then some of those with us went to the tomb and found things just as the women had described, but him they did not see." And he said to them, "Oh, how foolish you are! How slow of heart to believe all that the prophets spoke! Was it not necessary that the Christ should suffer these things and enter into his glory?" Then beginning with Moses and all the prophets, he interpreted to them what referred to him in all the Scriptures. As they approached the village to which they were going, he gave the impression that he was going on farther. But they urged him, "Stay with us, for it is nearly evening and the day is almost over." So he went in to stay with them. And it happened that, while he was with them at table, he took bread, said the blessing, broke it, and gave it to them. With that their eyes were opened and they recognized him, but he vanished from their sight. Then they said to each other, "Were not our hearts burning within us while he spoke to us on the way and opened the Scriptures to us?" So they set out at once and returned to Jerusalem where they found gathered together the eleven and those with them who were saying, "The Lord has truly been raised and has appeared to Simon!" Then the two recounted what had taken place on the way and how he was made known to them in the breaking of bread.

The Gospel of the Lord. All: **Praise to you, Lord Jesus Christ.**

RENOVACIÓN DE LAS PROMESAS BAUTISMALES

La renovación de las promesas bautismales tiene lugar en todas las misas de hoy. (Cfr pág. 228)

ORACIÓN SOBRE LAS OFRENDAS

Regocijados con la alegría de la Pascua,
te ofrecemos, Señor, esta Eucaristía,
mediante la cual tu Iglesia se renueva y alimenta
de un modo admirable.
Por Jesucristo, nuestro Señor. Todos: **Amén.**

ANTÍFONA DE LA COMUNIÓN
1 Cor 5, 7-8

Cristo, nuestro Cordero Pascual, ha sido inmolado: celebremos, pues la Pascua con una vida de rectitud y santidad. Aleluya.

ORACIÓN DESPUÉS DE LA COMUNIÓN

Señor,
protege siempre a tu Iglesia con amor paterno,
para que, renovada ya por los sacramentos de Pascua,
pueda llegar a la gloria de la resurrección.
Por Jesucristo, nuestro Señor. Todos: **Amén.**

Pueden ir en paz, aleluya, aleluya.
Todos: **Demos gracias a Dios, aleluya, aleluya.**

RENEWAL OF BAPTISMAL PROMISES

In Easter Sunday Masses which are celebrated with a congregation, the rite of the renewal of baptismal promises may take place after the Homily, according to the text used at the Easter Vigil (p. 229). In that case the Creed is omitted.

PRAYER OVER THE OFFERINGS

Exultant with paschal gladness, O Lord,
we offer the sacrifice
by which your Church
is wondrously reborn and nourished.
Through Christ our Lord. All: **Amen.**

COMMUNION ANTIPHON   1 Corinthians 5:7-8

**Christ our Passover has been sacrificed, alleluia;
therefore let us keep the feast with the unleavened bread
of purity and truth, alleluia, alleluia.**

PRAYER AFTER COMMUNION

Look upon your Church, O God,
with unfailing love and favor,
so that, renewed by the paschal mysteries,
she may come to the glory of the resurrection.
Through Christ our Lord. All: **Amen.**

DISMISSAL

To dismiss the people the Deacon or, if there is no Deacon, the Priest himself sings or says:

Go forth, the Mass is ended, alleluia, alleluia.
All reply: **Thanks be to God, alleluia, alleluia.**

Or:
Go in peace, alleluia, alleluia.
All reply: **Thanks be to God, alleluia, alleluia.**

Estaciones de la cruz

INTRODUCCION

En el nombre del Padre, y del Hijo, y del Espíritu Santo. Amén.

Te ofrecemos, Padre Eterno, nuestro tributo de adoración, con espíritu humilde y un corazón contrito. Que sea éste para honor y gloria tuya, y que nos haga a nosotros y a todos los cristianos vivos y muertos, merecedores del perdón de nuestros pecados, que nos aumente la gracia y merezcamos la recompensa de la vida eterna.

A. Glorifiquémonos en la Cruz de Nuestro Señor Jesucristo.
R. **En quien está la salvación, vida, y resurrección.**

Oh Dios, a través de la pasión, muerte, y resurrección de tu Hijo, nos mostraste el camino a la gloria eterna siguiendo el camino de la Cruz. Así como ahora lo seguimos con nuestras oraciones hacia el Calvario, haz que podamos compartir su victoria sobre el pecado y la muerte, y ser recibidos en su reino por toda la eternidad, donde vive y reina contigo en unión del Espíritu Santo por los siglos de los siglos. Amén.

PRIMERA ESTACION: Jesús es condenado a muerte

A. Te adoramos, oh Cristo, y te alabamos.
R. **Porque por tu santa Cruz redimiste al mundo.**

Muy de mañana, los jefes de los sacerdotes, los ancianos, los escribas, y todos los del concilio, ataron a Jesús y lo presentaron ante Pilato diciendo: "El es culpable de muerte, lo hemos encontrado diciendo que El es Cristo el Rey". Y Pilato, sentado en el lugar de los jueces, les entregó a Jesús para que fuera crucificado.

A. Dios nos dio a su único hijo.
R. **Y lo dio por todos nosotros.**

Oh Señor Jesucristo, tú viniste al mundo desde la gloria del Padre que está en los cielos y derramaste tu preciosa sangre en remisión de nuestros pecados. Humildemente te pedimos que el día del juicio nos encuentres dignos de ser colocados a tu diestra y oír tus palabras, "Vengan, benditos de mi Padre". Te lo pedimos a tí que vives y reinas por los siglos de los siglos. Amén.

Stations of the Cross

INTRODUCTION

In the name of the Father, and of the Son, and of the Holy Spirit. Amen.

To you, eternal Father, we now offer this tribute of our worship in a spirit of humility and with a contrite heart. May it resound to your honor and glory, making us and all faithful people, both living and dead, deserving of the forgiveness of our sins, the increase of grace, and the reward of everlasting life.

℣. Let us glory in the Cross of our Lord Jesus Christ;
℟. **In whom is our salvation, life, and resurrection.**

O God, through the passion, death, and resurrection of your Son, you showed us the path to eternal glory by the way of the Cross. As we now follow him by our prayers to the place of Calvary, may we also share in his victory over sin and death, and be received into his kingdom for all eternity, where he lives and reigns with you and the Holy Spirit for ever. Amen.

FIRST STATION: Jesus Is Condemned to Death

℣. We adore you, O Christ, and we praise you.
℟. **Because by your holy Cross you have redeemed the world.**

In the morning, the chief priests, elders, scribes, and the whole council, binding Jesus, led him away and took him to Pilate. And they all condemned him, saying: He is guilty of death; we have found this man saying that he is Christ the King. And Pilate, sitting in the place of judgment, handed Jesus over to them to be crucified.

℣. God spared not his only Son.
℟. **But delivered him up for all of us.**

Lord Jesus Christ, you came down upon earth from the glory of the Father in heaven, and shed your precious Blood for the remission of our sins. We humbly pray that, on the Day of Judgment, you may find us worthy to be placed at your right hand, and to hear your words: Come, you blessed of my Father! This we ask of you, now living and reigning for ever. Amen.

De pie la madre penaba
junto a la cruz y lloraba
viendo al hijo suspendido.

SEGUNDA ESTACION: Jesús toma su cruz

A. Te adoramos, oh Cristo, y te alabamos.
R. **Porque por tu santa Cruz redimiste al mundo.**

Cargando su cruz, Jesús fue llevado a un lugar llamado Calvario. ¡Salve, oh Cristo nuestro Rey! Sólo tú has tenido lástima de la insensatez de nuestros pecados. Obediente a la voluntad del Padre, has sido llevado a ser crucificado como un manso cordero hacia el matadero. Para tí la gloria; para tí el triunfo y la victoria sobre el pecado; para tí la corona del más alto honor y aclamo.

A. El Señor ha puesto en El nuestra iniquidad.
R. **El lo ha golpeado con la maldad de su pueblo.**

Señor, tú dijiste una vez: "Toma mi yugo y aprende de mí, pues soy manso y humilde de corazón y ustedes encontrarán descanso para sus almas, pués mi yugo es suave y mi carga ligera". Concédenos poder cargar nuestra cruz y así obtener tu gracia salvadora. Te lo pedimos a tí que vives y reinas por los siglos de los siglos. Amén.

Y una espada estaba hundida
en el alma dolorida,
hecha tristeza y gemido.

TERCERA ESTACION: Jesús cae por primera vez

A. Te adoramos, oh Cristo, y te alabamos.
R. **Porque por tu santa Cruz redimiste al mundo.**

Nuestro Señor Jesucristo se humilló hasta el extremo, a una muerte de cruz. Por eso Dios lo exaltó sobre toda creatura y le dio un nombre que está sobre todo nombre; vamos a adorar, a venerar, y a postrarnos delante de Dios; lloremos en la presencia de Nuestro Señor que nos ha creado porque verdaderamente El es el Señor nuestro Dios.

A. El ha tolerado nuestras flaquezas.
R. **Y ha cargado con nuestras culpas.**

Who, on Christ's dear mother gazing,
pierced by anguish so amazing,
born of woman, would not weep?

SECOND STATION: Jesus Takes Up His Cross

℣. We adore you, O Christ, and we praise you.
℟. **Because by your holy Cross you have redeemed the world.**

Carrying his cross, Jesus went forth to the place called Calvary. Hail, O Christ our King! You alone had pity on the folly of our sins. Obedient to the will of the Father, you were led forth and crucified, like an innocent lamb to the slaughter. To you be glory; to you be triumph and victory over sin and death; to you the crown of highest honor and acclaim.

℣. The Lord has laid on him the iniquity of us all.
℟. **For the wickedness of his people he has stricken him.**

Lord, you once said: Take my yoke upon you, and learn from me, for I am gentle and lowly of heart, and you will find rest for your souls; for my yoke is easy and my burden is light. Grant that we may be able so to carry it as to obtain your saving grace. This we ask of you, now living and reigning for ever. Amen.

Who on Christ's dear mother thinking,
such a cup of sorrow drinking,
would not share her sorrow deep?

THIRD STATION: Jesus Falls the First Time

℣. We adore you, O Christ, and we praise you.
℟. **Because by your holy Cross you have redeemed the world.**

Our Lord Jesus Christ humbled himself to the point of death, even to death on the cross. That is why God exalted him above every creature, and gave him a name that is above all other names. Come, let us adore and bow down in worship before God; let us weep in the presence of the Lord who made us, who is indeed the Lord our God.

℣. Surely he has borne our infirmities.
℟. **And he has carried our sorrows.**

Dios Padre Omnipotente, confesamos que somos débiles y que frecuentemente flaqueamos en medio de nuestras aflicciones y sufrimientos. Por los méritos de la pasión, muerte, y resurrección de Cristo, tu único hijo, renueva nuestro ánimo y esperanza. Te lo pedimos en nombre de Jesús que vive y reina por los siglos de los siglos. Amén.

> Oh cuan triste y afligida
> se vio la virgen bendita,
> madre del hijo unigenito.

CUARTA ESTACION: Jesús encuentra a su afligida madre

A. Te adoramos, oh Cristo, y te alabamos.
R. **Porque por tu santa Cruz redimiste al mundo.**

¿Con qué podría yo compararte? o ¿a qué te asemejas Virgen hija de Jerusalén? Pues tu aflicción es tan grande como el mar. Oh Madre de Misericordia, concédenos que siempre sintamos en nosotros la muerte de Jesús y podamos compartir con El su pasión salvadora.

A. Una espada de angustia ha atravesado su alma.
R. **Y ha llenado su corazón de amargo dolor.**

Señor Jesucristo, en la hora de tu cruel muerte en la cruz, una espada de angustia atravesó el alma dolorosa de la Virgen María, tu dulce madre. Que ella ruegue por nosotros ahora y en la hora de nuestra muerte. Te lo pedimos a tí que vives y reinas por los siglos de los siglos. Amén.

> Ella sufria y se afligia
> al ver las penas de su hijo
> suspendido de la cruz.

QUINTA ESTACION: Simón el Cirinéo es obligado a ayudar a Jesús con la cruz

A. Te adoramos, oh Cristo, y te alabamos.
R. **Porque por tu santa Cruz redimiste al mundo.**

Mientras los soldados dirigían a Jesús en el camino al Calvario, tomaron a Simón de Cirene, quién sólo iba de paso, y lo obligaron a cargar la cruz de Jesús. "El que quiera venir en pos de mí, que se niegue a sí mismo, tome su cruz diariamente y me siga".

A. El que no toma su cruz y me siga.
R. **No puede ser mi discípulo.**

Almighty God and Father, we confess that we are weak and that we often fail in the midst of trials and sufferings. Through the merits of the passion, death, and resurrection of Christ, your only begotten Son, you give us new courage and hope. This we ask in Jesus' Name, who lives and reigns for ever. Amen.

> Gracious mother, font of love,
> touch my spirit from above,
> make my heart with yours accord.

FOURTH STATION: Jesus Meets His Mother

℣. We adore you, O Christ, and we praise you.
℟. **By your holy Cross you have redeemed the world.**

To what shall I compare you? Or to what shall I liken you, virgin daughter of Jerusalem? For great as the sea is your distress. O Mother of mercy, grant that we may always realize in ourselves the death of Jesus, and share with him in his saving passion.

℣. A sword of sorrow has pierced your soul.
℟. **And has filled your heart with bitter pain.**

Lord Jesus Christ, at the hour of your cruel death on the cross, a sword of sorrow pierced the grieving soul of the Virgin Mary, your Mother. May she plead for clemency in our behalf, now and at the hour of our death. This we ask of you, now living and reigning for ever. Amen.

> Make me feel as you have felt;
> make my soul to glow and melt
> with the love of Christ my Lord.

FIFTH STATION: Simon of Cyrene Helps Jesus Carry His Cross

℣. We adore you, O Christ, and we praise you.
℟. **Because by your holy Cross you have redeemed the world.**

As the soldiers were leading Jesus away on the road to Calvary, they laid hold of a certain Simon, of Cyrene, a passerby, who was coming in from the country, and forced him to take up the cross of Jesus. If anyone would come after me, let them deny themselves, and take up their cross daily, and follow me.

℣. Whoever does not carry their cross and come after me.
℟. **Cannot be my disciple.**

Oh Dios de gracia y poder, acepta nuestras oraciones y sacrificios y ten misericordia de nosotros. Fortalécenos en nuestras debilidades para que nuestra rebelde voluntad le ceda lugar a tu Divina voluntad en todas las cosas. Te lo pedimos por Cristo nuestro Señor que vive y reina por los siglos de los siglos. Amén.

> ¿Y que hombre no llorara
> si a la madre contemplara
> de cristo en tanto dolor?

SEXTA ESTACION: Verónica enjuga el rostro de Jesús

A. Te adoramos, oh Cristo, y te alabamos.
R. **Porque por tu santa Cruz redimiste al mundo.**

Hélo aquí, lo hemos visto y no hay belleza ni donaire en su semblante. El es desdeñado y repudiado, un hombre angustiado, con el rostro lleno de pena. Está rendido de sufrimiento; es como uno de los que en cuya presencia la gente esconde la cara. Es despreciado y rechazado. Parece un hombre torturado hasta el extremo. Sin embargo, es el más justo de los hijos de los hombres y por sus heridas nosotros somos sanados.

A. No nos vuelvas la espalda.
R. **Ni te alejes de tus siervos en tu indignación.**

Oh Dios, renuévanos a tu imagen y semejanza por la preciosa sangre de Jesucristo tu hijo. Guía nuestros pasos por tus senderos para que verdaderamente experimentemos el regalo de tu Divina caridad. Te lo pedimos por Cristo nuestro Señor, que vive y reina por los siglos de los siglos. Amén.

> ¿Quien puede no sentir pena
> viendo a la madre de cristo
> sufriendo junto a su hijo?

SEPTIMA ESTACION: Jesús cae por segunda vez

A. Te adoramos, oh Cristo, y te alabamos.
R. **Porque por tu santa Cruz redimiste al mundo.**

Me entregaron en manos de los impíos, me arrojaron entre los perversos, y no me perdonaron la vida. Los poderosos se unieron y como gigantes la emprendieron contra mí y mofándose me infligieron crueles heridas.

A. Soy un gusano y no un hombre.
R. **Soy el reproche de los hombres y el repudio de la gente.**

O God of grace and might, accept our prayers and sacrifices, and be moved to have mercy on us. Strengthen us in our weakness so that our rebellious wills may yield to your divine will in all things. This we ask of you, through Christ our Lord. Amen.

> Bruised, derided, cursed, defiled,
> she beheld her tender child
> all with bloody scourges rent.

SIXTH STATION: Veronica Wipes the Face of Jesus

℣. We adore you, O Christ, and we praise you.
℟. **Because by your holy Cross you have redeemed the world.**

Lo, we have seen him, and there is no beauty in him. He is despised and rejected, a man of sorrows, his face full of grief. He is worn out by suffering, like one in whose presence the people hide their faces. He is scorned and disdained. His appearance is that of one tortured beyond human endurance. Yet, he is fairer than any human, and by his wounds, we are healed.

℣. Turn not your face away from us.
℟. **And withdraw not from your servants in your anger.**

O God, renew us according to your own image and likeness by the precious Blood of Jesus Christ your Son. Guide our footsteps in your paths, that we may truly experience the gift of your divine charity. This we ask through the same Christ our Lord. Amen.

> For the sins of his own nation,
> he now walks in desolation,
> till his earthly life is spent.

SEVENTH STATION: Jesus Falls a Second Time

℣. We adore you, O Christ, and we praise you.
℟. **Because by your holy Cross you have redeemed the world.**

They delivered me into the hands of the impious, they cast me out among the wicked, and they spared not my life. The powerful gathered together against me, and like giants they stood against me. Afflicting me with cruel wounds, they mocked me.

℣. But I am a worm and no man.
℟. **The reproach of many and the outcast of the people.**

Oh Dios, por la humillación de tu Hijo levantaste al mundo caído. Concéde a tu pueblo fiel vivir en paz y alegría. Líbranos de la muerte eterna y guíanos a la felicidad eterna del Cielo. Te lo pedimos por Cristo nuestro Señor, que vive y reina por los siglos de los siglos. Amén.

> Vio a Jesús en los tormentos,
> bajo los azotes cruentos
> por los pecados del mundo.

OCTAVA ESTACION: Jesús se encuentra con las mujeres de Jerusalén

A. Te adoramos, oh Cristo, y te alabamos.
R. **Porque por tu santa Cruz redimiste al mundo.**

Siguiendo a Jesús en el camino al Calvario iba una gran multitud de gente y entre ella mujeres que gemían y se lamentaban por El. Jesús las miró y les dijo: "Hijas de Jerusalén, no lloren por mí sino por ustedes mismas y por sus hijos. Recuerden que el día vendrá en el que le dirán a los montes 'caígan sobre nosotros' y a las colinas 'cúbrannos'. Si ellos hacen ésto cuando la leña está verde ¿qué pasará cuando esté seca?"

A. Aquellos que siembran con lágrimas.
R. **Cosecharán con alegría.**

Oh Dios, tú escogiste tener misericordia y no enojo con aquellos que ponen su esperanza en tí. Concédenos tu gracia para que verdaderamente sintamos dolor y hagámos enmiendas por el mal que hemos hecho y así obtener el regalo de tu consuelo celestial. Te lo pedimos por Cristo nuestro Señor, que vive y reina por los siglos de los siglos. Amén.

> Vio a su dulce hijo
> morir abandonado
> y exhalar el ultimo respiro.

NOVENA ESTACION: Jesús cae por tercera vez

A. Te adoramos, oh Cristo, y te alabamos.
R. **Porque por tu santa Cruz redimiste al mundo.**

Pueblo mío, ¿qué les he hecho o en qué los he agraviado? contéstenme. Los saqué de las tierras de Egipto y ustedes me llevaron al patíbulo de la cruz. Por cuarenta años los alimenté con maná en el desierto y ustedes me han golpeado con bofetadas y azotes. ¿Qué más debí haber hecho que no haya hecho por ustedes?

O God, by the humiliation of your Son, you lifted up our fallen world. Grant your faithful people abiding peace and joy. Deliver us from the perils of eternal death, and guide us to eternal happiness in heaven. This we ask through the same Christ our Lord. Amen.

> Let me share with you his pain,
> who for all my sins was slain
> who for me in torments died.

EIGHTH STATION: Jesus Meets the Women of Jerusalem

℣. We adore you, O Christ, and we praise you.
℟. **Because by your holy Cross you have redeemed the world.**

Following Jesus on the road to Calvary was a great multitude of people and of women who bewailed and lamented him. Jesus turned to them and said: Daughters of Jerusalem, weep not for me, but weep for yourselves and for your children. Remember that the days are coming when they will say to the mountains, 'Fall on us,' and to the hills, 'Cover us.' If they do this when the wood is green, what will happen when it is dry?

℣. They who sow in tears.
℟. **Shall reap in joy.**

O God, you choose rather to have mercy than to be angry with those who place their hope in you. Grant us your grace that we may truly grieve and make amends for the evil we have done, and thus obtain the gift of your heavenly consolation. This we ask through Christ our Lord. Amen.

> Let me join with you in grief,
> take away my unbelief,
> all the days that I may live.

NINTH STATION: Jesus Falls a Third Time

℣. We adore you, O Christ, and we praise you.
℟. **Because by your holy Cross you have redeemed the world.**

My people, what have I done to you, or in what have I grieved you? Answer me. I brought you out of the land of Egypt, and you have led me to the gibbet of the cross. Forty years I fed you with manna in the desert, and you have beaten me with blows and scourges. What more should I have done for you that I have not done?

A. Fue llevado como oveja al matadero.

R. **Y enmudeció como un cordero frente al verdugo.**

Protégenos, oh Dios de las alturas, con tu eterna misericordia y bondad. Sin tu ayuda no podemos vencer el mal que nos acosa, pues somos de débil naturaleza humana. Sin tí sin duda caeríamos. Ayúdanos a evitar todo lo malo y guía nuestros pasos por el camino provechoso para nuestra salvación. Te lo pedimos por Cristo nuestro Señor, que vive y reina por los siglos de los siglos. Amén.

> Oh madre, fuente del amor,
> hazme sentir tu dolor,
> para que llore contigo.

DECIMA ESTACION: Jesús es despojado de sus vestiduras

A. Te adoramos, oh Cristo, y te alabamos.

R. **Porque por tu santa Cruz redimiste al mundo.**

Llegaron al lugar llamado Gólgota o Calvario, el lugar de las calaveras. Ya clavado en la cruz le dieron hiél y vinagre. El sólo lo probó pero no lo tomó. Hecharon suertes y se repartieron sus vestiduras y así se cumplió lo que el profeta había dicho: "Se dividirán mis vestiduras y hecharán suertes por mi túnica".

A. Me dieron hiel como alimento.

R. **Y vinagre para aplacar mi sed.**

Despójanos, oh Jesús, de nuestro pasado ser, con sus malas obras y acciones. Vístenos con la nueva naturaleza que tú has creado en justicia, santidad, y verdad. Te lo pedimos a tí que vives y reinas por los siglos de los siglos. Amén.

> Haz que mi corazon se inflame
> de amor por cristo dios
> para que yo lo complazca.

DECIMA PRIMERA ESTACION: Jesús es clavado en la cruz

A. Te adoramos, oh Cristo, y te alabamos.

R. **Porque por tu santa Cruz redimiste al mundo.**

℣. He was led as a sheep to the slaughter.
℟. **He was mute as a lamb before the shearer.**

**Guard us, O God on High, by your ever present mercy
and goodness. Without your help, we cannot overcome
the evil that beckons us, because of our weak human nature. Without you we shall surely fall. Help us to avoid all
that is sinful, and guide our steps in the way of all that is
profitable for our salvation. This we ask of you through
Christ our Lord. Amen.**

> At the cross with you to stay,
> there with you to weep and pray,
> this I ask of you to give.

TENTH STATION: Jesus Is Stripped of His Garments

℣. We adore you, O Christ, and we praise you.
℟. **Because by your holy Cross you have redeemed the
world.**

They came to the place that is called Golgotha, or Calvary, the
Place of the Skull. There they gave him wine to drink, mingled
with gall. He tasted it, but would not drink. They divided his
garments among them by drawing lots, and thus fulfilled what
the prophet had said: They divided my garments among them,
and for my vesture they cast lots.

℣. They gave me gall for my food.
℟. **And in my thirst they gave me vinegar to drink.**

**Strip us, Lord Jesus, of our former self, with its evil deeds
and ways. And clothe us with that newness of nature,
which you have created in justice, holiness, and truth.
This we ask of you, now living and reigning for ever. Amen.**

> Virgin of all virgins blest,
> listen to my fond request;
> let me share your grief and pain.

ELEVENTH STATION: Jesus Is Nailed to the Cross

℣. We adore you, O Christ, and we praise you.
℟. **Because by your holy Cross you have redeemed the
world.**

Habiéndo llegado al lugar llamado Calvario, lo crucificaron junto a dos ladrones, uno a su derecha y otro a su izquierda. Pueblo mío, ¿qué es lo que yo les he hecho? Yo los he enaltecido con gran poder y ustedes me han clavado en una cruz.

A. Me han taladrado mis manos y mis pies.
R. **Me han contado todos mis huesos.**

Oh Dios, por la sagrada pasión de tu único Hijo y por las cinco heridas de donde emanó sangre, has reparado el mal traído al mundo por el pecado. Así como en la tierra reverenciamos las heridas que El recibió, rogamos que en el cielo podamos experimentar el fruto de su preciosa sangre. Te lo pedimos por Cristo nuestro Señor, que vive y reina por los siglos de los siglos. Amén.

> Madre llena de afliccion,
> de Jesucristo las llagas
> grabadas en mi corazon.

DECIMA SEGUNDA ESTACION: Jesús muere en la cruz

A. Te adoramos, oh Cristo, y te alabamos.
R. **Porque por tu santa Cruz redimiste al mundo.**

Cuando Jesús vió a su madre al pie de la cruz y junto a ella al discípulo que El amaba, le dijo: "Mujer, he aquí a tu hijo". Luego dirigiéndose a su discípulo le dijo: "He aquí a tu madre". Después de haber probado el vinagre, Jesús dijo: "Todo está consumado". Luego con un profundo gemido exclamó: "Padre, en tus manos encomiendo mi espíritu" e inclinando la cabeza entregó su espíritu.

A. Cristo, por nuestro amor, obedeció hasta la muerte.
R. **Y a una muerte en la cruz.**

Señor Jesucristo, Hijo del Dios vivo, en la hora sexta subiste al patíbulo de la cruz por la redención del mundo y derramaste tu preciosa sangre por la remisión de nuestros pecados. Humildemente te rogamos que después de nuestra muerte podamos cruzar con regocijo las puertas del paraíso. Te lo pedimos a tí que vives y reinas por los siglos de los siglos. Amén.

> Divide conmigo las penas de tu hijo,
> que tanto se digno
> sufrir por mi.

Having arrived at the place called Calvary, they crucified him there, and with him two thieves, one on the right, the other on the left, and Jesus in the midst. My people, what have I done to you? I exalted you with great power, and you have hanged me on the gibbet of the cross.

℣. They have pierced my hands and feet.
℟. **They have numbered all my bones.**

O God, by the sacred passion of your only begotten Son, and by the five wounds from which his Blood was poured, you repaired the evil wrought by sin in our human nature. As we on earth revere the wounds that he received, we pray that in heaven we may experience the fruit of his most precious Blood. This we ask through Christ our Lord. Amen.

> Let me to my latest breath
> in my body bear the death
> of your risen son, once slain.

TWELFTH STATION: Jesus Dies on the Cross

℣. We adore you, O Christ, and we praise you.
℟. **Because by your holy Cross you have redeemed the world.**

When Jesus saw his mother at the foot of the cross and, standing near her, the disciple whom he loved, he said to his mother: woman, behold your son. After that he said to the disciple: behold your mother. Having tasted the vinegar, Jesus said: It is finished. Then, crying in a loud voice, he said: Father, into your hands I commend my spirit. And, bowing his head, he gave up his spirit.

Silent Prayer

℣. Christ for our sake became obedient unto death.
℟. **Even to death on the Cross.**

Lord Jesus Christ, Son of the living God, at the sixth hour you mounted the gibbet of the cross for the redemption of the world, and shed your precious Blood for the remission of our sins. We humbly beg that, after our death, we may enter with joy the gates of paradise. This we ask of you, now living and reigning for ever. Amen.

> Let his stripes and scourgings smite me,
> at his holy cross requite me;
> let his blood refresh me there.

DECIMA TERCERA ESTACION: El cuerpo de Jesús es colocado en los brazos de su madre

A. Te adoramos, oh Cristo, y te alabamos.
R. **Porque por tu santa Cruz redimiste al mundo.**

Todos los que pasan junto a mí, miren y vean si existe una aflicción como la mía. Mis ojos se han secado por tanto llanto; todo mi ser está acongojado y mis fuerzas se han extenuado mientras contemplo la cruel muerte de mi hijo, porque el enemigo ha prevalecido contra El. Ya no me llamen Naomi (hermosa) sino llámenme Mara (amargura), pues el Todopoderoso me ha herido y me ha tratado muy amargamente.

A. Las lágrimas corren por sus mejillas.
R. **Y no hay nadie que le consuele.**

Durante tu pasión, Señor Jesús, tal como lo había predicho Simón, una espada de angustia atravesó el dulce alma de María, tu gloriosa Virgen Madre. Así como ahora recordamos su amarga pena y sufrimiento, concédenos que podamos obtener los sagrados frutos de tu redención. Te lo pedimos a tí que vives y reinas por los siglos de los siglos. Amén.

> Hazme llorar contigo devotamente
> y sufrir con el crucificado
> por toda la vida.

DECIMA CUARTA ESTACION: Jesús es colocado en el sepulcro

A. Te adoramos, oh Cristo, y te alabamos.
R. **Porque por tu santa Cruz redimiste al mundo.**

José de Arimatea, que era discípulo de Jesús, fue a pedirle a Pilatos el cuerpo de Jesús y Pilatos ordenó que se lo entregaran. Después de haber bajado el cuerpo de la cruz, José lo envolvió en un sudario limpio de lino y lo colocó en una tumba nueva que él mismo había labrado en una roca. Después rodó una enorme piedra para sellar la puerta de la tumba.

A. Tú no dejarás mi alma en el infierno.
R. **Ni dejarás que tu escogido vea corrupción.**

THIRTEENTH STATION: The Body of Jesus is Placed in the Arms of His Mother

℣. We adore you, O Christ, and we praise you.
℟. **Because by your holy Cross you have redeemed the world.**

All you who pass by the way, look, and see if there be any sorrow like my sorrow. My eyes are spent with weeping, my whole being is troubled, and my strength is poured out upon the earth, as I behold the cruel death of my Son, for the enemy has prevailed against him. Call me not Naomi (that is, beautiful), but call me Mara (that is, bitter), for the Almighty has afflicted me and has dealt quite bitterly with me.

℣. Tears are on her cheeks.
℟. **And there is none to comfort her.**

At your passion, Lord Jesus, as Simeon had foretold, a sword of sorrow pierced the sweet soul of Mary, your glorious Virgin Mother. As we now reverently recall her bitter anguish and suffering, grant that we may obtain the blessed fruits of your redemption. This we ask of you, now living and reigning for ever. Amen.

> When the flames of hell would end me,
> at the judgment day, defend me;
> gentle virgin, with your prayer.

FOURTEENTH STATION: The Body of Jesus Is Laid in the Tomb

℣. We adore you, O Christ, and we praise you.
℟. **Because by your holy Cross you have redeemed the world.**

Joseph of Arimathea, who was a disciple of Jesus, went to Pilate and asked for the body of Jesus, and Pilate ordered it to be given to him. Having taken the body down from the cross, Joseph wrapped it in a clean linen shroud, and laid it in his own new tomb, which he had hewn out in a rock. And he rolled a great stone over the door of the tomb.

℣. You will not leave my soul in the netherworld.
℟. **Nor will you let your holy one see corruption.**

Señor Jesucristo, nos dejaste prueba de tu pasión en el Santo Sudario con el que José de Arimatea envolvió tu sagrado cuerpo cuando fue bajado de la cruz. Concédenos en tu misericordia que por tu muerte y sepultura podamos sentir la gloria de tu resurrección. Te lo pedimos a tí que vives y reinas por los siglos de los siglos. Amén.

Junto a la cruz quiero estar
a tu lado, y asociar
a tus lagrimas las mias
cuando muera el cuerpo,
haz que el alma se le de
la gloria del paraiso. Amen.

CONCLUSION

Oh Dios, tú quisiste que tu amado Hijo único nos redimiera del poder del pecado con su pasión y muerte. Así como ahora nos glorificamos en honor de su santa Cruz, permite que nos regocijemos en su amor y que obtengamos la gracia de su resurrección. Te lo pedimos por el mismo Jesucristo Nuestro Señor. Amén.

Despido

A. Que el Señor ✝ nos bendiga, nos guarde de todo mal y nos lleve a la vida eterna.

R. **Amén.**

Lord Jesus Christ, you left us a record of your passion in the holy shroud wherein Joseph wrapped your sacred body when it was taken down from the cross. In your mercy, grant that through your death and burial we may experience the glory of your resurrection. This we ask of you, now living and reigning for ever. Amen.

> Jesus, when you call me hence,
> be your mother my defense.
> Be you cross my sacrifice.
>
> While my body here decays,
> may my soul your goodness praise,
> safe with you in paradise.

CONCLUSION

O God, you willed that your only begotten Son should suffer and die on the cross for us, in order to rescue us from the power of the enemy. As we now glory in honoring that same holy cross, grant that we may everywhere rejoice in your loving care and obtain the grace of rising with him. This we ask of you through the same Christ our Lord. Amen.

Dismissal

℣. May the Lord ✛ bless us, protect us from all evil and bring us to everlasting life.

℟. **Amen.**

Rezos personales

Dios te salve, María, llena eres de gracia,
el Señor es contigo.
Bendita tú eres entre todas las mujeres,
y bendito es el fruto de tu vientre, Jesús.
Santa María, Madre de Dios,
ruega por nosotros pecadores,
ahora y en la hora de nuestra muerte.

Amén.

Gloria al Padre, al Hijo y al Espíritu Santo.
Como era en el principio, ahora y siempre,
por los siglos de los siglos.

Amén.

La Senal de la Cruz, p. 4

Padre Nuestro, p. 58

El Credo, p. 14

Personal Prayers

Hail Mary, full of grace,
the Lord is with thee.
Blessed art thou among women,
and blessed is the fruit of thy womb, Jesus.
Holy Mary, Mother of God,
pray for us sinners,
now and at the hour of our death.

Amen.

Glory be to the Father, the Son and the Holy Spirit.
As it was in the beginning, is now and ever will be,
world without end.

Amen.

Sign of the Cross, p. 5

Our Father, p. 59

Apostles' Creed, p. 15

1. DOMINGO DE RAMOS "DE LA PASIÓN DEL SEÑOR" / PALM SUNDAY OF THE LORD'S PASSION

Respuesta / Refrain*

Dios mí-o,___ Dios mí-o,___ ¿por
My God,___ my God,

qué me has a-ban-do-na-do?___
why have you___ a - ban-doned me?

For a bilingual refrain / respuesta bilingüe, sing the entire refrain/respuesta in one language, followed by the other language.

Music: Tony Alonso, b. 1980, © 2004, GIA Publications, Inc. All rights reserved. Used with permission.

2. JUEVES SANTO / HOLY THURSDAY

Respuesta / Refrain*

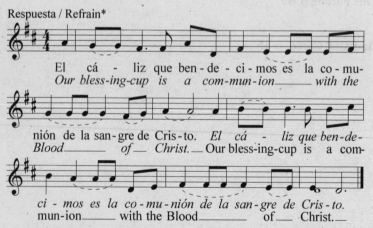

El cá - liz que ben-de-ci-mos es la co-mu-
Our bless-ing-cup is a com-mun-ion___ with the

nión de la san-gre de Cris-to. *El cá - liz que ben-de-*
Blood___ of___ Christ.___ Our bless-ing-cup is a com-

ci - mos es la co-mu-nión de la san-gre de Cris-to.
mun-ion___ with the Blood___ of___ Christ.___

For a bilingual refrain / respuesta bilingüe, sing the italic text for each language— the 1st half of the English refrain followed by the 2nd half of the Spanish respuesta.

Music: Ronald F. Krisman, b. 1946, © 2004, GIA Publications, Inc. All rights reserved. Used with permission.

3. VIERNES SANTO / GOOD FRIDAY

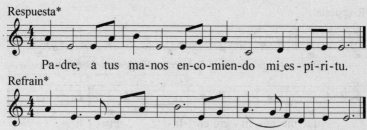

Respuesta*

Pa-dre, a tus ma-nos en-co-mien-do mi es-pí-ri-tu.

Refrain*

Fa-ther, in-to your hands I com-mend my spir-it.

*For a bilingual refrain / respuesta bilingüe, sing the entire refrain/respuesta in one
language, followed by the other language.*

4. VIGILIA PASCUAL / THE EASTER VIGIL I-a

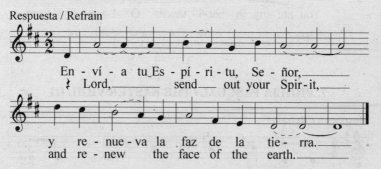

Respuesta / Refrain

En - ví - a tu Es - pí - ri - tu, Se - ñor,_____
Lord,_____ send___ out your Spir-it,_____

y re - nue-va la faz de la tie - rra._____
and re - new the face of the earth._____

5. VIGILIA PASCUAL / THE EASTER VIGIL I-b

Respuesta

La mi - se - ri - cor-dia del Se - ñor lle-na la tie-rra.

Refrain

The earth is full of the good-ness of the Lord,

the good - ness of the Lord.

6. VIGILIA PASCUAL / THE EASTER VIGIL II

Respuesta

Pro - té-ge-me, Se - ñor, pro - té-ge-me, Dios mí-o,

que me re - fu - gio en ti. Pro- ti.

Refrain

You are my in - her - i - tance, O Lord, O Lord.

You are my in - her - i - tance, O Lord, O Lord.

Music: Respuesta: Ronald F. Krisman, b. 1946; Refrain: John Schiavone, b. 1947,
© 2004, GIA Publications, Inc. All rights reserved. Used with permission.

7. VIGILIA PASCUAL / THE EASTER VIGIL III

Respuesta / Refrain*

Can - te - mos al Se - ñor, su -
Let us sing____ to the Lord; he has

bli - me es su vic - to - ria.
cov - ered him - self in glo - ry.

*For a bilingual refrain / respuesta bilingüe, sing the entire refrain/respuesta in one
language, followed by the other language.*

Music: Ronald F. Krisman, b. 1946, © 2004, GIA Publications, Inc. All rights reserved. Used with permission.

8. VIGILIA PASCUAL / THE EASTER VIGIL IV

Respuesta / Refrain*

Te en-sal-za-ré, Se-ñor,— por-que me has li-bra-do.
I will praise you Lord, for you have res-cued me.

Te en-sal - za - ré, Se-ñor, por-que me has li - bra-do.
I will praise you, Lord,— for you have res - cued me.—

*For a bilingual refrain / respuesta bilingüe, sing the first line in one language and
the second line in the other language.*

Music: Ronald F. Krisman, b. 1946, © 2004, GIA Publications, Inc. All rights reserved. Used with permission.

9. VIGILIA PASCUAL / THE EASTER VIGIL V and VII-b

Respuesta

Us - te-des sa - ca - rán a-guas con go - zo, us -

de las fuen-tes de la sal - va - ción, de las

fuen-tes de la sal - va - ción.

Refrain

You will draw wa-ter joy-ful-ly from the springs of sal-va-

tion. Joy - ful-ly from the springs of sal - va-tion,

joy-ful-ly from the springs of sal - va-tion.

Bilingual Refrain found on next page

Bilingual Refrain / Respuesta Bilingüe

You will draw wa-ter joy-ful-ly from the springs of sal-va-tion. Us-te-des sa-ca-rán a-guas con go-zo.

Joy-ful-ly from the springs of sal-va-tion, de las fuen-tes de la sal-va-ción.

10. VIGILIA PASCUAL / THE EASTER VIGIL VI

Respuesta / Refrain*

Se-ñor, Se-ñor,___ tú tie-nes pa-la-bras de
Lord,___ you have the words___ of ev-er-

vi-da e-ter-na.___ Se-ñor, tú tie-nes
last-ing life.___ Lord, you have

pa-la-bras de vi-da e-ter-na.___
the words___ of ev-er-last-ing life.___

*For a bilingual refrain / respuesta bilingüe, sing the first half in one language and the second half in the other

11. VIGILIA PASCUAL / THE EASTER VIGIL VII-a

Refrain*
Like a deer that longs for running streams, like a deer that longs for running streams, my soul longs for you, for you, my God. Like a deer that longs for running streams, my soul longs for you.

Respuesta*
Como busca la cierva corrientes de agua, así mi alma te busca a ti, Dios mío, mi alma te busca a ti.

*For a bilingual refrain / respuesta bilingüe, sing the italic text for each language—the 1st half of the English refrain and the last phrase of the Spanish respuesta.

12. VIGILIA PASCUAL / THE EASTER VIGIL VII-c

Respuesta*

Oh Dios, cre-a en mí un co-ra-zón pu - ro.

Refrain*

Cre-ate a clean heart in me, O God, a clean heart in me.

*For a bilingual refrain / respuesta bilingüe, sing the entire refrain/respuesta in one language, followed by the other language.

13. VIGILIA PASCUAL / THE EASTER VIGIL
Alleluia following the Epistle

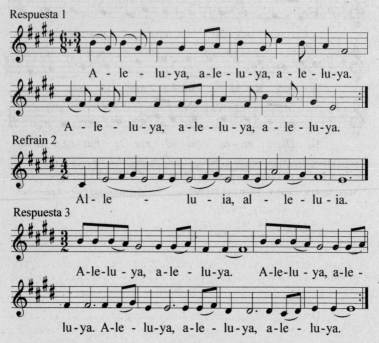

Respuesta 1

A - le - lu - ya, a-le - lu - ya, a - le - lu-ya.

A - le - lu - ya, a-le - lu - ya, a - le - lu-ya.

Refrain 2

Al - le - lu - ia, al - le - lu - ia.

Respuesta 3

A-le-lu - ya, a-le - lu-ya. A-le-lu - ya, a-le -

lu-ya. A-le - lu-ya, a-le - lu-ya, a-le - lu-ya.

14. DOMINGO DE PASCUA / EASTER SUNDAY

Respuesta*

És - te es el dí - a en que ac - tuó el Se -

ñor, a - le - lu - ya: se - a nues - tra a - le - grí - a

y nues - tro go - zo, a - le - lu - ya, a - le - lu - ya.

Refrain*

This is the day the Lord has made;

let us re - joice and be glad. This is the day the

Lord has made; al - le - lu - ia, al - le - lu - ia.

*The refrains / respuestas may be sung simultaneously.

15. THE PSALLITE MASS: AT THE TABLE OF THE LORD

a. Kyrie

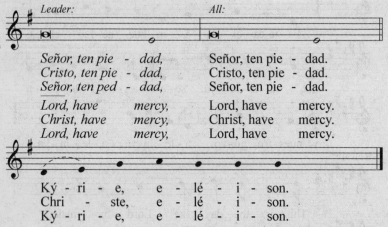

b. Gloria

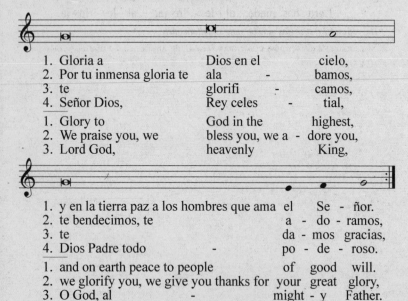

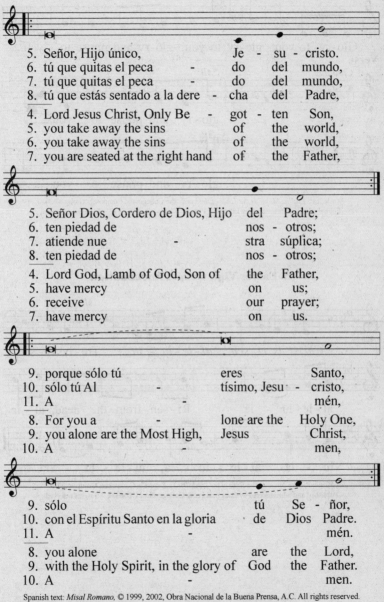

5. Señor, Hijo único,   Je - su - cristo.
6. tú que quitas el peca - do del mundo,
7. tú que quitas el peca - do del mundo,
8. tú que estás sentado a la dere - cha del Padre,

4. Lord Jesus Christ, Only Be - got - ten Son,
5. you take away the sins of the world,
6. you take away the sins of the world,
7. you are seated at the right hand of the Father,

5. Señor Dios, Cordero de Dios, Hijo del Padre;
6. ten piedad de nos - otros;
7. atiende nue - stra súplica;
8. ten piedad de nos - otros;

4. Lord God, Lamb of God, Son of the Father,
5. have mercy on us;
6. receive our prayer;
7. have mercy on us.

9. porque sólo tú eres Santo,
10. sólo tú Al - tísimo, Jesu - cristo,
11. A - mén,

8. For you a - lone are the Holy One,
9. you alone are the Most High, Jesus Christ,
10. A - men,

9. sólo tú Se - ñor,
10. con el Espíritu Santo en la gloria de Dios Padre.
11. A - mén.

8. you alone are the Lord,
9. with the Holy Spirit, in the glory of God the Father.
10. A - men.

Spanish text: *Misal Romano,* © 1999, 2002, Obra Nacional de la Buena Prensa, A.C. All rights reserved.
English text: *The Roman Missal,* © 2010, ICEL. All rights reserved.
Music: *Psallite Mass,* The Collegeville Composers Group, © 2010.
Published and administered by Liturgical Press, Collegeville, MN 56321. All rights reserved.

c. Lenten Gospel Acclamation

Refrain Cantor alone sings *"Glory to you, Lord Jesus Christ. . ."* then all sing:

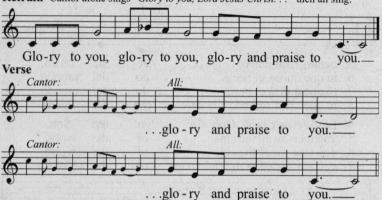

Glo-ry to you, glo-ry to you, glo-ry and praise to you.—

Verse

Cantor: *All:*

. . .glo-ry and praise to you.—

Cantor: *All:*

. . .glo-ry and praise to you.—

d. Easter Vigil Gospel Acclamation

Cantor: *All:*

Christ is ri-sen, al-le-lu - ia. Tru-ly ri-sen,

al-le-lu - ia. Ri-sen from the dead, al-le-

lu - ia, al-le-lu - ia, al-le-lu - ia.

PSALLITE MASS

e. Apostles' Creed (Spanish)

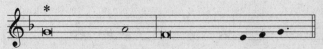

* Creo en Dios, Padre todopode-roso,
  Creador del cielo y de la tierra.
* Creo en Jesu-cristo,
  su único Hijo, nues-tro Señor,

En las palabras que siguen, hasta María Virgen, *todos se inclinan.*

* que fue concebido por obra y gracia del Espíritu Santo,
  nació de santa Ma-ría Virgen,
* padeció bajo el poder de Poncio Pi-lato,
  fue crucificado, muerto y sepultado,
* descendió a los in-fiernos,
  al tercer día resucitó de en-tre los muertos,
* subió a los cielos
  y está sentado a la derecha de Dios, Padre todo-poderoso.
* Desde allí ha de ve-nir
  a juzgar a vi-vos y muertos.
* Creo en el Espíritu Santo,
  la santa Iglesi-a católica,
* la comunión de los santos,
  el perdón de los pecados,
* la resurrección de la carne
  y la vida eter-na. Amén.

Text: *Misal Romano,* © 1999, 2002, Obra Nacional de la Buena Prensa, A.C. All rights reserved.
Music: *Psallite Mass: At the Table of the Lord,* The Collegeville Composers Group, © 2010.
Published and administered by Liturgical Press, Collegeville, MN 56321. All rights reserved.

f. Apostles' Creed (English)

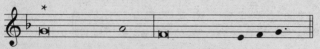

* I believe in God, the Father al-<u>might</u>y,
  Creator of hea-<u>ven</u> and earth,
* and in Jesus Christ, his only Son, our <u>Lord</u>,

All bow from here through the words born of the Virgin Mary.

who was conceived by the Holy Spirit,
      born of the <u>Vir</u>gin Mary,

* suffered under Pontius <u>Pi</u>late,
  was crucified, died <u>and</u> was buried;
* he descended into <u>hell</u>;
  on the third day he rose again <u>from</u> the dead;
* he ascended into <u>heav</u>en,
  and is seated at the right hand of God the Fa-<u>ther</u> almighty;
* from there he will <u>come</u>
  to judge the living <u>and</u> the dead.
* I believe in the Holy <u>Spir</u>it,
  the holy ca-<u>tho</u>lic Church,
* the communion of saints, the forgiveness of <u>sins</u>,
  the resurrection of the body, and life everlast-<u>ing</u>. Amen.

g. Sanctus

Santo, Santo, Santo es el Señor, Dios del U - ni - verso.
Bendito el que viene

Holy, Holy, Holy Lord God of hosts.
Blessed is he who comes

Llenos están el cielo y la tierra de tu gloria.
en nombre del Se - ñor.

Heaven and earth are full of your glory.
in the name of the Lord.

Ho - san - na en el cielo.
Ho san - na en el cielo.

Ho - san - na in the highest.
Ho - san - na in the highest.

h. Mysterium Fidei A

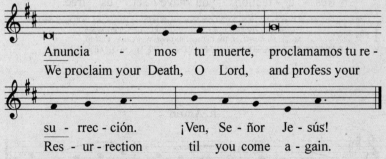

Anuncia - mos tu muerte, proclamamos tu re -
We proclaim your Death, O Lord, and profess your

su - rrec - ción. ¡Ven, Se - ñor Je - sús!
Res - ur - rection til you come a - gain.

i. Mysterium Fidei B

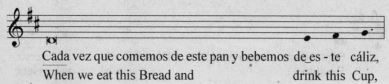

Cada vez que comemos de este pan y bebemos de es - te cáliz,
When we eat this Bread and   drink this Cup,

anunciamos tu muer-te, Se-ñor, Ꝯ ha - sta que vuelvas.
we proclaim your Death, O Lord, un-til you come a - gain.

j. Mysterium Fidei C

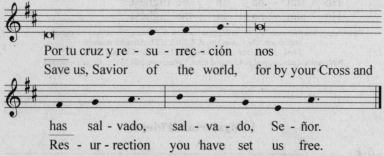

Por tu cruz y re - su - rrec - ción   nos
Save us, Savior of   the world,   for by your Cross and

has   sal - vado,   sal - va - do,   Se - ñor.
Res - ur - rection   you have set   us   free.

k. Amen

A - men, A - men, A - men.